启真馆 出品

海商帝国

郑氏集团的官商关系及其起源(1625－1683)

刘 强 著

浙江大学出版社
ZHEJIANG UNIVERSITY PRESS

序（一）

　　17 世纪，东亚海洋世界复杂多变，中国东南沿海及其海域成为南明与清朝抗争的主战场，在台湾及闽海坚持反清的郑氏集团最终以降清告终，粤西—北部湾海域的南明余部随后撤退到广南、下柬埔寨，在异域他乡建立起安身立命之所。持续一个多世纪的倭寇、海盗活动从浙闽海域向粤海蔓延，并与东南亚海域活跃的海盗势力互相激荡，粤西—中南半岛海域成为中国南部海域国际海盗活动的重心。继葡萄牙、西班牙、荷兰人进入中国海域之后，英国人、法国人等西方势力踏浪而至，在东亚海域展开激烈的海洋贸易与海洋霸权竞逐，南海海洋力量重新洗牌，台湾郑氏集团"仗剑经商"，成为那个时代一度左右东南沿海政局、主导东亚海域局势的重要政治势力与经济力量。但是以巴达维亚为基地的荷兰人最后掌握了东亚海权和主要贸易利润，改变了东南亚历史发展趋势。大航海时代不仅将包括中国东南沿海在内的东亚各国不同程度卷进世界海洋贸易体系，而且通过海洋网络、贸易港口体系辐射到大陆腹地，开启了东亚 200 多年的近代化、殖民地化多元变奏的历史进程。

　　郑氏集团"倚海而兴"，代表中国海商势力左右东亚海域，其"海商帝国"特性，在明清朝代更迭、东亚海洋历史等重大历史领域，均占有重要地位，自 20 世纪下半叶以来，就引起中外学者格外关注，中外学界从明清两代政治局势、中外国际关系、资本主义萌芽乃至闽台地域社会等方面，多角度、多层面对郑氏集团进行广泛而深入的研究，取得相当丰厚的成果与积淀。时至今日，对郑氏集团研究似乎已经到了山穷水复、题无剩义的地步。

刘强博士师从世界经济史名家张丽教授，在明清经济史领域沉潜多年，复得海外名家彭慕兰教授等指导，著《海商帝国：郑氏集团的官商关系及其起源（1625—1683）》一书，在前人研究基础上，以郑氏集团官商关系为主题，从世界史、全球化视角探讨郑氏集团的形成、官商关系发展理路、政权兴衰历程，中西兼顾，宏观与微观兼施，把郑氏集团研究朝纵深方向推向新的境地，对明清史、中外关系史、东亚海洋史研究是一大贡献。

19世纪以来，世界史学不断在分化、重构中向跨学科、多学科交叉合作方向发展，而强调经济学与历史学的融通，用经济理论去研究历史则是当代经济史研究的一个重要趋势，诺贝尔经济学奖金获得者、对计量史学有杰出贡献的罗伯特·福格尔（Robert Fogel）、新制度经济学代表人物科斯（Ronald V. Coase）、道格拉斯·诺思（Douglass C. North）为其典型。基于经济学与历史学理论和方法的良好训练与互相融通，刘强博士用比较分析与多维视角，深入探索前贤没有关注或忽略的历史空间，寻绎历史深处的真情实态，得出不少出人意表的新结论，体现了一种新经济史的学术路向，并成为其著作的明显长处。可以看出，从17世纪20年代到80年代初，郑氏集团在明清鼎革之际与早期全球化时代乘势而起，倚海洋而自立，掌握了东亚海域的贸易主导权与制海权，建立起中国历史上难得一见的"海商帝国"。本书从大航海时代新航路开辟入手，探索随着全球经济的发展，海洋市场的扩张，西方商人武装贸易的竞争，乃至明朝海禁政策的推行，导致中国海商逐渐整合成为拥有强大武装的海商集团，郑氏集团就是其中典型代表。复以官商关系为全书结构与问题的核心，阐明郑氏集团的官商关系与明清两代的不积极支持乃至打压商人的官商关系显然不同，而与西欧国家更为类似，郑氏集团建立一整套包括贸易组织、税收机构、金融制度来支持商人，以强大水师作为保护，直接或间接地参与东西方海洋贸易，获取巨大的海洋商业利益和财政收入，独特的官商关系成为获得海洋主导权、贸易垄断权的重要法宝。另外，通过东西方比较研究，本书阐述了郑氏集团以军事支持武装贸易，在东亚掌握海洋贸易主导权，与清朝周旋对抗，说明武装贸易并不是西欧特有的贸易形式，在中国同样存在勇于拓殖海洋、贸易立国的政权，文化不是决定官商关系的唯一选项。

发展海洋贸易、追求商业利益是西方向东方海洋扩张的根本目的，郑氏集团也以海洋贸易为核心，获取立国的资本，具有重商主义取向。近代世界历史表明，重商主义无论在推动大航海时代的来临、现代世界体系的建构，还是在资本主义发展上都起到了关键性作用，但问题没那么简单，历史同时昭示，过分依赖商业贸易，没有产业性生产能力的支持，支撑政权的经济基础单一，这一政权及其"海外事业"必然不能持久稳定、繁荣昌盛，这点可以从奉行商业性重商主义的西班牙、葡萄牙、荷兰等老牌殖民者，到推行产业性重商主义的英国等新兴海洋帝国的兴衰更替得到印证。世界史大家张椿年教授指出，葡萄牙人、西班牙人最早把目光投向海外殖民地，通过贸易和掠夺获得大量海外财富，但是他们把到手的金银不是作为资本，投入生产，而是用于奢侈生活和连绵不断的战争；两国都拥有广阔的海外殖民地，因为缺乏足够的生产能力，没有足够的商品去占领这些市场，结果不少殖民地得而复失，落入后到的荷兰人、英国人手中，殖民帝国逐渐走向衰落。葡萄牙人最早发现了印度，到后来却只能固守一个果阿。葡萄牙没有因为殖民扩张而富起来，西班牙更是越过越穷。荷兰人依靠本国的海运力量建立起繁荣的转运贸易，发财致富，他们的影响范围实质性地扩展到亚洲所有海上贸易区域，在全球性贸易中建立了一个里程碑，在 17 世纪中叶，亚洲没有其他实体能自夸有这样的杰作——但是荷兰人的贸易主要起中间人和贩运人的作用，不是建立在本国坚实的制造业的基础上，海外贸易，尤其是转运贸易容易受其他国家关税政策和海运力量变化的影响。到 18 世纪时，荷兰的海上力量终于落在了英国和法国的后面。英国的实力和海外贸易是建立在种类繁多的地方制造业的基础上，法国也基本如此。[①] 相较而言，刘强博士认为，郑氏集团在官商关系上采取了与西班牙、葡萄牙、荷兰等国一样的商业性重商主义，而不是以获取生产能力为目的的产业性重商主义；郑氏官商关系侧重于对市场的开拓与维持，并

---

① 张椿年.地理大发现后西方海洋霸权大国的兴衰交替.海洋史研究,第 5 辑.北京:社会科学文献出版社,2013.

实现中国产品对外贸易的垄断，但是这种贸易垄断只能带来暂时的利益，没有生产能力的贸易垄断很脆弱，郑氏与清朝为敌使这种贸易垄断更加脆弱，最终在清朝持续海禁、迁界封锁下无法抵挡清军军事进攻，只好纳土归降。本书将郑氏集团官商关系置于重商主义与近代西方海洋扩张的大背景下加以深度解读，很好地诠释了近代世界强国的兴衰与海洋经略的具有普遍性意义的得失关系，至今仍有现实意义。

循着这种思路，本书对郑氏集团重商主义局限性的思考，还给史学界相关研究开示了一扇继续通向幽深的门径。以往许多学者都认为，郑氏集团与大陆贸易从未间断，清朝政策效果并不好，迁界等于把海洋主导权、控制权拱手让予郑氏集团，反而给予后者广阔的海洋发展空间。此论并非没有道理，但从经济学角度思考，则忽略了一个对于郑氏集团很要命的制约因素：迁界实际上已经相当程度上隔绝了台湾与东南沿海的各种公开的联系途径，削弱了其获得大陆产品的能力，同时也打击其脆弱的贸易垄断能力，在其实力不足以长期支撑对抗强大清朝以举国之力的威胁的时候，郑氏政权注定走向失败。

本书讨论的问题涉及一个正在发生全球性变革的海洋时代，还有众多有待拓展的研究空间。例如在东南亚历史上，出现过大大小小各类的政权和国家，荷兰历史学家范·勒尔将马来群岛地区的政治结构分两种模式——"爪哇式"(Javanese state) 和 "苏门答腊式"(Sumatran state)，后者依靠"商业权力"或"海洋权力"，通过参与国际贸易获得权力，建立霸主式政权实体。沃尔特斯针对室利佛逝和马六甲海峡地区的历史提出的"港口"模式，该区域政治中心、王国的首都常常在几个重要贸易港口之间转移，其他贸易中心地位相对半独立化。B. Bronson 以苏门答腊为代表的前近代东南亚沿海国家提出一个新的政治模式："河流流域脉络体制"（River-basin Model），认为东南亚沿海国家内部的交往主要依靠河流，在海外有一个大的商业中心，国家需要海外贸易的补充。总之，东南亚历史上不少国家、政权或多或少都有依赖海洋的成分，政治不稳定，政权存在时间很少能超过百年。①作为南海北岸立足台岛的"海商帝国"，一个可供参考的参照体，本书所展示的郑氏集团的海洋禀赋和政治特性，似乎对东南亚政治史、海洋史研究也有独特的参考互证价值。

另外，中国是个海陆兼备的古老帝国，但海洋因素在传统政治、社会、经济中始终处在非主流地位，海洋文明只在某些沿海地区有优势发展的可能，因而区域性是中国海洋文明的另外一个特点。历史上带有一定"海洋特色"的政权仅出现在江南、闽广等沿海地区，如春秋时期的吴国、越国，秦末汉初的南越国，五代时期的南汉国、闽国、吴越国，以及南宋等，毫无疑问，郑氏集团的"海洋性"最为突出。通读本书，可以认为，郑氏集团在传统中国历史上属于不多见的另类与异数，对于研究中国"海洋性"政权乃至海洋文明具有不可取代的典型意义。且郑氏集团从荷兰人手中收复台湾在先，奉明正朔，坚持抗清二十余年后，浩然正气如海洋般浩浩荡荡，令后人对这一"海洋性"政权平添几分敬意。

刘强博士基本功扎实，在搜集史料上用力甚勤，视野开阔，思维敏锐，在学术前沿勇于探索，有所发明，向海内外学界奉献出一部有分量的创新之作，经济史学者将会从这部书中获得有益启示。新书出版之际，应刘强博士之约，略抒浅见感言，不避谫陋，权充序言。

李庆新

2013 年 6 月 29 日于广东省社会科学院

---

① 参见牛军凯.晚期占婆的港口及其政治模式.海洋史研究，第 3 辑.北京：社会科学文献出版社，2012.

序（二）

15 世纪初，东西方都在进行大航海。一边是中国郑和的七下西洋，另一边是葡萄牙沿西非海岸的探险。前者早后者 10 年（1405 年对 1415 年），在技术和规模上也远胜于欧洲，但郑和下西洋并没有带来土地的扩张、国家财富的增加和对海上贸易的垄断，而是造成入不敷出，国库匮乏，最后被迫停止；而后者一开始便以土地扩张和财富获得为目的，经济回报丰厚，一发不可收拾，最终导致了欧洲的崛起和以欧洲为中心的世界经济体系的建立。

为什么同始于 15 世纪初的东西大航海，后果会如此不同？这是一个非常值得探索的问题。刘强的这个研究虽然不是对郑和和欧洲人的航海进行直接的比较和研究，但他对大航海运动中郑氏集团官商关系及其起源的探讨，可以使我们从侧面了解和窥视到一些导致欧洲在大航海运动中崛起的重要原因。

这本著作是刘强在其博士论文基础上修改而成的。它与骆昭东的博士论文《从全球经济发展的视角看明清对外贸易政策的成败》、王涛的博士论文《从全球经济发展的视角看明清海盗的兴衰》，其实是三个彼此弥补、相互呼应的姊妹篇。三篇论文全都集中在 16—18 世纪中国东海和南海的海上贸易竞争上，基本上都是从海上霸权角逐的角度探讨中西大分流，从官商关系的角度解释海洋贸易竞争中的中败欧胜。

官商关系是三篇论文的一个共同着重点。骆昭东是从国家贸易政策的层面，对隐藏在中国"朝贡贸易体系"和欧洲"武力扩张贸易体系"背后的官商关系进行比较和探讨。当时，一方是明清中国怀柔远人式的，以追求边境地区稳定、周边国家认同为目的"朝贡贸易体系"；一方是欧洲海洋国家依仗国家武力，以追求海上贸易垄断权和殖民地土地占领为目的"武力扩张贸易体系"。

"朝贡贸易体系"厚往薄来，目的是以经济利益换取政治利益。在这里"贸易"只是一种求安的手段；"贸易"的目的不是为了追求利润而是为了换取和平。因此，在"朝贡贸易体系"的背后是政府对私人海外贸易的限制和对贸易规模的控制。相比之下，欧洲的"武力扩张贸易体系"则完全是为了逐利，其不仅包含着以物易物、以金银易物的和平贸易，更包含着武力抢劫、依靠军事武装力量追逐海上贸易垄断权的仗剑经商。因此，在欧洲"武力扩张贸易体系"的背后是一种王室掺金入股、商人就是议员、议员就是商人、政府和商人合二为一的官商关系。骆昭东从自然环境、地缘政治、文化和经济发展等方面探讨中西两种贸易体系的形成，以及这两种贸易体系与"中西大分流"之间的关系，并将近代欧洲仗剑经商的传统追溯到13世纪地中海贸易体系建立的时期。

王涛的论文从全球经济发展的视角研究明清海盗的兴衰；一是把16—18世纪中国海盗的兴起与国际市场（欧洲、日本、美洲）对中国货物的大量需求，欧洲以军事武装暴力贸易方式进入亚洲，以及明清政府的海禁政策联系起来；二是把中国东南海域贸易角逐中的中败欧胜与中西官商关系的差异联系起来。

当时，与欧洲商船大多为国家武装商船、商人（海盗）多是代表国家在海上开拓不同，明清中国的海商（海盗）多是违禁到海上从事走私贸易。他们大多来自商人、走夫、游民和渔民等草根阶层，与士人出身的朝廷官员完全分属于两个互不交叉的社会阶层。这与欧洲商人有些原本就是庄园主贵族出身，有些后来被授予贵族头衔，还有不少担任政府议员的状况非常不同。从迪亚士到哥伦布，到达·伽马，到麦哲伦，到霍金斯和德瑞克等，他们的航海、抢劫和贸易活动代表的都是国家；而后来西北欧各国纷纷成立的各种贸易垄断公司，如东印度公司和西印度公司等，则更是国家力量的代表和象征。相比之下，明清中国的海商（海盗）则完全是非官方的个体；他们的海上活动既不代表国家，也没有国家的财政和军事支持，更没有朝廷的掺金入股。相反，由于明清政府在很多时候实行的是海禁或有限开放政策，他们常常被朝廷视为刁民逆贼；朝廷对他们的政策也多是约束、限制和剿杀。由于他们一方面面临着欧洲列强武装商船的攻击，另一方面又面临着本国政府军队的剿杀，所以也都纷纷武装自己，亦商亦盗，成为大航海时代海洋上群雄争霸中仗剑经商的一员。王涛的论文展现了明清政府与欧洲国家政府对本国商人和海盗截然不同的态度和政策，并把这种不同与中国海商（海盗）在海洋贸易竞争中最后败北于欧洲的结果联系起来。

刘强的这本著作把大航海时代中西官商关系的探讨具体落脚在了对郑氏集团的官商关系及其起源的研究上。骆昭东和王涛的研究主要是把明清政府的官商关系与欧洲海洋霸权国家的官商关系进行对比，探讨中西官商关系的不同以及这种不同对海洋贸易竞争中中败欧胜的作用。而刘强的研究则更注重于探讨郑氏集团官商关系与欧洲海洋霸权国家官商关系之间的相似。研究不仅对明清政府与欧洲海洋霸权国家的官商关系进行对比，而且对郑氏集团、大陆明清政府和欧洲国家的官商关系进行三方面的交叉比较；不仅讨论明清王朝官商关系与欧洲国家的截然不同，更重要的是探讨郑氏集团官商关系与欧洲海洋霸权国家官商关系的相似之处，以及导致这种相似之处的原因。

由于过去的一些研究曾经将中西官商关系的不同归咎于中西文化的不同，这本著作对郑氏集团官商关系与欧洲国家相似之处的研究就某种程度上挑战和颠覆了以往的一些学术观点。尤其是刘强从地理环境、自然资源、经济结构和财政依赖等方面对郑氏集团官商关系起源进行探讨，不仅观点新颖，挑战了"文化决定论"的观点，而且拓宽了官商关系研究的视角。

文化曾经是"中西大分流"讨论中被很多学者所关注的一个重要变量，并被一些学者认为在"中西大分流"中起有十分重要的作用①，像马克斯·韦伯、大卫·兰德斯、乔尔·莫基尔等，都曾在他

---

① 虽然"大分流"这个词在本世纪初才开始被频繁使用，但以往的很多中西问题研究其实都是在讨论"中西大分流"的问题。

们的论著中强调文化在西方崛起中的重要作用。很多学者也常常把
"重农抑商"与儒家文化联系在一起，认为它是中国儒家文化的一种
表现。然而，刘强对郑氏集团官商关系及其起源的研究则表明，中国
儒家文化培养和熏陶下长大的郑氏集团领导人在官商关系和对外贸易
上实行着与基督教欧洲国家颇为相似的政策，而与同文同种的明清大
陆政府反倒是南辕北辙、背道相驰。

　　与明清政府禁海禁通洋，对中国海商（海盗）实行限制和剿杀的
政策完全不同，郑氏集团同欧洲航海国家一样，也为自己的商人提供
财政支持和军事保护，不但帮助他们在海上与欧洲武装商船对抗争
雄，而且也在海上建立自己的军事武装势力范围，并在自己的势力范
围内实行军事武装贸易垄断。只是在两个方面，郑氏集团与欧洲海洋
霸权国家不同：一是郑氏集团一直都是一个贸易帝国，并没有像欧洲
国家那样攻城略地，开拓海外殖民地，并在殖民地建立生产基地，将
殖民地经济纳入到自己的经济体系之内；二是在华商与欧洲商人的
冲突中，郑氏集团所采用的政策是限制和禁止自己的商人去他国势力
范围内从事贸易，而不是像欧洲海洋霸权国家那样，对他国商人进行
武力驱逐和屠杀，如 1603 年、1638 年和 1662 年西班牙在菲律宾对
中国商人的三次大屠杀（马尼拉大屠杀），1754 年西班牙在菲律宾对
非基督教华人的大规模驱逐，1740 年荷兰在巴达维亚对中国商人的
大屠杀（红溪事件）；当然，还有达·伽马对阿拉伯商船的烧杀抢劫，
荷兰东印度公司 1623 年在安汶岛对英国东印度公司商人的杀害等。

　　为什么郑氏集团在官商关系和贸易政策上与同文同种的明清政府
相去甚远，反倒与基督教欧洲国家更为接近？刘强从全球经济的发展
变化、地区政治经济的变迁、郑氏集团的经济结构、财政依赖，以及
其地理环境和自然资源等多维角度对这一问题进行了探索和论述。研
究对郑氏集团在国内外政治、经济和社会发展不同时期下作为海商、
海盗和官商的多重角色分别进行了阐述和分析。刘强认为海商出身的
郑氏集团政权，以贸易立身，在与欧洲武装商人的贸易竞争中，实行
与欧洲列强相似的官商关系和军事武装贸易政策是郑氏集团当时能够
与欧洲列强有效竞争和对抗的最佳选择，也是郑氏集团在中国东海、
南海和台湾海峡得以制胜的关键因素。郑氏集团对海洋贸易收益的高

度依赖是驱动郑氏集团政权实行重商主义官商关系的经济理性，这种经济理性对郑氏集团官商关系形成的影响更胜于中国儒家文化。刘强在他的研究中挖掘和收集了数量相当可观的史料，系统阐述了郑氏集团是如何应用重商主义官商关系，在海洋上与西班牙、荷兰和英国等国斡旋对抗，并成功构建自己的海上力量的。他的研究表明，在"儒家文化主导下的东方同样有勇于拓殖海洋、贸易立身的政权，文化并不是重商型官商关系存在与否的决定性因素"。"除了地理环境和政治、军事竞争带来的生存压力之外，外部收益的引力也是公权力支持商人的重要基础。"上述观点不仅挑战了过去一些试图仅从文化或外部压力等方面探索和解释不同官商关系的研究方法和观点，而且拓宽了官商关系研究的领域和视角。

从研究视角和研究方法上看，刘强的这本著作无疑是创新和超前的，不光跳出了"就中国而论中国，就事件而论事件"的传统研究范式，而且展现出一种纵横时空、统筹兼顾的研究风格。本书把明清之际活跃于中国东南沿海一带的郑氏集团置于全球经济发展的大背景中进行考察，从整体着眼，个体入手，大处见小，小处见大，在充分借鉴国内外现有成果的基础上，把郑氏集团的兴起和其官商关系的形成与大航海时代全球海洋贸易扩张的时代背景，郑氏集团与明清政府，与欧洲列强之间的关系，以及明清政府与欧洲列强之间的关系紧密联系起来。

刘强认为郑氏集团的形成、崛起和灭亡都不只是发生在大陆边缘的孤立事件。郑氏集团的兴起无疑与大航海时代全球海洋贸易扩张，欧洲、亚洲和美洲对中国产品大量需求有关。当时海洋贸易利润丰厚，很多商人、渔民贩海谋生，从事走私贸易，以致中国东南海域海商（海盗）群起，山头林立。后来郑氏集团之所以能够异军突起，走向鼎盛，成为垄断中国东南海贸易的海商帝国，其中的一个重要因素，就是明朝政府在北方边境危机和国内李自成农民起义的双重夹击下无暇南顾，权宜之计下招抚郑芝龙，并授其为游击将军。正是明朝政府与郑芝龙的合作，使郑芝龙得以力败群雄，一统东南海。而郑氏集团的灭亡则不仅源于与清政府的反复作战，更源于清政府的迁界禁海政策切断了其获取大陆商品的通道，而这对以贸易立身的郑氏集团无疑是致命的。刘强对郑氏集团兴起、发达、灭亡的分析有理有据，逻辑清楚，观点令人信服；而他对商业性重商主义和产业性重商主义的阐述和评论也表现出了他看问题观察入微，善于抓住实质的研究素质。

在对郑氏集团官商关系与欧洲海洋霸权国家官商关系的比较分析中，刘强指出虽然郑氏集团实行了商业性重商主义，但并没有实行产业性重商主义，而仅靠商业性重商主义是不能维持一个帝国的海上贸易垄断地位的。郑氏集团、葡萄牙和西班牙实行的是纯粹的商业性重商主义，而英国、法国和后来的美国则是商业性重商主义和产业性重商主义二者兼施；尤其是英国，是商业性重商主义和产业性重商主义兼施并用的成功典型。商业性重商主义虽然对郑氏集团实现对东南海的贸易垄断起了十分重要的作用，但由于郑氏集团既没有在其所辖地区实行产业性重商主义，也没有搞殖民地扩张，建立殖民地生产基地，所以一旦其大陆据点被清政府和荷兰联手拔掉，迁界海禁政策又彻底切断其获得大陆产品的渠道，其以贸易立国的根本就发生了动摇。

刘强这本书的另一个可贵之处就是以史为鉴、经世致用。作者将明清之际的郑氏集团以及其营造的海商帝国作为一个主体来研究，由此来探讨以往被忽视的中国历史侧面，既揭示了中国历史发展的复杂性及潜在的可能性，也更进一步探讨了中国历史整体发展的条件和局限。这种思路对学术研究和现实观察都具有重要的启示意义。在对郑氏集团官商关系及其起源的研究中，刘强指出在经济全球化的时代，商人自由参与的权利并不足以使一个国家获得一个世界经济中的有利位置。虽然在历史上的大部分时间里秉承自由贸易的中国商人可以凭借中国在众多物产上的生产优势，积累大量的财富，但通过实行重商主义，西方国家可以在较短时间内扭转其在生产方面的劣势地位，并在需求方面为本国产品开拓巨大的世界市场。

当今中国也正在积极参与经济全球化，其经济利益也正在扩展到全球范围，因而如何在全球背景下实现中国的可持续发展关系到中国能否真正实现崛起。刘强在本书的结论中指出："当今的经济全球化，虽然没有了当年的暴力武装贸易，但全球化的本质并没有改变；国家间的竞争依然激烈，对市场和资源的争夺依然是其主要表现形式。"

从历史的经验看，"国家要在全球经济中取得有利的位置，那么政府对商人的支持和保护就尤为重要。一方面政府要建立强大的海上力量直接保护商人合法的海外收益，制定灵活的贸易和外交政策为商人开拓产品市场；另一方面政府要鼓励创新，对战略性的产业给予政策支持，以获取商品的生产能力，从而从根本上掌握对外贸易的主导权"。凭借其扎实的理论功底和专业知识，刘强的这本书不仅为我们提供了一道学术大餐，而且也为当今全球经济的发展尤其是中国的发展从历史的角度提供了借鉴。

当然，限于作者的时年尚浅，本书还有一些尚待改进之处，比如本书对生存环境和政治理想对郑氏集团官商关系的影响的讨论，就给人一种浅尝辄止，意犹未尽的感觉，如果能进一步挖掘史料，这一部分的讨论会更加深入和丰富。书中的有些章节，如果能够再拓展和丰富一些，也可以写得更加深刻和精彩。

尽管如此，本书仍不乏为一部视野开阔、资料翔实、论据充分、论证逻辑严谨清晰的学术佳作，尤其是对一个初出茅庐的青年学者而言。更为重要的是，本书应用理论，探讨理论，但不拘泥于理论；扎根史料，尊重史实，但又不局限于考据；研究立足现实，追求经世致用；兼具有学术探索创新的意义和以史为鉴的现实意义。全书语言平实简洁，文字行云流水，具有很强的可读性，堪称一部上乘之作。

张丽

2013 年 6 月 16 日于北京航空航天大学

目录

第一章 引 言

2009 年，二十国集团伦敦峰会上，英国首相戈登·布朗称"旧有的华盛顿共识已经终结"[①]。"华盛顿共识"产生于 20 世纪 80 年代，是世界银行指导拉美国家摆脱通胀和债务危机的政策主张，其核心是：强调自由市场、支持私有化、反对国家干预经济。此后"华盛顿共识"在国际货币基金组织、世界银行等国际组织的推动下，成为经济全球化背景下实现一国经济发展的主流理论。如今全球经济危机愈演愈烈，"华盛顿共识"面临巨大的挑战。理论的危机让我们重新反思经济全球化，以及在经济全球化背景下如何实现经济发展？对这些问题的回答可能有不同的思路和视角，但回归经济发展的历史——拉长时间的维度，回到经济全球化的起点，重新审视和思考经济全球化背景下各国经济发展的故事，找出什么才是实现经济发展的重要要素——无疑是众多可选路径之一。

[①] Prime Minister Gordon Brown. G20 Will Pump Trillion Dollars into World Economy. Sky News, April 2, 2009.

第一节　官商关系与"大分流"

经济全球化并不是 20 世纪 90 年代以后的新现象，但经济全球化开始于何时，由于学者们对经济全球化内涵的理解不同而存在争议。国际货币基金组织将全球化概括为：全球化是通过贸易、资金流动、技术创新、信息网络和文化交流，使各国经济在世界范围高度融合，各国经济通过不断增长各类商品和劳务的广泛输送，通过国际资金的流动，通过技术更快更广泛的传播，形成相互依赖关系。[①] 但上述定义显然不能有效区分国际化与全球化。因此美国经济学家赫尔曼·德雷强调"全球化"，不是"国际化"。其差异在于"国际化"不过是各国间贸易往来和经济合作的加强，其基本单位将继续保持为一个个彼此独立的国家经济实体；而"全球化"则是要把一个个独立的国家经济实体融合到一个整体的世界经济体系中去，其结果是国家作为一个独立经济实体的瓦解和消失以及一个全球经济体系的建立。[②] 而这样一种全球经济体系的建立始于 16 世纪的大航海时代，其推动者是欧洲中心国家。[③] 也有学者认为大航海之前就已经存在一个全球范围的世界经济体系，更有学者将其追溯到公元前 2500 年[④]。但上述学者所讨论的世界经济体系更多地表现为国际化，是一种世界各国经济交流不断加强的过程，这样的世界经济体系基于国家间的水平分工，表现为各国之间不同产品的互通有无，因而是多中心的，没有哪个或哪几个国家能控制整个世界经济体系。而欧洲中心国家致力于建立的全球经济体系，则是基于欧洲中心国家与其他国家之间的垂直分工，表

---

①　International Monetary Fund. *World Economic Outlook* (May 1997), Washington, D.C: IMF Publication Services, 1997: 3.

②　转引自：张丽. 经济全球化的历史视角：第一次经济全球化与中国. 杭州：浙江大学出版社，2012.

③　［美］伊曼纽尔·沃勒斯坦. 现代世界体系（I—III 卷）. 路爱国等译. 北京：高等教育出版社，1998.

④　Janet L. Abu-Lughod. *Before European Hegemony: The World System A.D. 1250—1350*. New York: Oxford University Press, 1991;［德］安德烈·贡德·弗兰克，［英］巴里·吉尔斯主编. 世界体系：500 年还是 5000 年？郝名玮译. 北京：社会科学文献出版社，2004;［德］安德烈·贡德·弗兰克. 白银资本：重视经济全球化中的东方. 刘北成译. 北京：中央编译出版社，2000.

現为欧洲中心国家生产高技术产品或工业制成品而其他国家则生产低技术产品或初级原料产品，并且这种垂直分工不是自然形成的，而是中心国家通过经济政策和军事干预设计而成的。当然欧洲中心国家致力于建立的全球经济体系并不是完全滋生于欧洲内部、之后扩展至全球范围，而是欧洲国家加入和利用已有的世界经济体系，通过对原有体系的改造逐渐建立起来的。对这一过程弗兰克曾有过形象的比喻：欧洲人用美洲白银买了亚洲经济列车上的一个座位，然后买了一节车厢，最后成为世界经济的火车头。①因此早期经济全球化就是以欧洲为中心的全球经济体系取代原有的多中心的世界经济体系的过程，而这一过程的最终结果是东西方国家②经济发展的大分流。

"大分流"（The Great Divergence）的概念首先由塞缪尔·亨廷顿提出，其含义是指文明之间的差异和冲突。③而"大分流"最终为经济史学界所熟知，是由于美国历史学者彭慕兰的著作《大分流：欧洲、中国及现代世界经济的发展》④。以彭慕兰为代表的"加州学派"⑤学者把"西方崛起"的故事逆转了过来，不再将西方崛起看作是欧洲持续进步而其他地区停滞不动的一个过程。他们认为16世纪前后，在经济、科学技术、航运、贸易以及探索开拓等方面，亚洲与中东国家都是全世界的引领者。而那时欧洲刚走出中世纪进入文艺复兴时期，当时的欧洲要远远落后于世界其他地方的许多文明，直到19世纪初才赶上并超过那些领先的亚洲国家。虽然，关于大分流的争论仍在继续，但大分流的故事显然要比"西方崛起"的故事更能反

---

① ［德］安德烈·贡德·弗兰克. 白银资本：重视经济全球化中的东方. 刘北成译. 北京：中央编译出版社，2000：371—380.
② 西方是指西欧，包括16—18世纪的葡萄牙、西班牙、荷兰、英国和法国，本书侧重指英国；而东方是明清中国、奥斯曼帝国和莫卧儿帝国，本书侧重指明清中国（1368—1840）。
③ ［美］塞缪尔·亨廷顿. 文明的冲突与世界秩序的重建. 周琪等译. 北京：新华出版社，1998.
④ ［美］彭慕兰. 大分流：欧洲、中国及现代世界经济的发展. 史建云译. 南京：江苏人民出版社，2003.
⑤ ［美］杰克·戈德斯通. 为什么是欧洲？世界史视角下的西方崛起（1500—1850）. 关永强译. 杭州：浙江大学出版社，2010.

3

映世界历史的全貌，因为它既包括了"西方崛起"的故事，也包含了"没有历史的人民"①的故事。而对大分流如何发生的理论探讨，则是经济全球化背景下国家实现经济发展的"药方"的不竭之源。

自18世纪末人们便尝试寻找因素，对东西方的大分流给予解释。地理生态环境、人口模式、制度（既包括宪政等政治制度；也包括产权保护和金融、经济组织等经济制度；以及法律制度）、自由市场和贸易网络、农业发展、原工业发展、科学技术、社会结构、宗教与文化、国际政治经济结构等客观存在或臆想的表示东西方差异的变量或变量组合构成了"大分流"理论②。"大分流"的发生显然不是一两个变量作用的结果，本书不追求对"大分流"的全面解释，而意在沿着前辈的道路，寻找那些"大分流"历史中的关键要素，以期丰富大分流的理论，并为当下的经济发展提供一些有益的思路。

"官商关系"是"大分流"理论中既熟悉又陌生的变量。"熟悉"是指一些官商关系范畴内的要素，如西方的重商主义、中国的闭关锁国、重农抑商等都已是大分流理论的重要解释变量。而"陌生"则是指对官商关系的内涵并没有一个综合的分析和准确的定义。从目前对官商关系研究的文献看，对官商关系的理解主要集中在官员个人与商人间的关系上，内容包括官员的索贿受贿，商人对官员的依附，官员阶层与商人阶层之间的流动，官商合作，以及官商之间对企业控制权

---

① 是指在欧洲中心的世界史叙述模式下，非欧洲人民的历史被认为是原始的和静止的，世界史是一个欧洲文化制度扩散至全球的过程，是一个欧洲打破各地的封闭状态、将世界整合为一体的过程，因而非欧洲国家和人民没有历史。见：张旭鹏. 文化、权力与世界历史——兼评埃里克·沃尔夫《欧洲与没有历史的人民》. 史学理论研究，2007(4)：61—72.

② 对"大分流"解释变量的相关综述和评论：关永强. 从欧洲中心史观看美国中国史研究的变迁. 史学理论研究，2009(1)：74—85；Kent G. Deng. A Critical Survey of Recent Research in Chinese Economic History. *The Economic History Review*, 2000, Vol. 53(1): 1—28；[美]彭慕兰. 大分流：欧洲、中国及现代世界经济的发展. 史建云译. 南京：江苏人民出版社，2003；[英]约翰·霍布森. 西方文明的东方起源. 孙建党译. 济南：山东画报出版社，2009；[美]杰克·戈德斯特. 为什么是欧洲？世界史视角下的西方崛起(1500—1850). 关永强译. 杭州：浙江大学出版社，2010；[美]J. M. 布劳特. 殖民者的世界模式：地理传播主义和欧洲中心主义史观. 谭荣根译. 北京：社会科学文献出版社，2002.

的争夺等。^①而且从研究的时段看，主要集中在对晚清官商关系的研究，这是由于晚清的政治变局迫使清政府发展经济以图强，因此商人在主流意识形态中的地位彻底改观。虽然如此，也有少数学者从政府对商人和商业制定相关制度和法律的角度探讨官商关系。^②

通过以上的分析可知，官商关系具有丰富的内涵。首先，从官的一方来看，可以指国家或政府，也可以指官员个人；而从商的一方看，可以指商业（或整个经济领域），也可以指商人个体。因此官商关系的内涵至少包括四个层次：国家或政府与商业；国家或政府与商人；官员个人与商人；官员个人对商业。在此基础上从官商的相互作用方向看，可以以探讨官对商的影响为主，或以探讨商对官的影响为主，也可同时探讨官商之间的相互影响。在本书中探讨的"官商关系"侧重指掌握公权力的国家、政府或官员对商人的支持程度^③，因此本书把官商关系分为了三种类型：

　　重商：主要指公权力通过财政、军事手段强力支持商人。尤其表现为其与商人结合参与全球的经济竞争。

　　无为：公权力仅限于制定规则和法律等，为市场的良好运行创造条件。既不支持也不抑制商人。

---

① 朱荫贵. 从 1885 年盛宣怀入主招商局看晚清新式工商企业中的官商关系. 史林, 2008(3)：34—42；陈慈玉. 从清代前期的淮安关功能论官商的关系. 见："中央研究院"近代史研究所编. 近代中国初期历史研讨会论文集. 台北："中央研究院"近代史研究所, 1989：685—708；[美]陈锦江. 清末现代企业与官商关系. 王笛, 张箭译. 北京：中国社会科学出版社, 2010；孙丽萍. 论明清时期官商一体化的作用和影响. 史林, 2002(1)：8—13；姚震宇, 何新易. 清末企业官商关系实例考证及启示. 商业时代, 2007(33)：25—26；高建立. 明清之际士商关系问题研究. 江汉论坛, 2007(2)：59—62；杨善群. 中国封建社会官商关系探论. 学术月刊, 1999(12)：78—84；冯云琴, 樊建忠. 晚清官商关系透视——以李鸿章、唐廷枢与开平煤矿为例. 河北学刊, 2009 (2)：102—106.
② 邱澎生. 由苏州经商冲突事件看清代前期的官商关系. 台湾大学文史哲学报, 1995(43)：37—92；姜朋. 官商关系：中国商业法制的一个前置话题. 北京：法律出版社, 2008；邱澎生. 十八世纪滇铜市场中的官商关系与利益观念. "中央研究院"历史语言研究所集刊, 2001(72 本 1 分)：49—119.
③ 之所以不直接用国家或政府对经济发展的干预或支持是因为：官商关系所包含的范围更广，官的范围除了前述的国家或中央政府，还包括地方政府和官员个人。

抑商：公权力抑制商人的发展。表现为主流意识形态中的商人地位低下，对商业征收重税等。

按照上述新的官商关系内涵，官商关系如何影响了东西方的大分流呢？

从 18 世纪的亚当·斯密到 21 世纪的戴维·兰德斯，政府无为而治下的自由市场（看不见的手）一直是西方崛起的主流解释。[1]政府不干预宏观经济运行和商人的经济行为，经济的运行和发展完全依靠市场驱动，政府的作用仅限于维护市场的有效运行。虽然以诺斯[2]为代表的"新制度经济学"强调政府的作用，认为政府应该保护私有产权和知识产权，但在本质上其与亚当·斯密并无不同，认为政府应该为市场发挥作用创造前提条件，之后市场会解决其他问题。而在世界另一端的明清中国则被认为是一个专制主义社会，官僚统治者肆意践踏商人财产权利，经济则处于政治控制之下，重税盘剥、闭关自守，专制主义抑制了商人的发展，也抑制了发明创造和经济的活力。[3]西方的无为与中国的抑商这种差异构成了官商关系解释"大分流"的第一种组合。

但是，在解释"大分流"问题上，上述东西方官商关系的组合一直以来并没有说服所有学者。以李斯特为代表的德国"历史学派"首先对无为导致西方崛起的信条提出质疑，并提出在经济发展的初级阶段重商（看得见的手）才是通向富国之路的"梯子"[4]，而后的布罗

---

[1] ［英］亚当·斯密. 国民财富的性质和原因的研究. 郭大力，王亚南译. 北京：商务印书馆，1983；［美］戴维·兰德斯. 国富国穷. 门洪华等译. 北京：新华出版社，2001；更多的研究见：［荷］傅瑞斯. 重新审视历史上中英政府经济作用——自由主义抑或专制主义？见：张丽. 经济全球化的历史视角：第一次经济全球化与中国. 杭州：浙江大学出版社，2012：275—285.

[2] ［美］道格拉斯·诺斯，［美］罗伯斯·托马斯. 西方世界的兴起. 厉以平，蔡磊译. 北京：华夏出版社，1999.

[3] ［荷］傅瑞斯. 令人瞠目的不同世界——西欧与中国近代早期的国家与经济. 南开经济研究，2007(2)：73—92；Kent G. Deng. A Critical Survey of Recent Research in Chinese Economic History. *The Economic History Review*, 2000, Vol. 53(1): 1—28.

[4] ［德］弗里德里希·李斯特. 政治经济学的国民体系. 邱伟立译. 北京：华夏出版社，2009.

代尔、沃勒斯坦、霍布斯鲍姆等学者也都强调看得见的手在西方崛起中的作用①。近来这一观点被再次强调，奥布莱恩（Patrick O'Brien）认为，英国的财政体制为经济发展提供了安全的外部环境和有序的内部环境，并实施了一系列重商主义政策，从而使工业革命的发生成为可能。②而傅瑞斯通过对英国与清朝中国官商关系的再探讨，认为"重商主义为英国人进入各种市场提供了优势，相比于斯密式的自由、完美竞争环境，他们可以在更好的条件下从事买卖交易。英国的进口、出口和获利大多是英国权力的结果。此外，重商主义在一系列有利于英国工业化制度机构的创建中发挥了非常重要的作用"③。反观清朝中国他认为"政府较少压制和反对经济的发展……也不反对贸易和压制商人……是亚当·斯密所说的斯密型商业社会"④。而这种观点也得到了许多最新研究的支持⑤。西方的重商与中国的无为的差异构成了官商关系解释大分流的第二种组合。

① ［法］费尔南·布罗代尔. 为市场定位. 许宝强译. 诸承忠校. 见：许宝强，渠敬东选编. 反市场的资本主义. 北京：中央编译出版社，2001：64—73；［美］伊曼纽尔·沃勒斯坦. 现代世界体系（Ⅰ—Ⅲ卷）. 路爱国等译. 北京：高等教育出版社，1998；Eric J. Hobsbawm. *Industry and Empire: An Economic History of Britain Since 1750*, London. Weidenfeld and Nicolson. 1968.

② Patrick. O'brien. The Nature and Historical Evolution of an Exceptional Fiscal State and its Possible Significance for the Precocious Commercialization and Industrialization of the British Economy from Cromwell to Nelson. *Economic History Review*, 2011, Vol. 64(2): 408–446；Patrick. O'brien. Mercantilism and Economic Growth: The Paradigm Case of the United Kingdom 1453–1815. Session 106 for XIV International Economic History Congress, Helsinki, 21–25 August 2006.

③ ［荷］皮尔·弗里斯. 从北京回望曼彻斯特：英国、工业革命和中国. 苗婧译. 杭州：浙江大学出版社，2009：109.

④ ［荷］傅瑞斯. 令人瞠目的不同世界——西欧与中国近代早期的国家与经济. 南开经济研究，2007(2)：73—92.

⑤ 邱澎生. 由苏州经商冲突事件看清代前期的官商关系. 台湾大学文史哲学报，1995(43)：37—92；邱澎生. 十八世纪滇铜市场中的官商关系与利益观念. "中央研究院"历史语言研究所集刊，2001(72本1分)：49—119；［加］卜正民. 纵乐的困惑：明代的商业与文化. 方骏等译. 北京：生活·读书·新知三联书店，2004；［美］王国斌. 农业帝国的政治经济体制及其在当代的遗迹. 邱澎生译. 见：［加］卜正民，［加］格力高利·布鲁. 中国与历史资本主义. 北京：新星出版社，2005：251—299.

另外，国内的许多学者[①]也将西方的重商和中国的抑商作为解释大分流的又一种官商关系组合。

东西方不同的官商关系组合同时被用来解释"大分流"的发生，使我们对"大分流"这一经济史的终极问题更加疑惑。因而回归"大分流"前东西方经济发展的历史，对东西方的官商关系进行比较，就显得尤为重要。

第二节　郑氏集团官商关系的意义

通过上述论述，学界对明朝和清前期的官商关系主要有两种不同的观点：一类认为中国传统社会的政府是抑制商人发展的；一类认为明朝和清前期的中国政府既不鼓励也不抑制本国商人的发展。在这样的研究背景下，郑氏集团看上去就成为一个例外。与明清朝廷不同，郑氏集团重视海外贸易，并为商人提供军事和财政支持，是一种典型的重商型官商关系。而这样的官商关系显然不同于明清中国，反而与早期经济全球化中西欧的官商关系极为相似。而郑氏集团这样一种独特的官商关系，在比较东西方官商关系、探讨大分流发生的原因进而更深入地理解早期经济全球化中国家经济发展的历史和理论背景下又有什么意义呢？

一、郑氏集团的界定

郑氏集团是明末清初的闽南海商集团，其开创者为郑芝龙，后又历郑成功、郑经和郑克塽四代。郑氏集团的建立开始于 1625 年郑芝龙

---

① 薛国中. 中国早期近代化的成败：对 15—17 世纪中国历史的再认识. 武汉大学学报（哲学社会科学版），1994(2)：57—64；张乃和. 15—17 世纪中英海外贸易政策比较研究. 吉林大学社会科学学报，2001(4)：94—99；龙登高. 郑和之后：中西比较视野下的海洋贸易与制度选择. 见：方行编. 中国社会经济史论丛（吴承明教授九十华诞纪念文集）. 北京：中国社会科学出版社，2006：328—337；傅筑夫. 中国经济史论丛（续集）. 北京：人民出版社，1988：217—276；郝侠君等. 中西 500 年比较. 北京：中国工人出版社，1996：24—32.

对李旦和颜思齐海商集团事业的继承，结束于 1683 年郑克塽向清政府投降。1628 年郑芝龙接受明朝招抚，政治上的合法性赋予其部分公权力，从而可以为自己管辖下的商人提供更多的资金和军事支持；另一方面，随着郑芝龙经济、军事实力的增强，福建省几乎成为郑芝龙的"独立王国"①，《靖海志》称郑氏家族"一门声势、赫奕东南"，而郑芝龙"位益尊，权益重，全闽兵马钱粮皆领于芝龙兄弟，是芝龙以虚名奉召，而君则以全闽予芝龙也"。②而到了郑成功时期，"明郑政权在名义上是桂王政府属下的一支抗清力量，而实际上兵饷自筹、官吏自置，战略规划自定，是一个完全独立的割据势力"③。正如有的学者所称："郑氏集团的政权特征，并不是一个独立于中央政权之外的政治实体，而是一个坚持自己所认同的中央政权的剩余力量。"④

二、官商关系与郑氏集团的海商帝国

15 世纪欧洲的大航海开辟了新的航线、发现了新大陆，已有的区域性贸易圈被不断延伸的新航线重新整合在了一起。葡萄牙向东，沿着非洲海岸线，进入印度洋，并最终到达东方的中国；而西班牙则向西，发现了美洲，并穿越太平洋在马尼拉建立了与东方的联系。新联系的建立一方面形成了真正意义上的全球市场，而市场整合所带来的需求扩大引起了全球性的商业革命⑤；另一方面使海洋成为世界市

---

① ［意］白蒂. 郑成功：远东国际舞台上的风云人物. 庄国土等译. 南宁：广西人民出版社，1997：27—28.
② 彭孙贻. 靖海志. 见：周宪文等编. 台湾文献丛刊第 35 种. 台北：台湾银行经济研究室，1957—1972.
③ 杨友庭. 明郑四世兴衰史. 南昌：江西人民出版社，1991. 前言 4.
④ 陈东有. 试论郑氏集团在中国海洋社会经济发展史上的地位. 江西师范大学学报，1997(4)：50—53.
⑤ 关于中国的商业革命，见：唐文基. 16—18 世纪中国的商业革命. 北京：社会科学文献出版社，2008；欧洲的商业革命. 见：［美］W. W. 罗斯托. 这一切是怎么开始的：现代经济的起源. 黄其祥，纪坚博译. 北京：商务印书馆，1997；东南亚的商业革命. 见：［澳］安东尼·瑞德. 东南亚的贸易时代：1450—1680 年（第二卷 扩张与危机）. 孙来臣等译. 北京：商务印书馆，2010；南亚的商业革命. 见：K. N. Chaudhuri. *Trade and Civilisation in the Indian Ocean: An Economic History from the Rise of Islam to 1750*. New York: Cambridge University Press, 1985.

场的舞台，各国商人竞逐海上，分享着需求扩大带来的商业利润。

随着全球经济的发展，到明朝中后期，私人海外贸易逐渐取代朝贡贸易成为中国对外贸易的主体。[①]但明朝的中央政府仍然沿用明初制定的海禁政策，既禁止外国私商来华贸易，也禁止华商出洋贸易。海禁政策的实施一方面使华商成为获得中国商品的唯一途径，进而获得垄断利润；另一方面也使华商将贸易基地建立在海外，并组织自己的武装对抗政府的剿捕。隆庆年间（1567—1572）海禁松弛，开放月港为对外贸易港口，从而使华商出海贸易合法化，但此时仍然禁止外国私商来华贸易。为了获得中国商品，葡萄牙、西班牙、荷兰和英国等国商人一方面招揽华商到其在东亚和东南亚的贸易基地；另一方面从事海上劫掠活动。面对西方商人武装贸易的竞争，在明政府军事保护缺位的情况下，华商进一步联合组成更强大的武装海商集团，并一直主导着东亚和东南亚的贸易。

1628年，东亚海域最重要的海商集团之一郑氏集团的首领郑芝龙接受福建巡抚熊文灿的招抚，并被授予海上游击的官职。[②]以此为契机，历经郑芝龙、郑成功、郑经、郑克塽四代，郑氏建立了中国历史上唯一的商人帝国。郑氏集团作为东方商业革命、早期经济全球化的主要参与者之一，主导着中国东海和南海的贸易，"郑芝龙已成功地控制了绝大部分华商的海上贸易活动，无数海商团伙聚集在他的旗帜下，按他的号令耕耘于包括印度洋的广大海域"[③]。"海舶不得郑氏令旗，不能往来，每一舶列入二千金，岁入千万计，芝龙以此富敌国。"[④]"凡中国各货，海外人皆仰资郑氏，于是通洋之利，惟郑氏独

① 梁方仲. 明代国际贸易与银的输出入. 见：于宗先等编. 中国经济发展史论文选集（下册）. 台北：联经出版事业公司，1980：1495—1540.
② 曹履泰. 靖海纪略. 见：周宪文等编. 台湾文献丛刊第33种. 台北：台湾银行经济研究室，1957—1972.
③ ［意］白蒂. 郑成功：远东国际舞台上的风云人物. 庄国土等译. 南宁：广西人民出版社，1997：30.
④ 江日升. 台湾外纪. 见：周宪文等编. 台湾文献丛刊第60种. 台北：台湾银行经济研究室，1957—1972.

操之，财用益饶。"①郑氏集团入台后的郑经时期也还依然保有远东国际贸易的霸权地位②。另外，郑氏集团在与当时最强大的商人集团荷兰东印度公司的贸易竞争中取得了优势。1633 年料罗湾激战，郑芝龙击败了荷兰东印度公司；1662 年郑成功收复了荷兰东印度公司控制下的台湾。这与传统中国长期闭关自守、经济停滞、重农抑商的看法颇为不同③。因而郑氏集团为我们提供了一个案例，探讨早期经济全球化中一个不一样的中国，而它在商业表现上的成功也不禁让我们思考什么是它成功的因素。通过比较郑氏集团与明清中国和西欧官商关系的相似与不同，也可以使我们加深对东西方大分流的理解。

三、官商关系的起源

为什么西欧国家与明清中国会采取各自不同的官商关系，以往的很多研究都认为不同的文化是至关重要的因素。

文化作为经济增长的解释变量有着悠久的历史。马克斯·韦伯将近代西欧崛起的原因归结为由宗教改革带来的新教伦理和资本主义精神。主要体现在，新教认为教徒不必脱离尘世或放弃世俗的财富以求得救赎，而应该通过节俭 等品德，努力工作来获得上帝的恩宠。由此，对财富追求的思想障碍的去除与禁欲主义的节俭的结合，必然导致资本的积累。④在之后的一系列对世界宗教的比较研究中，韦伯进一步提出包括中国在内的东方世界因缺少类似的资本主义精神，而无

---

① 郁永河. 伪郑逸事. 附在台湾文献丛刊第 44 种《裨海纪游》之后. 见：周宪文等编. 台湾文献丛刊第 44 种. 台北：台湾银行经济研究室，1957—1972.
② Wong Young-tsu. Security and Warfare on the China Coast. *Monumenta Serica*, 1983, Vol. XXXV (35): 111–196.
③ 戴逸. 闭关政策的历史教训. 人民日报，1979 年 3 月 13 日；王守稼. 明代海外贸易政策研究——兼评海禁与弛禁之争. 史林，1986(3)：40—50；[法] 阿兰·佩雷菲特. 停滞的帝国：两个世界的撞击. 王国卿等译. 北京：生活·读书·新知三联书店，1998；曾兆祥. 中国封建社会的轻商思想和抑商政策. 北京：中国商业出版社，1983.
④ [德] 马克斯·韦伯. 新教伦理与资本主义精神. 阎克文译. 上海：上海人民出版社，2010.

法发展出资本主义。^①虽然后一个结论受到了研究中国宗教的学者的质疑，认为韦伯所称的资本主义精神，如勤劳节俭、诚信不欺等，也存在于中国文化中，并且认为儒家对"此世"绝非仅是"适应"，而主要是采取一种积极改造的态度。^②更有许多学者以此作为 20 世纪 80 年代之后东亚经济奇迹的文化契机。^③同样沿着韦伯的思路，戴维·兰德斯在其探讨国富国穷的著作中认为，"文化造就了一切差异"^④。哈瑞森和亨廷顿也认为国与国之间、不同民族之间的发展差距主要是源于他们不同的文化价值观。^⑤

以上述理论为基础，许多学者沿着文化的路径，对官商关系的形成作了深入研究。王燕玲认为，作为封建正统思想的儒家文化，长期被封建官府及其官员用来管理国家的社会经济生活，因此，它的影响可以说是渗透在官商的种种复杂关系之中，进而认为儒家文化是探讨官商结合的桥梁。^⑥主张传统中国重农抑商的学者，也多从儒家伦理为自己寻找依据，"据儒家伦理，经商是一种低等的、有损荣誉的和与文人身份不相符的职业，商人属于社会最底层的人士。明政府也明令禁止王公及其后裔从事经商行为，这些人在破落后，宁可作文人、艺人，甚至为匪作盗，也不肯经商"^⑦。李付明认为传统儒家价值观的义利说，即"君子喻于义，小人喻于利"，主张人们对私利的追求会使

---

① ［德］马克斯·韦伯. 中国的宗教：儒教与道教. 康乐，简惠美译. 桂林：广西师范大学出版社，2010；［德］马克斯·韦伯. 印度的宗教：印度教和佛教的社会学. 康乐，简惠美译. 桂林：广西师范大学出版社，2005.

② 余英时. 余英时文集第三卷：儒家伦理与商人精神. 桂林：广西师范大学出版社，2004：234—337.

③ Herman. Kahn. *World Economic Development: 1979 and Beyond*. London: Croom Helm, 1979；金耀基. 儒家伦理与经济发展——韦伯学说的重探：中国社会与文化. 香港：牛津大学出版社，1992.

④ David S. Landes. *The Wealth and Poverty of Nations: Why Some are So Rich and Some So Poor*. New York: W. W. Norton & Company, 1999, 516.

⑤ L. E. Harrison and S. P. Huntington. *Culture Matters: How Values Shape Human Progress*. New York: Basic Books, 2000.

⑥ 王燕玲. 儒家传统文化与中国的官商关系——以明清为透视点. 云南民族大学学报（哲学社会科学版），2004(5)：113—117.

⑦ 耿升. 法国汉学界有关郑和下西洋的研究. 中国文化研究，2006(2)：162—173.

人产生各种卑劣的欲望，因而要抑制个人对私利的追求，而这正是重农抑商的理论基础。[①]胡发贵也分析了商业活动的特点，认为"商业活动的本质和目的在于谋利……因此，商人职业本性与儒家的尊义贱利的价值观是格格不入的；换句话说，根据儒家尊义贱利的价值判断，必然会导致贱商社会心态"[②]。郭洪纪认为，儒家接受了最先由先秦时期法家提出的重本抑末观，并与儒家自身的贵义贱利思想接通，自此之后儒家"存天理，灭人欲"、"君子不言利"和"谋道不谋食"等思想为历代重本抑末提供了依据。[③]同样，王敬新也将商业活动导致的社会伦理及道德的败坏看作是抑商的重要依据。[④]

作为官商关系的重要组成部分，明清以来的对外贸易政策也是学界讨论的热点。而海禁和朝贡是明清以来对外贸易政策的最重要内容[⑤]。对于明清对外贸易政策产生原因的探讨，虽然有些学者认为对外贸易政策是国内重农抑商之商业政策在对外贸易上的延伸[⑥]，也有学者从多角度对对外贸易政策产生的原因进行了探讨[⑦]，但文化仍然是学者们最常用的解释变量之一。保罗·肯尼迪在其名著《大国的兴衰》中认为郑和之后中国从海上的撤退，"除了经费和其他阻碍因素

[①] 李伏明. 义利之辩、重农轻商与明清江南商品经济的发展——兼评中国资本主义萌芽问题. 学术月刊，1993(4)：48—54.

[②] 胡发贵. 儒家义利观与贱商心态. 学海，1993(2)：31—36.

[③] 郭洪纪. 儒家重本抑末思想的发展及其负面影响. 青海社会科学，1993(4)：86—91.

[④] 王敬新. 试析中国封建社会的抑商政策. 人文杂志，1986(2)：19—25.

[⑤] "明前期朝贡体系的建构渊源于中国传统"国内统治原理"，但其维系则主要靠朝贡贸易与海禁，朝贡贸易与海禁成为推动朝贡体系的两驾马车，最大限度地"规范"了明朝的对外交往。"见：李庆新. 濒海之地：南海贸易与中外关系史研究. 北京：中华书局，2010：149.

[⑥] 胡思庸. 清朝的闭关政策和蒙昧主义. 吉林大学学报，1979(2)：55—69；戴逸. 闭关政策的历史教训. 人民日报，1979年3月13日；刘成. 论明代的海禁政策. 海交史研究，1987(2)；陈尚胜. "怀夷"与"抑商"：明代海洋力量兴衰研究. 济南：山东人民出版社，1997.

[⑦] 史志宏. 明及清前期保守主义的海外贸易政策形成的原因及历史后果. 中国经济史研究，2004(4)：34—42；张光灿. 论清朝前期的闭关政策. 宁夏大学学报（社会科学版），1985(2)：20—25；陈尚胜. 也论清前期的海外贸易——与黄启臣先生商榷. 中国经济史研究，1993(4)：96—107.

之外，中国倒退的一个重要原因完全是儒家官吏的保守思想作祟"①。简军波从儒家基本教义、华夷秩序和天下观三个层面分析了朝贡制度的思想基础。首先，他认为"仁"和"礼"是儒家教义的两大重要内涵——"仁"包含了各种美德，是一种伦理标准，"礼"则强调秩序、节制、礼节和等级制度等，是一种社会结构，而朝贡体系是这种儒家治国理想在对外关系上的延续；其次，华夷秩序和天下观分别规定了朝贡体系内的个性和整体性。②史志宏、陈尚胜等也认为传统"以中国为尊、天下一统"的"华夷"观念是明清时期对外贸易政策产生的重要原因③。而在"华夷"观的思想指导之下，"怀柔远人"就成为朝贡制度的最终目的。④也有学者认为传统的儒家思想使明清统治者妄自尊大，从而极力推动闭关锁国的政策。⑤

但如前文所述郑氏集团独特的官商关系让我们重新思考文化在官商关系起源中的作用——同样的儒家文化背景下，为什么郑氏集团采取了与明清朝廷不同的官商关系，以及不同的东西方文化背景下，为什么郑氏集团却与荷兰等西方国家有着类似的官商关系。

与上述关注官商关系的文化起源的文献不同，另一类文献则关注政权或国家应对挑战时的反应⑥，并以此作为官商关系起源的逻辑起点。罗马帝国衰落之后，欧洲形成了一种竞争性的多国体系，而在这样一种多国体系之下，欧洲国家面临的主要挑战就是生存。由于各

① ［美］保罗·肯尼迪. 大国的兴衰：1500年到2000年的经济变化和军事冲突. 世界知识出版社，1988(影印版)：8—9.
② 简军波. 中华朝贡体系：观念结构与功能. 国际政治研究，2009(1)：132—143.
③ 史志宏. 明及清前期保守主义的海外贸易政策形成的原因及历史后果. 中国经济史研究，2004(4)：34—42；也论清前期的海外贸易——与黄启臣先生商榷. 中国经济史研究，1993(4)：96—107.
④ 田培栋. 明朝前期海外贸易政策研究. 首都师范大学学报（社会科学版），1983(4)：48—53；孙光圻. 明永乐时期的"海外开放". 见：中外关系史学会编. 中外关系史论丛（第三辑）. 北京：世界知识出版社，1987：50—70.
⑤ 徐明德. 明清时期的闭关锁国政策及其历史教训. 见：中外关系史学会编. 中外关系史论丛（第三辑）. 北京：世界知识出版社，1987：144—169；张光灿. 论清朝前期的闭关政策. 宁夏大学学报（社会科学版），1985(2)：20—25.
⑥ 这种"挑战—反应"模式最初由汤因比提出用来解释文明的演进。"挑战"指文明所遇到的困难，而"反应"则指文明解决问题的办法。见：［英］阿诺德·约瑟夫·汤因比. 历史研究（上册）. 曹未风等译. 上海：上海人民出版社，1986：74—98.

国之间的政治和军事竞争，所以各国都建立了强大的军事力量。要维持这样的军事力量，国家需要扩大收入来源，但欧洲国家并没有完备的官僚结构从土地上征税，所以他们都依赖商税与公债。因而许多欧洲国家选择了一种为商人提供财政军事支持的官商关系。[①] 而中国在大多数时间里是一个统一的帝国，因而内部瓦解的挑战显然更大于外部入侵。[②] 由于帝国在财政收入和政治稳定方面主要依赖农业和农民，商人则"不仅因为其寄生的本性而遭受歧视，亦因其危及既有的政治权威和支撑该权威的价值体系而受猜忌"[③]。因此，"历史上的'重农抑商'、'重本抑末'政策和制度，完全是国家衡量自身利益后得出的结果"[④]。

而学界对郑氏集团官商关系起源的认识也多是基于外部政治环境挑战的观点。处于明清易代战争时期的郑氏集团在生存上显然受到了严重的影响，因而郑氏集团大力发展对外贸易，为商人提供军事和财政支持，以支付庞大的军费开支。[⑤] 但外部政治环境的不同并不足以解释历史上各国官商关系的巨大差异。中国的春秋战国时期同样是竞争性的国家体系，但那个时代却是传统中国主流意识形态"重农抑商"的滥觞。[⑥] 印度次大陆也从未真正统一过，各邦国之间的战争从未间断，但即使是印度半岛列国中最有海洋导向的胡荼辣国王——其国商人主导着从波斯湾到马六甲的整个印度洋贸易圈——也认为"海

① 见 Peer. Vries. Governing Growth: A Comparative Analysis of the Role of the State in the Rise of the West. *Journal of World History*, 2002, Vol.13(1): 67−138 的文献综述。
② ［美］王国斌. 转变的中国：历史变迁与欧洲经验的局限. 李伯重，连玲玲译. 南京：江苏人民出版社，1998：96.
③ ［美］陈锦江. 清末现代企业与官商关系. 王笛，张箭译. 北京：中国社会科学出版社，2010：18.
④ 姜朋. 官商关系：中国商业法制的一个前置话题. 北京：法律出版社，2008：134.
⑤ 倪乐雄. 从海权和社会转型的角度看郑氏水师——兼对中国古代资本主义萌芽问题的再思考. 华东理工大学学报（社会科学版），1999(1)：80—87；郑永常. 郑成功海洋性格研究. 成大历史学报，2008(34)：61—92；陈东有. 试论郑氏集团在中国海洋社会经济发展史上的地位. 江西师范大学学报，1997(4)：50—53.
⑥ 曾兆祥. 中国封建社会的轻商思想和抑商政策. 北京：中国商业出版社，1983.

上的征战乃是商人的事务，而非体面君王所欲插手的"[1]。即使是同处国家竞争体系中的欧洲之间，也具有很大的差异，比如东欧国家，似乎并没有出现类似西欧的重商型官商关系。因而我们需要对郑氏集团的官商关系起源作更进一步的探讨。与其他面对外部挑战的国家相比，为什么郑氏集团选择了一种类似欧洲的官商关系，而不是其他类型的官商关系？

第三节 文献、创新与结构

一、文献

早期郑氏集团的研究由于受时代的影响主要围绕着郑成功的抗清复明、驱逐荷兰收复台湾，因而主要侧重于政治和军事的研究。例如于 1965 出版的《郑成功研究论文集》集中了当时郑氏集团研究的主要成果[2]。其中收集了 12 篇论文，按论文讨论的主题有 7 篇文章与郑成功收复台湾有关，涉及中国反对荷兰侵略的斗争、驱荷复台的时间和经过、驱荷前后台湾的社会经济等；另外有 3 篇文章涉及郑成功的经济与贸易，值得注意的是韩振华的文章《1650—1662 年郑成功时代的海外贸易和海外贸易商的性质》，探讨了郑成功时代的对外贸易，他所使用的估算对外贸易额和利润的方法一直沿用，但该文的侧重点还是讨论对外贸易中的资本主义萌芽。该文集的其他两篇文章也都集中于郑成功的军事和政治层面。除了研究论文，该文集还介绍了有关郑成功的中文和外文的原始资料。可以说该论文集为国内的郑氏集团研究奠定了基础，为我们梳理并呈现了郑氏集团政治、军事、贸易等面向的历史。

---

① Tonio Andrade, *How Taiwan Became Chinese: Dutch, Spanish, and Han Colonization in the Seventeenth Century*, NY: Columbia University Press，2008.12. 中译本见：郑维中译. 台北：远流出版公司，2007：450.
② 厦门大学历史系编. 郑成功研究论文集. 上海：上海人民出版社，1965.

到了 20 世纪 80 年代，这一时期的主要研究成果被集成 3 本论文集[①]：《郑成功研究论文选》、《郑成功研究论文选续集》、《郑成功研究论丛》。从这些文章的主题可以看出，郑氏集团与清政府的关系、收复台湾等政治军事问题依然是研究者所重点关注的，但郑氏集团的研究开始出现了三个新的热点。第一，对郑氏集团的军事组织和军事才能的研究。比如杨彦杰的《郑成功兵额和军粮问题》，对郑成功时期郑氏集团的总兵力进行了估算，并研究指出缺粮是郑氏集团据台之前所面临的重要问题；再比如吕荣芳、叶文程的《郑成功在厦门的军政建设》，以及钱海岳的《郑成功在军事上的贡献》等为我们呈现了郑氏集团的主要军事建制和制度。第二，将郑氏集团的研究往前扩展到了郑芝龙，往后扩展到了郑经、郑克塽。比如陈碧笙的《郑芝龙的一生》，张小林的《试论郑经建设台湾》，黄天柱、廖渊泉、蔡长溪的《试评郑经的历史功过》，徐扬杰的《历史地评价郑克塽率台归清问题》。这些研究为我们呈现了郑芝龙、郑经和郑克塽的主要历史事迹。第三，对郑氏集团经济与贸易的研究。林其泉、郑以灵的《郑成功经济思想试探》和黄志中的《试论郑成功的经济思想及其实践》两文探讨了郑成功的经济思想，对这种经济思想的解读是通过分析郑成功的经济政策。而两篇文章都认为郑成功的"通洋裕国"论与明朝的海禁完全不同。吴奇衍、黄武的《略论郑氏在台湾的屯垦》，林庆元的《郑成功复台后台湾土地的开发及其历史意义》，陈动的《郑氏时期台湾农民的田赋负担》等文，则关注郑氏集团对台湾的经济开发和建设，为我们呈现了郑氏据台之后开发台湾的基本面向。而随着政治环境的改变，郑氏集团的对外贸易逐渐成为研究的热点。韩振华的《再论郑成功与海外贸易的关系》详细梳理了郑成功各个时期的对外贸易。杨彦杰的《1650—1662 年郑成功海外贸易的贸易额和利润额估算》在前文韩振华的基础上对郑成功时期的贸易进行了估算，他的

[①] 郑成功研究学术讨论会学术组编. 台湾郑成功研究论文选. 福州：福建人民出版社，1982；郑成功研究学术讨论会学术组编. 郑成功研究论文选续集. 福州：福建人民出版社，1984；福建省郑成功研究学术讨论会学术组. 郑成功研究论丛. 福州：福建教育出版社，1984.

方法最大的特点在于同时考虑了输出额和输入额，但其方法的最大问题是暗含了假设同船输入和输出时的货值相同，因而高估了郑成功时期的对外贸易额。随着对郑氏集团对外贸易探讨的不断深入，学者逐渐在郑氏集团的海商集团性质上达成共识，并将其放在当时的海洋贸易大背景下探讨其对外贸易、理解郑氏集团的兴衰。林仁川的《试论著名海商郑氏的兴衰》可以说是这种研究在中国的开拓者。

从海洋史的角度重新审视郑氏集团这一研究趋势，可以说与世界范围内亚洲海洋史研究的兴起有关。而亚洲海洋史的兴起源于对世界史叙述中"欧洲中心论"倾向的质疑。20世纪80年代之前的世界史为一部"欧洲扩张史"，自从达·伽马到达亚洲，就像他们到达美洲时那样，欧洲人就确立了在亚洲的统治地位。这样的世界史叙述在80年代受到了亚洲史学者的质疑，此后出版了一系列有关印度洋、东南亚、东亚海域贸易的研究。[①]他们的结论显示，1750年之前的欧洲人在亚洲海上没有绝对的优势。这些研究共同奠定了如今仍然方兴未艾的亚洲海洋史研究的基础。郑氏集团作为东亚和东南亚海域的重要海上力量，自然成为国内外关注的重点。1990年出版的由Vermeer主编的论文集《17—18世纪福建的兴衰》(*Development and Decline of Fukien Province in the 17th and 18th Centuries*)[②]已经成为中国海洋史研究的经典文献，其中有两篇专门讨论郑氏集团，分别是郑克晟的《郑成功的海外贸易与清前期的海禁》(*Cheng Ch'eng-kung's Maritime Expansion and Early Ch'ing Coastal Prohibition*)和包乐史的《闽南还是世界？——尼古拉斯·一官的郑芝龙的崛起》(*Minnan-jen or Cosmopolitian?The rise of Cheng Chin-Lung alias Nicolas Iguan*)。而其他各文也对郑氏集团的海商海洋性有所涉及。

以上述研究为基础，此后对郑氏集团经济和贸易的研究几乎涵盖

① 见卫思韩对这些研究的评论文章：John E. Wills. Maritime Asia, 1500–1800: The Interactive Emergence of European Domination. *The American Historical Review*, 1993, Vol. 98(1): 83–105.

② E. B.Vermeer. *Development and Decline of Fukien Province in the 17th and 18th Centuries.* New York: Brill, 1990.

了各个方面。比如郑以灵的《浅论郑芝龙的海上商业活动》[1]和夏蓓蓓的《郑芝龙：十七世纪的闽海巨商》[2]对郑芝龙时期贸易的研究；聂德宁的《郑成功与郑氏集团的海外贸易》[3]分析了郑成功时期的对外贸易；陈柯云的《从朝鲜李朝文献看郑氏集团的海外贸易》[4]和冯立军的《清初迁海与郑氏势力控制下的厦门海外贸易》[5]分别探讨了不同史料和特殊时期的郑氏集团对外贸易；而从郑氏集团的贸易地点看，任鸿章的《明末清初郑氏集团与日本的贸易》[6]，徐恭生的《试论郑氏与日本的贸易关系》[7]以及陈小冲的《十七世纪的御朱印船贸易与台湾》[8]等研究，分析了郑氏集团各个时期对日本的对外贸易；吴凤斌的《郑成功父子时代与东南华侨》[9]分析了郑氏集团与东南亚的贸易；林仁川的《清初台湾郑氏政权与英国东印度公司的贸易》[10]则分析了郑经时期郑氏集团与英国东印度公司的贸易；李毓中的《明郑与西班牙帝国：郑氏家族与菲律宾关系初探》[11]，以及方真真的《明末清初台湾与马尼拉的帆船贸易（1664—1684）》[12]分析了郑氏集团与马尼拉之间的贸易。对于郑氏集团的对外贸易制度，南栖的《台

[1] 郑以灵. 浅论郑芝龙的海上商业活动. 史学集刊，1996(1). 29—33.

[2] 夏蓓倍. 郑芝龙：十七世纪的闽海巨商. 学术月刊，2002(4)：58—63.

[3] 聂德宁. 郑成功与郑氏集团的海外贸易. 南洋问题研究，1993(2)：20—27.

[4] 陈柯云. 从朝鲜李朝文献看郑氏集团的海外贸易. 安徽师大学报（哲学杜会科学版），1985(1)：92—100.

[5] 冯立军. 清初迁海与郑氏势力控制下的厦门海外贸易. 南洋问题研究，2000(4)：85—94.

[6] 任鸿章. 明末清初郑氏集团与日本的贸易. 日本研究，1988(4)：42—49.

[7] 徐恭生. 试论郑氏与日本的贸易关系. 福建师大学报（哲学社会科学版），1983(2)：96—102.

[8] 陈小冲. 十七世纪的御朱印船贸易与台湾. 台湾研究集刊，2004(2)：68—73.

[9] 吴凤斌. 郑成功父子时代与东南华侨. 南洋问题，1983(1)：47—61.

[10] 林仁川. 清初台湾郑氏政权与英国东印度公司的贸易. 中国社会经济史研究，1998(4)：8—15.

[11] 李毓中. 明郑与西班牙帝国：郑氏家族与菲律宾关系初探. 汉学研究，1998，Vol. 16(2)：29—59.

[12] 方真真. 明末清初台湾与马尼拉的帆船贸易（1664—1684）. 台北：稻禾出版社，2006.

湾郑氏五商之研究》^①、聂德宁的《明清之际郑氏集团海上贸易的组织与管理》^②和郑克晟的《郑成功海上贸易及其内部组织之特点》^③等文章着重探讨了郑氏集团的对外贸易组织；而张菼的《关于台湾郑氏的"牌饷"》^④则分析了郑成功的对外贸易税收制度。

虽然目前对郑氏集团的各个层面都有了大量的研究，但至今尚没有学者直接研究郑氏集团的官商关系。虽然如此，这一问题早已引起业内学者的兴趣。比如学者对郑氏集团军事—商业复合体的关注，对比这种商业组织与西方的相似性。^⑤研究郑成功思想的学者也认为"通洋裕国"指导下的贸易和经济政策也与西方相似^⑥。而陈东有则将郑氏集团放在世界海洋发展史中探讨，认为郑氏集团施行了富有近代性的重商政策。^⑦这些研究关注了郑氏集团官商关系的某些构成要素，但尚缺乏整体性的探讨，更遑论分析郑氏集团独特官商关系的起源。虽然如此，以上的研究为我们呈现了郑氏集团各个方面的图景，为本书探讨郑氏集团的官商关系及其起源奠定了坚实的基础。

除了研究成果外，与郑氏集团相关史料的陆续出版为本研究提供了另一支柱。本书使用的史料按撰写者可分为三类：

一是中国的官方史志和奏疏。如《明史》、《明清史料》、《明实录》、《明清内阁大库史料》、《福建省通志》、《大明会典》等。

---

① 南栖. 台湾郑氏五商之研究. 见：郑成功研究学术讨论会学术组. 台湾郑成功研究论文选. 福州：福建人民出版社，1982：194—208.

② 聂德宁. 明清之际郑氏集团海上贸易的组织与管理. 南洋问题研究，1992(1)：98—105.

③ 郑克晟. 郑成功海上贸易及其内部组织之特点. 中国社会经济史研究，1991(1)：49—55.

④ 张菼. 关于台湾郑氏的"牌饷". 见：郑成功研究学术讨论会学术组. 台湾郑成功研究论文选. 福州：福建人民出版社，1982：209—227.

⑤ 倪乐雄. 从海权和社会转型的角度看郑氏水师——兼对中国古代资本主义萌芽问题的再思考. 华东理工大学学报（社会科学版），1999(1)：80—87；Hang Xing. *Between Trade and Legitimacy, Maritime and Continent: The Zheng Organization in Seventeenth-Century East Asia*. Berkeley: Univ. of California, 2010.

⑥ 黄顺力. "重陆轻海"与"通洋裕国"之海洋观刍议. 深圳大学学报（人文社会科学版），2011，Vol. 28(1)：126—131.

⑦ 陈东有. 试论郑氏集团在中国海洋社会经济发展史上的地位. 江西师范大学学报（哲学社会科学版），1997，Vol. 30(4)：50—53.

二是外国的商馆记录。如《热兰遮城日志》、《巴达维亚城日志》、《东印度公司事务报告》[①]、《长崎荷兰商馆日记》、《十七世纪台湾英国贸易史料》和 *The English Factory in Taiwan*（*1670—1685*）[②]、《台湾西班牙贸易史料（1664—1684）》。

三是时人或后人的记述，中国人和外国人的都有。16 世纪葡萄牙人伯来拉的《中国报道》，葡萄牙人克路士《中国志》，西班牙人拉达的《出使福建记》及《记大明的中国事情》；西班牙多明我会教士帕莱福撰写的《鞑靼征服中国史》，耶稣会士卫匡国的《鞑靼战纪》；日本人口述中国见闻集成的《华夷变态》；中国方面则有大量的明清著述，如杨英的《从征实录》、江日升的《台湾外纪》、谷应泰的《明史纪事本末》、谈迁的《国榷》等。

另外后人根据不同的关注领域，编辑出版了大量的史料选集，为研究者快速查阅资料提供了方便。如《皇明经世文编》、《郑成功满文档案史料选译》、《郑成功史料选编》、《郑成功收复台湾史料选编》、《郑成功档案史料选辑》、《明代社会经济史料选编》、《康熙统一台湾档案史料选辑》等。而台湾的大型史料丛刊《台湾文献丛刊》和大陆的《台湾文献汇刊》收集了各种史料、著述 450 多种，是研究郑氏集团最全面的史料汇编。

二、创新

第一，将郑氏集团放在全球经济发展的历史和大分流理论中探讨。郑氏集团的起源、发展和最终灭亡都不只是发生在大陆边缘的孤立事件。新航线的开辟，使一个真正地理意义上的全球经济形成；而美洲白银的发现一方面进一步提高了欧洲国家的购买力，另一方面也为欧洲人直接与中国贸易提供了可交换的商品。由全球联系的建立和美洲白银的发现带来的市场整合效应使需求迅速扩大，而这种需求也

[①]　为荷兰台湾商馆的长官写给巴达维亚荷兰东印度公司总部的报告。中文翻译见：Cheng Shaogang, *De VOC en Formosa 1624-1662: Een vergeten geschiedenis*, Leiden:Leiden, 1995. 中译本见：程绍刚译注. 台北：联经出版事业公司，2000.
[②]　是郑经招揽英国人在台湾建立的商馆的记录。

由西方商人带到了东方。虽然当时的明朝实施海禁，但需求带来的利润扩大仍然吸引了大量的商人从事东亚和东南亚的海外贸易。然而西欧商人不仅带来了新的需求，还带来了武装贸易，因而在明政府和西方商人的双重压力之下，华商们开始联合形成强大的武装商人集团。

这些武装商人集团凭借对获得中国商品渠道的垄断和强大的海上力量，主导着东亚和东南亚贸易。而郑氏集团正是这种武装商人集团发展的最高峰。面对西方商人垄断贸易建立以其为中心的贸易体系的企图，郑氏集团给予了强有力的回击。郑氏集团所处的时代正是西方商人取得全球贸易霸权的关键时期，虽然华商在郑氏之后的东亚和东南亚贸易份额中仍然占很大的比重，但华商对贸易的主导权开始逐渐丧失，并最终被荷兰和后来的英国商人所代替。因而郑氏集团在与西方贸易竞争中的优势地位为我们提供了一个独特的案例，探讨什么是大分流发生的关键因素。

第二，梳理明清中国和西欧的历史，探究明清中国和西欧官商关系的真相，澄清关于明清中国抑商、无为以及西欧无为、重商的理论争论。在此基础上，分别比较西欧与郑氏集团官商关系和明清中国与郑氏集团官商关系间的相似与不同，并进一步分析这些相似与不同的意义。西欧与郑氏集团官商关系的相似性表明，武装贸易并不是西欧所特有的贸易形式，在东方的儒家文化圈内，同样存在勇于拓殖海洋、贸易立身的政权；西欧，尤其是英国，与郑氏集团官商关系的不同同样重要，郑氏集团并没有像西欧国家尤其，是英法那样，积极地推行进口替代和殖民地政策以获得商品的生产能力[1]。而郑氏集团的灭亡，在一定意义上也证明了上述不同的重要性。郑氏集团的官商关系主要侧重于对市场的开拓，仅以贸易之利立国。而当清政府施行严格的迁界政策，从而影响郑氏集团对大陆商品的获得时，财政危机必然导致其走向衰落。

明清中国与郑氏集团官商关系的不同要远大于其相似性。郑氏集团"海外弹丸之地，养兵十余万，甲胄戈矢，罔不坚利，战舰数以千

---

[1]　在本书中，生产能力是指国家能不能生产某种产品，而不是指某种产品生产量之间的差异。

计"①，以此实力与清政府对抗 40 余载，这在一定程度上反映了官商关系差异的意义。而明清中国与郑氏集团官商关系的相似性，在于对新领土的经济政策，新领土成为国家的一部分而且与其他部分享受的经济政策没有本质的不同，这与西欧通过政策在宗主国与殖民地之间建立一种纵向的劳动分工关系（宗主国生产制造品而殖民地则生产原材料和初级产品）完全不同。

由此我们发现，明清政府不支持商人已经使其在全球经济竞争中处于劣势，更别说无所作为和抑制商人了。郑氏集团通过独特的官商关系获得了对贸易的垄断权，但缺乏生产能力是其最终衰落的原因之一。而英法甚至后来的德国能够后来居上则得益于政府对获得生产能力的重视，进口替代和殖民地政策使其获得了包括棉纺织、制瓷、茶叶生产的比较优势。因而在经济全球化的时代，商人自由参与的权利并不足以使一个国家获得世界经济中的有利位置。虽然在历史上的大部分时间里，秉承自由贸易的中国商人可以凭借中国在众多物产上的生产优势积累大量的财富，但在重商主义支持下，西方国家可以在较短时间内扭转生产方面的比较优势，并在需求方面为本国产品开拓巨大的世界市场。

第三，多维视角分析郑氏集团官商关系的起源。正如前文所述，文化视角的解释在郑氏集团与明清中国不同而与西欧的相似这点上陷入了困境。而外部政治环境的视角除了有很多官商关系的特例不能解释之外，对郑氏集团而言，在清朝政府的外在压力对其构成挑战之前，郑氏集团的官商关系就已经与当时的西欧非常相似。那么究竟郑氏集团独特的官商关系是如何产生的呢？

本书将放宽研究视野，从全球经济发展、地区经济政治变迁和郑氏集团自身地理环境和政治理想三个不同的角度，对郑氏集团的官商关系形成的原因进行探讨。首先，郑氏集团是全球经济发展背景下产生的走私商人集团，商人是其最本质的特征，因而积极参与对外贸易并支持商人以获得贸易利润是理所当然的。其次，本书也关注郑氏集

① 郁永河. 伪郑逸事. 附在台湾文献丛刊第 44 种《裨海纪游》之后. 见：周宪文等编. 台湾文献丛刊第 44 种. 台北：台湾银行经济研究室，1957—1972.

团所处的外部政治环境的挑战，但除去前述文献关注清政府的挑战之外，本书还将关注明朝中央与地方的政治和经济互动在郑氏集团官商关系形成过程中的作用。因为正是由于一系列明朝中央政府与东南沿海地区之间互动（如朱纨之死、隆庆弛海禁等），明朝中央政府陷于北部边疆的政治危机（东北的女真人和西北的农民起义），代表东南沿海海洋利益的郑芝龙才有机会分享明朝中央政府的权力。1628年，郑芝龙接受明政府的招抚，郑氏集团获得了真实而强大的政权力量，最终使理所当然应该支持商人变成了现实。再次，从郑氏集团自身看其政治理想和地理环境也为其生存带来了压力。明朝灭亡后，郑氏集团仍然奉南明为正朔，进行抗清的军事活动，因而为实现政治理想，郑氏集团支持商人以获得更多的财政收入。另外，与明清政府的大陆核心地区有足够的耕地以征税来支撑政府运作和军事行动不同，郑氏集团活动的闽南地区没有足够的耕地提供税收甚至食物，因而郑氏集团自己经营商业以直接获得收入或通过征收贸易税间接获得收入。

三、结构

本书将沿着以下逻辑组织全文：什么是郑氏集团；郑氏集团的官商关系如何；为什么郑氏集团会产生独特的官商关系。

第一章，引言。将郑氏集团的官商关系嵌入到早期经济全球化的历史和"大分流"的研究中，并提出研究郑氏集团官商关系的意义。随后梳理郑氏集团的相关研究文献和原始资料，并总结给出本书的主要创新点和文章结构。

第二章，郑氏集团的官商关系。本章主要内容是回答什么是郑氏集团、郑氏集团的官商关系如何。第一节为郑氏集团简史（1625—1683），简要梳理了郑氏集团兴衰的历史，在此基础上从三个层面分析郑氏集团的官商关系；第二节分析郑氏集团的贸易制度与组织，探讨郑氏集团的对外贸易是如何组织的；第三节分析郑氏集团的外交与对外贸易，探讨郑氏集团如何通过外交手段保护自己商人的利益；第四节分析郑氏集团的武装贸易，探讨郑氏集团如何通过军事手段维护自己的商业利益。结论认为，郑氏集团重视海外贸易，并为商人提供军事和财政支持，而且郑氏集团官和商的身份经常是重叠的，因而是典型的重商型官商关系。

第三章，相似与不同：郑氏集团的官商关系与明清中国和西欧的比较。本章将回到东西方的历史，分析明清中国和西欧的官商关系究竟如何，并与郑氏集团进行比较。第一节，从官商关系的主流意识形态和官商关系的实际两个层面，分析明清中国的官商关系，而对实际层面的分析主要侧重商人的社会地位和商业税收；第二节则从商人的社会地位和对外贸易政策两个层面分析西欧的官商关系；第三节则将郑氏集团的官商关系与明清中国以及西欧作比较，分析其相似与不同。结论认为明清中国的官商关系虽然在主流意识形态上仍然抑商，但实际层面更接近于无为；而西欧的官商关系则一直是重商。通过比较发现，郑氏集团与西欧的官商关系相似，但也存在差异，比如西欧尤其是英法的官商关系包含了某些经济政策以获得生产能力。而郑氏集团与明清中国官商关系的差异远大于相似，但相似的新领土经济政策在东西方的经济发展中具有显著的意义。

第四章，郑氏集团官商关系的起源——一个全球、地区和自身的解释。本章将从全球经济发展、地区经济政治变迁和郑氏集团自身政治理想以及自然环境三个不同的角度来对郑氏集团的官商关系形成的原因进行分析。第一节从全球经济发展的视角，探讨郑氏集团的起源；第二节从明末清初的政局变化角度，分析郑氏集团的独特官商关系的产生和强化；第三节从郑氏集团所处的自然环境和政治理想两个因素，进一步分析郑氏集团官商关系产生的自身原因。结论认为，郑氏集团的商人起源性质为其独特官商关系的产生提供了拉力，而明末清初的地区经济政治变迁与郑氏集团的政治理想和自然环境则提供了压力。

第二章　郑氏集团的官商关系

自 15 世纪末新航线开辟之后，各国商人纷纷竞逐海上，以求贸易之利。正如 16 世纪中后期的英国海盗沃尔特·雷利爵士（约 1552—1618）宣称的那样："谁控制了海洋，谁就控制了贸易；谁控制了世界贸易，谁就控制了世界的财富，从而控制整个世界。"[①]历史进入 17 世纪，全球贸易扩张时代也进入了巅峰时期[②]。作为全球贸易最重要的区域之一，远东水域发生了一系列的政治、经济变化，改变了亚洲的贸易格局，也影响了全球贸易。

明朝方面，努尔哈赤逐渐统一了女真各部，成为大明帝国的新威胁。这使隆庆弛禁以来的私人海外贸易发展受到的限制更少。但另一方面，大明帝国对在 1603 年马尼拉大屠杀中死难的 15000 到 30000 海外华人的漠视态度表明[③]，海商仍然得不到帝国的支持。日本方

---

① 原文为：For whosoever commands the sea commands the trade; whosoever commands the trade of the world commands the riches of the world, and consequently the world itself. 来自：Oldys and Birch. *The Works of Sir Walter Ralegh*. Oxford: The University Press, 1829: 325.

② Tonio Andrade, *How Taiwan Became Chinese: Dutch, Spanish, and Han Colonization in the Seventeenth Century*, NY: Columbia University Press，2008.12. 中译本见：郑维中译. 台北：远流出版公司，2007：44.

③ 张彬村. 美国白银与妇女贞洁：1603 年马尼拉 (Manila) 大屠杀的前因后果. 见：朱德兰. 中国海洋发展史论文集（第八辑）. 台北："中央研究院"中山人文社会科学研究所，2002：295—326.

面①，随着国家的统一，幕府对对外贸易的管制不断增强直到完成锁国。1616 年，日本将大明以外的船只限定停泊于长崎及平户；1623 年葡萄牙人被逐出日本，英国的平户商馆被关闭；1624 年禁止西班牙人来日本贸易；1633—1639 年连续五次发布锁国令，最终废除朱印船贸易，全面禁止日本人出海；1641 年，将对外贸易的港口限定在长崎，并只允许中国和荷兰商人进行贸易。日本商人从远东海域退出，华商和荷兰人独占了日本贸易。另外，荷兰分别于 1600 年在日本、1624 年在台湾岛建立基地，英国于 1613 年在日本建立基地，英荷两国继葡萄牙和西班牙之后将贸易扩展到了东亚海域。

日本市场空间的扩大和明朝政府对海贸控制力下降所带来的贸易激励，以及新的更强大竞争对手的加入和明朝对海商的漠视所带来的生存压力，使 17 世纪的中国海商集团再次趋向联合，以形成更大的竞争力。而郑氏集团正是他们中的成功代表。在上述背景下崛起的郑氏集团究竟是一个怎样的政权，它的官商关系如何？本章首先简要回顾了郑氏集团的历史，进而从经济、政治和军事三个层面分析郑氏集团的官商关系。

第一节　郑氏集团简史（1625—1683）

郑氏集团的开创者郑芝龙，原名郑一官，生于 1603 年②，福建南安石井人。1621 年，18 岁的郑芝龙前往澳门，投奔母舅黄程，并参与了黄程经营的对外贸易。③之后郑芝龙前往日本加入了李旦的海商贸易集团，并于李旦死后的 1625 年继承了其在台湾的贸易基地，

---

① 吴廷璆. 日本史. 天津：南开大学出版社，1994：236—241.

② 也有学者认为郑芝龙生于 1595 年，见黄玉斋. 郑成功时代与日本德川幕府. 见：郑成功研究学术讨论会学术组编. 台湾郑成功研究论文选. 福州：福建人民出版社，1982：263.

③ 江日升. 台湾外纪. 见：周宪文等编. 台湾文献丛刊第 60 种. 台北：台湾银行经济研究室。

郑氏集团初具规模。[1]1628年，经过与明朝政府的多次较量与谈判，郑芝龙就抚于福建巡抚熊文灿，并被授予海上游击的职务。从此，郑芝龙获得了明政府的政治和军事支持，为郑氏集团的崛起打下了基础。1633年，郑芝龙在料罗湾击败荷兰舰队，并于1628—1635年相继歼灭了李魁奇、杨六、杨七、钟斌和刘香的海盗、海商集团。这一方面为大明解决了长期以来由海盗和西方人骚扰构成的东南边患，另一方面也为郑芝龙赢得了福建副总兵的高级职务（1640年升为总兵），这标志着"郑芝龙已成功地控制了绝大部分华商的海上贸易活动，无数海商团伙聚集在他的旗帜之下，按他的号令耕耘于包括印度洋在内的广大海域"。[2]

1644年，明朝灭亡后，南明弘光政权为了利用郑氏集团的力量，封郑芝龙为南安伯，镇守福建，并征调副总兵郑鸿逵（郑芝龙的弟弟）率舰队驻防镇江。但就在第二年，南京被攻克，弘光政权覆灭。同年闰六月郑芝龙兄弟迎奉唐王朱聿键登基，改元隆武，郑芝龙被晋封为平虏侯，执掌军国大权，不久又被晋封为平国公，加太师。此时的郑氏兄弟手握重兵，但为保存实力多次以缺饷为由拒绝出兵抗清。[3]1646年6月，清军渡过钱塘江，浙江的南明鲁王政权覆灭。郑芝龙见局面不利，不顾郑鸿逵、郑成功等人劝阻，同意了清军洪承畴、博洛的劝降。但郑芝龙降清后并没有得到被许诺的闽粤总督职衔，而是于1647年被挟至北京[4]，从此成为清政府招降郑成功的工具。郑芝龙于1661年被处死。

郑芝龙降清之后，郑氏集团的其他成员如郑鸿逵、郑彩、郑成

① 也有资料记载郑芝龙继承了颜思齐的海商集团事业，如《台湾外纪》、《海寇记》、《东南纪事》等，但据学者考证，颜思齐确有其人并与郑芝龙有过来往，但只是一个"不大不小的海盗集团头目"，而郑芝龙的基业主要来自对李旦集团的继承。见徐健竹.郑芝龙、颜思齐、李旦的关系及其开发台湾考. 见：中国社会科学院历史研究所明史研究室. 明史研究论丛（第三辑）. 1985：286—301.
② ［意］白蒂. 郑成功：远东国际舞台上的风云人物. 庄国土等译. 南宁：广西人民出版社，1997：30.
③ 杨友庭. 明郑四世兴衰史. 南昌：江西人民出版社，1991：37.
④ 黄宗羲. 郑成功传. 与台湾文献丛刊第25种《赐姓始末》合刊. 见：周宪文等编. 台湾文献丛刊第25种. 台北：台湾银行经济研究室，1957—1972.

功等相继率部出走海上。①1650 年郑成功用计接受了郑彩、郑联的部队，并联合了郑鸿逵的力量，以厦门和金门为基地，将郑氏集团重新整合并统一于自己的领导之下。

郑成功，1624 年生于日本平户，是郑芝龙的长子，母亲为田川氏。1628 年，郑芝龙受明廷招抚，郑成功随母回国。1644 年，进入南京国子监，拜师名儒钱谦益。1645 年，郑成功受到隆武帝的赏识，并赐国姓。郑芝龙降清之后郑成功先后转战闽南、粤东，最终在厦门、金门建立抗清基地。期间 1649 年，奉永历为正朔。此后与清军作战，由于郑氏集团水军的灵活性多有胜迹。1651 年，位于西南的南明永历政权在张献忠部下的大西军加入后实力大增，并恢复了云南、贵州、广西三省全部，湖南、四川两省大部，并将势力延伸到湖北、广东和江西。②为避免东南和西南两股抗清势力的夹击，清政府对郑氏集团采取了招抚为主的策略，于 1653 年开始了与郑氏集团的谈判。③在 1653—1655 年三年的谈判期间，郑成功乘势巩固和发展了自己的政治、经济和军事实力，并将郑氏集团带向了一个新的高度。1655 年，郑成功将厦门改称思明州，并设六官，虽仍奉永历正朔，但政治上更加独立。

1658 年，郑成功趁清军进攻西南之际，率水陆军 17 万④与浙东的张煌言部会师北伐南京，因在羊山海域遇台风造成损失而退回闽浙；1659 年再次北伐，并连克镇江、瓜洲等地，随后包围南京，但由于此后郑成功行动缓慢，并中对方诈降以缓兵的计策，此后清军集结兵力一举击败郑军。⑤此役郑成功"部卒只剩数万人，精锐大部丧失，甘辉等十几员大将阵亡，损失惨重，使郑成功此后再无力对清廷发动较大规模进攻"。⑥1659 年 9 月，败回厦门的郑成功立即组织了

① 福建师大郑成功史料编辑组. 郑成功史料选编. 福州：福建教育出版社，1982：37.
② 顾诚. 南明史. 北京：中国青年出版社，1997：700—718.
③ 吴正龙. 郑成功与清政府间的谈判. 北京：文津出版社，2000：54.
④ 黄宗羲. 郑成功传. 与台湾文献丛刊第 25 种《赐姓始末》合刊. 见：周宪文等编. 台湾文献丛刊第 25 种. 台北：台湾银行经济研究室，1957—1972.
⑤ 顾城. 南明史. 北京：中国青年出版社，1997：932—955.
⑥ 杨友庭. 明郑四世兴衰史. 南昌：江西人民出版社，1991：132.

厦门保卫战，集结了一支约有 2000 艘战船的舰队，并于 1660 年大败达素统帅的大军，达素以自杀告终。① 面对清朝逐渐扫平其他反清势力，并对郑氏集团施行更严格的封锁政策，1661 年郑成功力排众议亲帅精兵 25 000 人，战船 400 艘出兵收复台湾。② 1662 年，郑成功在驱逐荷兰人之后，改赤嵌城为东都明京，设承天府，辖天兴、万年二县。③ 同年，郑成功病逝。

郑成功死后，郑氏集团分裂为占据厦门的郑成功的长子郑经集团和在台湾被部分将领拥立的郑成功的弟弟郑世袭集团。1662 年 11 月，郑经借由与清政府合议之机，挥师台湾消灭了反对者，成为郑氏集团新的领导者。④ 1663 年，清军在荷兰舰队的协助下攻占金门和厦门，郑经退守台湾，并积极发展农业和海外贸易，"上通日本……下贩暹罗、交趾、东京各处以富国，从此台湾日盛，田畴市肆，不让内地"⑤。"到 17 世纪 60 年代末，郑氏集团已重新建立起远东国际水域的海上贸易霸权地位"⑥。1673 年"三藩之乱"爆发，1674 年郑经响应回到厦门，并相继攻占了泉州、漳州和潮州三府。⑦ 但随着"三藩之乱"被平息，郑经逐渐放弃了在大陆的据点，于 1680 年退回台湾。次年，郑经病逝，郑氏集团再次陷入内乱，郑经长子郑克臧被杀，冯锡范等人拥立年仅十二岁的郑克塽登位。⑧ 另一方面，1668 年施琅武力收复台湾的建议获得了康熙的采纳和支持，1683 年拱卫台湾的澎湖被攻占。内外交困之下，1683 年，郑氏集团向清政府投降。

① ［意］白蒂. 郑成功：远东国际舞台上的风云人物. 庄国土等译. 南宁：广西人民出版社，1997：88；［西］帕莱福. 鞑靼征服中国史、鞑靼中国史、鞑靼战纪. 何高济译. 北京：中华书局，2008：243.
② 杨友庭. 明郑四世兴衰史. 南昌：江西人民出版社，1991：132—137.
③ ［明］杨英. 从征实录. 见：周宪文等编. 台湾文献丛刊第 32 种. 台北：台湾银行经济研究室，1957—1972.
④ 杨友庭. 明郑四世兴衰史. 南昌：江西人民出版社，1991：154—155.
⑤ 江日升. 台湾外纪. 见：周宪文等编. 台湾文献丛刊第 60 种. 台北：台湾银行经济研究室，1957—1972.
⑥ ［意］白蒂. 郑成功：远东国际舞台上的风云人物. 庄国土等译. 南宁：广西人民出版社，1997：113—114.
⑦ 杨友庭. 明郑四世兴衰史. 南昌：江西人民出版社，1991：181—187.
⑧ 杨友庭. 明郑四世兴衰史. 南昌：江西人民出版社，1991：226—231.

第二节　对外贸易制度与组织

一、对外贸易管理

明朝建立以来，对外关系的主要内容可以概括为朝贡贸易和海禁。明朝初期沿用了宋元以来的市舶司制度，但职能已从"掌蕃货、海舶征榷贸易之事，以来远人，通远物"①变为"掌海外诸蕃朝贡、市易之事，辨其使人表文勘合之真伪，禁通蕃，征私货，平交易，阄其出入而慎馆谷之"②。由此可见明初建立的市舶司制度是政府维持朝贡体系、实施海禁的重要工具。随着私人海外贸易的发展和朝贡体系本身用经济利益换政治利益的性质，明政府于1510年对市舶司制度进行了改革，主要内容是对贡船上的蕃货进行抽分，并不再限定贡期。但这一改革三改三停，最终于1530年被再次废止。③

隆庆年间部分开放海禁之后，明政府为了加强对私人海外贸易的管理和控制，在月港实施了一套新的对外贸易管理制度。该制度的核心是饷税制。首先，私人船舶出海要获得政府的批准，即购买船引。船引记载着货物的种类和数量、船的大小和要到达的国家。政府以船引的数量和引税高低控制着私人海外贸易的规模。1575年规定，"东西洋④每引税银三两，鸡笼、淡水税银一两，其后加增东西洋税银六两，鸡笼、淡水二两"⑤。而船引的数量也从1589年的每年88张增加到1597年的137张。⑥其次，对货物征税，方式由之前的实物抽分

---

① 职官志·提举市舶司. 见：[元] 脱脱等. 宋史（一六七卷）. 北京：中华书局，1977：3971.
② 职官志·市舶提举司. 见：[清] 张廷玉. 明史（七十五卷）. 北京：中华书局，1974：1848.
③ 林仁川. 明末清初私人海上贸易. 上海：华东师范大学出版社，1987：282—287.
④ 当时对东西洋的划分为：东洋的范围大概为今天的菲律宾群岛、马路古群岛、苏禄群岛以及北婆罗洲；西洋的范围大概为今天的中南半岛、马来半岛、苏门答腊、爪哇以及南婆罗洲。见李金明. 明代海外贸易史. 北京：中国社会科学出版社，1990：139—140.
⑤ 张燮. 东西洋考. 北京：中华书局，1981：132.
⑥ 转引自：李金明. 明代海外贸易史. 北京：中国社会科学出版社，1990：153.

改为饷银制，包括水饷、陆饷和加增饷。水饷"以船广狭为准，其饷出于船商"；陆饷"以货多寡计值征输，其饷出于铺商"，是一种商品进口税；而加增饷是一种附加税，只针对前往吕宋贸易的商船，"东洋吕宋，地无他产，夷人悉用银易货，故归船自银钱外，无他携来，即有货亦无几，故商人回澳，征水陆二饷外，属吕宋船者，每船追银百五谓之加征。后诸商苦难，万历十八年，量减至百二十两"[①]。

郑氏集团对海外贸易的管理继承了月港的饷税制，并在此基础上对其进行了改进和创新。郑芝龙时期，郑氏集团借助于明政府的军事力量逐渐掌握了远东水域的海上贸易主导权，正所谓"流寇起，中原多事，而刘香、李魁奇等兵横海外；芝龙始皆与深好，既假朝命讨之，俱授首，芝龙兵益盛，独有南海之利"，于是郑氏集团开始实施向海商征收类似月港船引的外贸许可制度。"商舶出入诸国者，得芝龙符令乃行"[②]；"通贩洋货，内客外商，皆用郑氏旗号"[③]；"海舶不得郑氏令旗不能来往，每船例入三千金，岁入千万计，以此富敌国"[④]上述"芝龙符令"、"郑氏旗号"和"郑氏令旗"正是郑芝龙颁发的一种贸易身份证明。这种证明一方面类似于月港的船引制度，没有证明就不得出洋；但两者又有本质的不同：月港制度的出发点是控制和管理海商，而郑芝龙令旗制度的出发点是税收，但又客观上满足了海商要求保护海上贸易安全的需要。

但"每船例入三千金"，与月港的船引税每船最多 6 两相比，郑芝龙的许可费用可谓高得惊人，我们又该如何理解呢？张菼认为，此处所指为月港制度中的"水饷"。[⑤]但参照表 2.1，当时的水饷按船面宽度征收，最大船的水饷也不过 260 两。而林仁川认为"郑芝龙的

---

① 张燮. 东西洋考. 北京：中华书局，1981：132.
② ［清］邵廷采. 东南纪事. 见：周宪文等编. 台湾文献丛刊第 96 种. 台北：台湾银行经济研究室，1957—1972.
③ 彭孙贻. 靖海志. 见：周宪文等编. 台湾文献丛刊第 35 种. 台北：台湾银行经济研究室，1957—1972.
④ 黄宗羲. 郑成功传. 与台湾文献丛刊第 25 种《赐姓始末》合刊. 见：周宪文等编. 台湾文献丛刊第 25 种. 台北：台湾银行经济研究室，1957—1972.
⑤ 张菼. 关于台湾郑氏的"牌饷". 见：郑成功研究学术讨论会学术组. 台湾郑成功研究论文选. 福州：福建人民出版社，1982：209—227.

这种征税制度应该是月港'引税'和'水饷'合二为一的统一体"①。但仅从数目上看仍然差得很远。聂德宁据《日本考》记载"常有唐人用几千金令精巧木匠造大船，名曰船主。但各国客商下海通蕃，有本银一万，先偿舟价两千。本国州郡官先索商税，止知税银而不税货。且如商贾挈本下国往西蕃、大唐等处买卖，约日登舟报官，差卒捕至舟逐一搜过，兑得商人本银一万，额定税银一千，方容出海"②和"闽海舟尽出郑氏门下"推测，"三千金"应该是船租和商税的总和。③这种推测有一定的合理性，一定程度上解释了"三千金"的具体内容，但如果"闽海舟尽出郑氏门下"，那么郑氏集团就会给所有的船发放令旗，但显然据前文"得芝龙符令乃行"、"海舶不得郑氏令旗不能来往"等表述可以看出并非如此，因此一定存在非郑氏集团的船只也在申请郑氏集团令旗的情况。那么对这些非郑氏集团的船只是否也要征收"三千金"；即使郑氏的船只，是否不论大小也都征收"三千金"？所以在探讨郑芝龙的令旗制时我们仍然不能忽视其他逻辑的重要性，比如郑氏集团为海商提供海上航行安全，以此换取税收。显然与明政府武装力量在海上的缺位相比，郑氏集团对海商的保护给他们提供了高税收的理由。

表2.1 万历三年东西洋船水饷征收规则表

船面宽度（丈）（1丈=10尺）	每尺抽税银（两）		一般应征税银（两）	
	西洋	东洋	西洋	东洋
1.6 以上	5.00	3.50	80.00	56.00
1.7 以上	5.50	3.85	93.50	65.45
1.8 以上	6.00	4.20	108.00	75.60
1.9 以上	6.50	4.50	123.50	86.45
2.0 以上	7.00	4.90	140.00	98.00
2.1 以上	7.50	5.25	157.50	110.25
2.2 以上	8.00	5.60	176.00	123.20
2.3 以上	8.50	5.95	195.50	138.85

① 林仁川. 明末清初私人海上贸易. 上海：华东师范大学出版社，1987：304.
② 李言恭，郝杰. 日本考. 北京：中华书局，1983：87—88.
③ 聂德宁. 明清之际郑氏集团海上贸易的组织与管理. 南洋问题研究，1992(1)：102.

续表

船面宽度（丈）	每尺抽税银（两）		一般应征税银（两）	
（1 丈 =10 尺）	西洋	东洋	西洋	东洋
2.4 以上	9.00	6.30	216.00	151.20
2.5 以上	9.50	6.65	237.50	166.25
2.6 以上	10.00	7.00	260.00	182.00

资料来源：李金明整理自《东西洋考》，见：李金明.明代海外贸易史.北京：中国社会科学出版社，1990：154.

郑成功继承了郑芝龙的外贸税收制度，并将其改进为"牌饷"制。"牌饷"的名称只见于郑成功在给日本的同母弟弟田川七左卫门的两封信中：

（第一封）东洋饷银原定伍百两，客商请给，需照额输纳，吾弟受其实惠，方可给予，切不可为商人所瞒短少饷额也。已即发给十牌一张寄交省官处，可就彼对领。出征戎务方殷，馀不多及。此札。名具正。五月初七日□时冲。

（第二封）东洋牌船应纳饷银：大者贰千壹百两，小者亦纳饷银伍百两；俱有定例，周年一换。其发牌之商，需察船之大、小，照例纳饷银与弟，切不可为卖。听其短少！不佞有令：着汛守兵丁、地方官盘验，遇有无牌及旧牌之船、货，船没官，船主、舵工拿解。兹汪云什一船系十年前所给旧牌，已经地方官盘验解散，接吾弟来字，特破例从宽免议，但以后不可将旧牌发船，恐遇汛守之兵，船只即时搬去，断难追还，其误事不小！切宜慎之！所请新牌即着换给，交汪云什领去；如短少吾弟饷银，后年再不发给他也！此札。名具正幅。六月十二日巳时冲。

通过以上两封信我们可以大体了解"牌饷"征收的主要内容和郑成功对海上贸易的管理。首先，船被分成大小两种，并征收不同的饷银，如对东洋的船只，大的税银 2100 两，小的税银 500 两；其次，饷牌每年一换；第三，郑氏集团在各地设有官员盘验饷牌，海上也派有"汛守兵丁"查验。第四，无牌和旧牌的商船一旦被查获则船、货都会被没收，船主和舵工也会被羁押。其他资料虽未提及"牌饷"，但也有相关的记载。"（李）楚与王官杨奎各不合心图厚礼，故违国禁，私出外国，贸易往来。随于顺治十一年十二月十一、十三等日，各又不合冒领同安侯郑府令牌各一张，牌内俱有备写本船一只，仰本官即便督假，装载夏布、瓷器、鼎铫、密料等项，前往暹罗通商贸易就于该地兑换椒木、棉□、虾米、藤皮、明角等货回澳以佐进京需用等语，年号系写本朝正朔 ①，每一牌内挂号与同安侯之下用有篆文图记二颗。"② 由此可见郑氏集团许可证的具体内容，包括贸易的商品、贸易的地点、颁发的时间以及防伪的篆文。

这一"牌饷"制度一直延续到了郑经时期。1667 年，郑经的商船到达朝鲜，并留下了《漂流问答》，其中有郑经的礼部主事蔡政给日本华人的两封信，其中提到了"照牌"③。这两封信一封是给李凤的——李凤本是崇祯时的都督，明覆后在日本经商，郑经希望李能赴台助他。而郑经表达善意的方法是"给换客岁令谕照牌。倘有相爱亲友，不妨援引颁给……可不凡其虚费毫厘耶。客岁有给牌着，通行各镇，水途可保无虑"。另一封给林环——林是抗清义士，在日经商以资助郑氏集团。信中称将派人到长崎给林更换照牌，并交纳"牌饷"。

清初台湾府第一任诸罗县知县季麒光，在其《康熙中诸罗县知县季麒光覆议二十四年饷税文》中提到了郑氏集团征收的"梁头牌银"，他说："梁头牌银一千五百两零七分，查伪郑时计船二百一十只，载梁头一万三千六百三十七担，每担征银一钱一分。"④ 而张菼经过考证认为，"梁头牌银"制度是"牌饷"的沿革，称为"梁头饷"。但"梁头饷"何时替代"牌饷"却难以考察。"梁头饷"的计税是根据船只

---

① 1653 年郑芝龙被清政府封为同安侯。

② 兵部残题本。见：台湾"中央研究院"历史语言研究所. 明清史料（巳编）. 北京：中华书局，1987：840—843.

③ 原文见：林仁川. 明末清初私人海上贸易. 上海：华东师范大学出版社，1987：305—306.

④ 陈寿祺. 福建通志台湾府. 见：周宪文等编. 台湾文献丛刊第 84 种. 台北：台湾银行经济研究室，1957—1972.

梁头的尺寸。这使得税收的征收更加精确，与"牌饷"只分大小的标准而言，"梁头饷"也更加合理。1670年，英国商船到台湾贸易，1672年在台设立商馆，并于1675年在厦门设立商馆。郑经对来台商馆的管理办法主要是：收取商馆租金；收取输入输出货物3%的关税；船舶武器入港时要移交给郑方。①但由于不久三藩之乱爆发、郑英之间的分歧增加而没有真正实施。

二、对外贸易组织

郑氏集团的主要收入除了前述税收之外，对外贸易收入也是重要来源。那么郑氏集团是如何组织对外贸易的呢？

1651年，郑成功在巩固了自己的地位之后，"军盛而寡食，纳冯澄世策，以甥礼事日本，即其产通市交趾、暹罗、吕宋，大得铜铅之助。以黄恺司税敛，立官商五"②。《广阳杂记》引郑氏集团降将黄梧的"平海策"称"郑氏有五大商在京师、苏杭、山东等处经营财货以济其用，当查出收拿"③。由此可见五商是郑氏集团对外贸易的重要组织。虽然五商在众多的史料中被提及，但并无完整记载。南栖在其开拓性的研究《台湾郑氏五商之研究》④中为我们呈现了"五商"这一神秘组织的基本结构（见图2.1）。结合杨英在《从征实录》⑤和《唐通事会所日录》⑥的记载，我们可以大体了解郑氏集团的对外贸易组织。

① 赖永祥. 台湾郑氏与英国的通商关系史. 台湾文献，1965(2)：7.
② ［清］倪在田. 续明纪事本末（卷之七）·闽海遗兵. 见：周宪文等编. 台湾文献丛刊第133种. 台北：台湾银行经济研究室，1957—1972.
③ ［清］刘献廷，王士禛，钮琇. 广阳杂记选. 见：周宪文等编. 台湾文献丛刊第219种. 台北：台湾银行经济研究室，1957—1972.
④ 南栖. 台湾郑氏五商之研究. 见：郑成功研究学术讨论会学术组. 台湾郑成功研究论文选. 福州：福建人民出版社，1982：194—208.
⑤ ［明］杨英. 从征实录. 见：周宪文等编. 台湾文献丛刊第32种. 台北：台湾银行经济研究室，1957—1972.
⑥ 转引自：南栖. 台湾郑氏五商之研究. 见：郑成功研究学术讨论会学术组. 台湾郑成功研究论文选. 福州：福建人民出版社，1982：196.

五月，藩驾驻思明州。稽察各项追征粮饷、制造军□及洋船事务。本年二月间，六察尝（常）寿宁在三都告假先回，藩行令对居守户官郑官传、察算裕国库张恢、利民库林义等稽算东西二洋船本利息，并仁、义、礼、智、信、金、木、水、火、土各行出入银两。时林义因陈略西洋一船本万余未交付算，已先造报本藩存案明白。寿宁谓林义匿赚此项，系与郑户官瓜分欺瞒，密陈本藩。藩未见册，亦心疑之。但报册系藩标日钤印可查。

——《从征实录》

至国姓爷在思明时要打南京时，任以户官之职，及兼管仁、义、礼、智、信五行，并兼管杭州金、木、水、火、土五行。凡兵粮、银米出入、俱系伊管；别行买卖价声、利银俱伊察核。

——《唐通事会所日录》

五商包括山、海两路，山海五商并称为十行。山路五商包括金、木、水、火、土，设于内陆杭州及其附近地区，主要职责是收购各地货物，并将其运往厦门；海路五商包括仁、义、礼、智、信，设于厦门，负责将大陆的物资贩运到东西两洋，据郑氏降将史伟琦称，"郑成功强横时期，原以仁、义、礼、智、信五字为号，建置海船，每一字号下各设有船十二只"[1]，黄梧也称，"成功山海两路，各设五大商，行财射利，党羽多至五六十人"[2]。十行由郑氏集团的户官直接掌管，户官下设裕国、利民两个公库，具体负责船本、利息的收缴和各行的出入银两。东西洋船是郑氏集团对外贸易的另一重要部分，其与十行

---

[1] 厦门大学台湾研究所、中国第一历史档案馆编辑部. 康熙统一台湾档案史料选辑. 福州：福建人民出版社，1983：82.

[2] 福建巡抚许世昌残题本. 见：台湾"中央研究院"历史语言研究所. 明清史料（已编）. 北京：中华书局，1987：1202.

招讨大将军府

六察

户官（郑泰）

裕国库（张恢）

利民库（林义）

金行
木行
水行
火行
土行

（设于杭州及附近各地，收购各地特产运往厦门）

十行

仁行
义行
礼行
智行
信行

东洋船

西洋船

领本独立贩运各商

（设于厦门及附近各地，将大陆物资贩运东西洋）

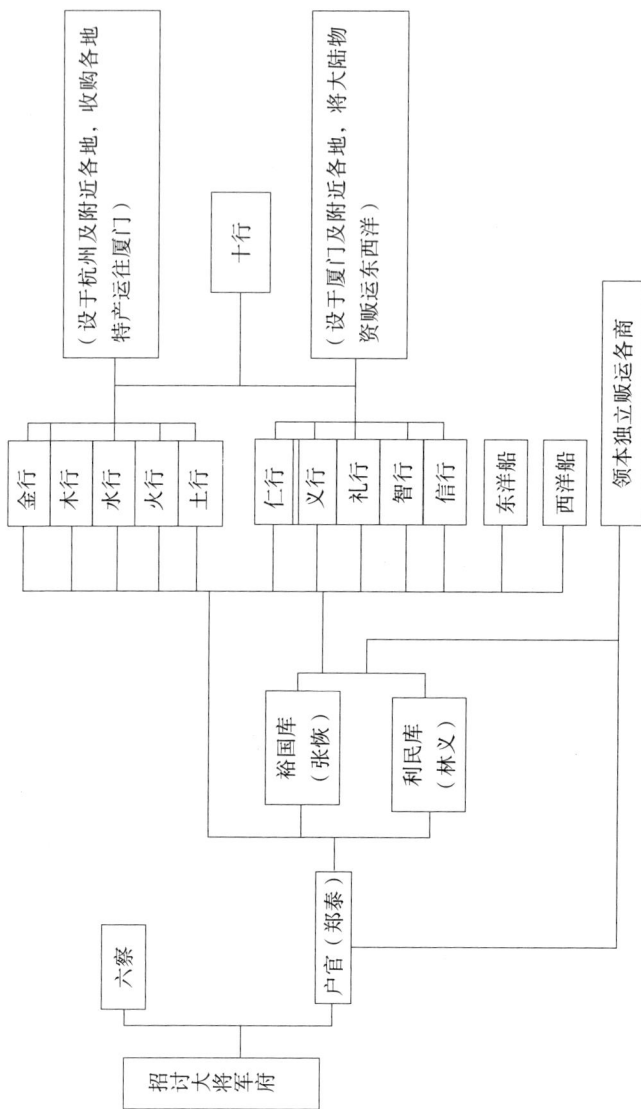

图 2.1　郑氏对外贸易组织概况

并无统属关系，除了上述所说的"领本付息"的模式之外，据前文郑氏集团的 "令旗""牌饷"制度看，还应该包括船只的租赁。"别行买卖价声、利银俱伊察核"表明应该还有独立商人从郑氏集团"领资贩运"。六察官负责稽查，每日列册向郑成功报告各库的收支，经郑成功阅后标以日期，并盖印。由此郑氏集团建立了包括海外贸易商、内地采购商、国库、借贷、租赁、稽查、专人负责（户官）、最高审核等一整套外贸制度，从黄梧供述曾定老、柯文老等郑氏官商的经营情形，可以窥见该制度如何运行。

> 海澄公单开各商领过伪国姓财本的据：一、顺治十一年正月十六、七等日，曾定老等就伪国姓兄郑祚手内领出银二十五万两，前往苏、杭二州置买绫、绸、湖丝、洋货，将货尽交伪国姓讫。二、顺治十二年五月初三、四等日，曾定老就伪国姓管库伍宇舍手内领出银五万两，商贩日本，随经算还讫。又十一月十一、二等日，又就伍宇舍处领出银十万两，每两每月供利一分三厘，十三年四月内，将银及湖丝、段疋等货般运下海，折还母利银六万两，仍留四万两付定老等作本接济。[①]

十行商人或其他商人直接从户官郑泰手中或从公库中领取资金，采办货物或贩货下海。贸易完成之后以货物或以本息的形式交还资金。商人领取的资金多则几十万，少则几万。另外，如果经营稳定，每次交易后可以仅付利息而不必偿还本金。商人所付的利息一般为每两每月 0.013 两，即月息为 1.3%。当时船顺风去吕宋约 6 到 7 天，去日本约需 15 天，[②] 再考虑当时商船多以季风为动力，每年 5 月至 8 月季风为南向或西向，12 月到次年 3 月为西北或东北向，[③] 以及货物的销售采

① 福建巡抚许世昌残题本. 见：台湾"中央研究院"历史语言研究所. 明清史料（已编）. 北京：中华书局，1987：1203.
② 厦门大学台湾研究所、中国第一历史档案馆编辑部. 康熙统一台湾档案史料选辑. 福州：福建人民出版社，1983：84.
③ ［澳］安东尼·瑞德. 东南亚的贸易时代：1450—1680 年. 吴小安等译. 北京：商务印书馆，2010. 书中月份应该为阳历.

办等事项，一次海外贸易的周期约为 3 到 11 个月，平均为 7 个月，而引文中曾定老 5 月商贩日本，11 月又领资金采办货物也符合这一推断。因此每次贸易所征收的利息率为 3.9%—14.3%，平均为 9.1%。以曾老定 1655 年 5 月贸易为例，本金 5 万所交利息为 4550 两。而据相关研究，东西洋的贸易利润率为 60%—150%，[1]而晚明的民间借贷月利率平均约 2.7%[2]，1638 年台湾荷兰商馆的借贷惯例则是月息 3%[3]。因此，郑氏集团的出资贩洋制度极大地促进了海外贸易的发展。

南棲的研究认为五商组织专营对外贸易。其论据有三：其一，郑氏本身所需并不全部仰仗大陆，即使需要也不必用五商出面，以免暴露身份；其二，郑氏山五商设在杭州附近是为了靠近最大的生丝出口产地，而不是出于靠近消费市场和采办郑氏所需物资的需要，因为杭州不是大陆唯一的消费市场和军需产品产地；其三，诸书对郑氏洋船的回程载货并没有记载或只记载回现银。本书认为上述结论可以商榷。首先，五商的建立就是为了更好地组织贸易以满足自己的物质和资金需要，因而暴露身份问题的重要性并不大，而郑氏本身所需并不全部仰仗大陆，反过来说，也就是郑氏有些地方还是要仰仗大陆；其次，山五商设在杭州更多是因为杭州地区的物产而不是其消费能力，但并不能说明五商没有从事商品的进口；最后，虽然目前暂时没有找到五商直接经营进口贸易的史料证据，但据郑成功时代中国对外贸易结构看，当时进口了大量的日本和东南亚的商品[4]，而作为当时中国最有实力的贸易商，十行商人参与这些商品的进口完全有可能。

1663 年，一直担任户官、管理郑氏集团对外贸易和财政的郑泰，

① 杨彦杰. 1605—1662 年郑成功海外贸易的贸易额和利润额估算. 福建论坛，1982(2)：80—88.
② 该数据是根据"晚明商人借贷的年利息率统计表"［见：孙强. 晚明商人借贷的利息率与商业性借贷的发展. 史学集刊，2007(2)：22.］剔除特殊值 100% 之后计算出的算术平均值.
③ 杨国桢. 瀛海方程：中国海洋发展理论和历史文化. 北京：海洋出版社，2008：271—272.
④ 韩振华. 郑成功时代的对外贸易和对外贸易商. 厦门大学学报（哲学社会科学版），1962(1)：73—104.

因牵扯进郑成功去世后的夺位之争而自杀。1663 年郑经放弃大陆的所有据点退守台湾。[①]十行的山五商是否还存在，由于史料不足而无法得知。而海五商则很有可能继续存在，并成为郑经时期对外贸易的重要组成部分。南栖则分析认为，十行组织的自我保护非常好，即使是黄梧这样深受郑成功信任的降将对十行组织也并不完全清楚。而郑泰死后其弟郑鸣俊领其家属投降清政府，也没有影响郑经对大陆货物的采办。[②]1674 年英国商馆仍然称"如能与台湾通商，则犹如直接与中国、日本及马尼拉通商也"[③]。

郑氏集团的贸易组织除了经营管理对外贸易之外，还有收集情报、策反等军事功能。据黄梧称，"（曾定老等）每与伪国姓作耳目，惯伺内地虚实，如王师入泉、固山出师，履行密报下海，此本爵在中左时所目击者。伊子曾汝云受伪国姓密嘱，令其钻营生员、举人为护身之符，以便阴通内地信息，每遇考试，贿赂代笔"[④]。自郑成功起兵之后，"成功又遍布腹心於内地，凡督抚提镇衙门，事无巨细，莫不报闻，皆事早为之备"[⑤]。而这五商十行组织是郑氏这一庞大情报网的重要组成部分。

三、官员与商人

郑氏集团自 1628 年郑芝龙被招抚之后就具有了一级行政单位的性质，因而也设置了官职。这些官员负责郑氏集团日常的行政、管理事务，当然也包括制度、政策的制定和实施。那么这些官员与郑氏集团的商人之间的关系如何呢？我们将从郑氏集团商人的构成进行探讨。按照

① ［意］白蒂. 郑成功：远东国际舞台上的风云人物. 庄国土等译. 南宁：广西人民出版社，1997：112.
② 南栖. 台湾郑氏五商之研究. 见：郑成功研究学术讨论会学术组. 台湾郑成功研究论文选. 福州：福建人民出版社，1982：194—208.
③ 台湾银行经济研究室. 十七世纪台湾英国贸易史料. 台北：台湾银行，1959：13.
④ 福建巡抚许世昌残题本. 见：台湾"中央研究院"历史语言研究所. 明清史料（己编）. 北京：中华书局，1987：1203.
⑤ 郁永河. 伪郑逸事. 附在台湾文献丛刊第 44 种《裨海纪游》之后. 见：周宪文等编. 台湾文献丛刊第 44 种. 台北：台湾银行经济研究室，1957—1972.

官员参与经商的级别，郑氏集团的商人可以分为王商、官商和散商。

（一）王商

由郑氏集团的最高领导者，郑芝龙、郑成功和郑经组织商行，将资本和商船委托给商人经营，这些商人就称为王商。虽然许多王商其身份是"王府"的家人，如郑成功时期的户官郑泰是郑芝龙所"恩养"，但"王"与商之间更多的是一种委托代理关系，商人具有一定的独立性。英国人的观察证明了这一点，"'国王'之商务皆交由商人处理，故虽获利甚厚，而今年（1670）国王自己所得之利益亦并不多。开往日本之船有三艘丧失矣"[①]。而且许多王商由于对外贸易的出色工作而逐渐加入了郑氏集团的领导层，如郑泰，从此不仅是经商的家仆[②]。上文所述的十行商人就是典型的王商。他们从公库领取资金，其组织优势，使郑氏集团能突破清朝的海禁，掌握中国产品出口的主导权。另外，其资金和商船方面的优势也有助于郑氏集团与当时的"海上马车夫"荷兰商人竞逐海上。

（二）官商

同王商类似，郑氏集团的官员，将资本和商船委托给商人经营，而这些商人就被称为官商。"郑氏时代擅商之利，大小各官多造商船往来贸易与东西两洋与中国船在海上互相联络"[③]。再如，"（郑经）知公（陈永华）贫，常以海舶遣公，谓商贾倮此，岁可得数千金，聊资公用"[④]。而1683年，吏官洪磊尚指派部下黄程，将自己的"兴贩之船"，开往日本、暹罗从事贸易。[⑤]郑氏部将可以拥有自己的商船，贸易利润就作为俸禄[⑥]。1674年，郑经西征初期，"洪磊承其父旭命，

① 台湾银行经济研究室. 十七世纪台湾英国贸易史料. 台北：台湾银行，1959：55.
② 韩振华. 郑成功时代的对外贸易和对外贸易商. 厦门大学学报（哲学社会科学版），1962(1)：95.
③ 东嘉生. 台湾经济史概说. 台北：帕米尔出版社，1985：40.
④ 郁永河. 伪郑逸事. 附在台湾文献丛刊第44种《裨海纪游》之后. 见：周宪文等编. 台湾文献丛刊第44种. 台北：台湾银行经济研究室，1957—1972.
⑤ 郑克晟. 郑成功海上贸易及其内部组织之特点. 中国社会经济史研究，1991(1)：54—55.
⑥ 方友义. 郑成功研究. 厦门：厦门大学出版社，1994：299—300.

助饷银十万两"①。1679 年,《台湾外纪》②记载:

> 国轩见军糈不足,又屡屡加徵百姓,随自辞俸禄。并请捐资
> 月养辖兵,启曰:"轩谬荷俸禄,固出中兴隆典;第军糈繁费,
> 何敢再縻金钱?请辞月俸,愿竭微资自给辖兵三月,稍宽百姓
> 万一"。经允从之。於是吴淑、何佑、江胜、林陞等俱上启,循
> 国轩例。援剿前镇施明良捐银一千两助饷。

众将纷纷解囊说明平时定有贸易之利的积累。1683 年,刘国轩
派部下蓝泽将其贸易货船开往日本、暹罗。③官商的优势在于商船,
在下文中我们将会看到,相对于众多的小商人来说,商船的制造和管
理维护费用是个天文数字。

(三)散商

散商即是那些没有任何政府和官员背景的自由商人。这些散商的
特点是资本微薄。郑成功时代,一般散商的贸易额为银 100—200 两,
而且这些资本可能是借来的,也可能是自有的。他们从事贸易的方式
多种多样。一种是合伙造船,然后贩运货物并出租仓位,一种是合伙
租其他船主的船,一种是租其他船主的仓位。④表 2.2 为 1661 年前往日
本的一条走私船,其中包括 32 个散商,在日本出售所带货物后,除张
瑞外收入多在 100—200 两,四川商人王贵只有 12 两。当然也存在资
本雄厚的大散商,如 17 世纪 30 年代的 Hambuan,周旋于郑氏集团与
荷兰人之间,成为两者沟通的桥梁,并促成了郑氏集团与荷兰人的和
解,孤立了当时的刘香集团。而以商人而论他也非常成功,其贸易商
船遍及日本、台湾地区、东南亚等地,贸易额可达 170 万盾,光为此

① 阮旻锡. 海上见闻录. 见: 周宪文等编. 台湾文献丛刊第 24 种. 台北: 台湾银行
经济研究室, 1957—1972.
② 江日升. 台湾外纪. 见: 周宪文等编. 台湾文献丛刊第 60 种. 台北: 台湾银行经
济研究室, 1957—1972.
③ 郑克晟. 郑成功海上贸易及其内部组织之特点. 中国社会经济史研究, 1991(1): 54—55.
④ 韩振华. 郑成功时代的对外贸易和对外贸易商. 厦门大学学报(哲学社会科学版),
1962(1): 97.

投入的黄金就达七八吨。而这样的商人在当时并不在少数，但正如作者杨国桢先生所称，17 世纪中叶之后，民间的海商商业力量逐渐与反清的军事力量结合，郑氏集团由此崛起。[1]

表 2.2　1661 年一艘中国前往日本走私船的贸易情况

姓名	籍贯	由中国输出的货物	在日本出售的价格
王吉甫	绍兴府会稽县	绫 10 匹	*30 两银（每匹 3 两）
张瑞	福建漳州府海澄县	丝 260 斤	*890.5 两银（*每担 342.5 两银）
		白绫 33 匹	*99 两银（*每匹 3 两银）
		红绉纱 4 匹	*13.6 两银（*每匹 3.4 两银）
翁采	福建福州府闽县	红毡 100 条	*180 两银（*每条 1.8 两银）
		药材 2 挑	*8 两银（*每担 4 两银）
王一	福建福州府福清县	丝 40 斤	137 两银（*每担 342.5 两银）
高参	广东广州府顺德县	绉纱 50 匹	*170 两银（*每匹 3.4 两银）
卢惜	福建漳州府漳浦县	?	?
姓名	籍贯	由中国输出的货物	在日本出售的价格
周太	雷州府庆元县	细毛毡 45 条	*81 两银（*每条 1.8 两银）
吴耀	处州府庆元县	细毛毡 50 条	*90 两银（*每条 1.8 两银）
王旺	福建漳州府海澄县	药材	200 两银
魏久	福建福州府闽县	药材	100 两银
王贵	四川龙安武羊府县	药材三担	12 两银（*每担 4 两银）
李茂	杭州人	轻绸 100 匹	*210 两银（*每匹 2.1 两银）
卢五秀	广东广州府新会县	绉纱 150 匹	*510 两银（*每匹 3.4 两银）
李茂	杭州		

资料来源：韩振华. 郑成功时代的对外贸易和对外贸易商. 厦门大学学报（哲学社会科学版），1962(1)：99.

　　王商、官商和散商都在竞逐海上之利，他们之间确实也有欺压之事[2]，但在当时外商竞争和清政府海禁的背景之下，王商、官商之于散商的重要性也应给予关注。首先，船只的制造和维护要投入巨大的

---

① 杨国桢. 瀛海方程：中国海洋发展理论和历史文化. 北京：海洋出版社，2008：272.
② 杨国桢. 瀛海方程：中国海洋发展理论和历史文化. 北京：海洋出版社，2008：244—277.

资金和人力。据前文《日本考》所引，造船成本为 1 万两，即使《东西洋考》称"造舶费可千余金，每还往，岁一修葺，亦不下五六百金"①，对散商来说也是个不小的数目。因此能否找到合适的商船成为散商是对外贸易的第一要务。而郑氏王商和官商的商船为他们提供了可选项。而且在当时海禁的背景下，虽有"贩番贩到死方休"②的众多走私散商，但郑氏集团可以凭借资本的优势"交通内地，遍买人心"③，从而一定程度上为散商开辟了安全通道。其次，郑氏集团还为散商提供借贷，以缓解散商资金微薄的困境。再次，郑氏集团并不歧视散商而是保护他们。1658 年，郑成功北伐时军令规定"官兵出征，派有船只载运，官兵不许借坐给牌商船，或奉本蕃吊（调）借，公事完毕，应即放回，勿得刁难，如违，致船户禀报，本官兵枭示，将领连罪不贷"④。最后，当时的海上并不太平，尤其是荷兰人经常袭扰⑤，而郑氏集团则通过不同的外贸策略和军事手段维护华商的利益，这也是下文的主要内容。

第三节　对外贸易策略：协议、禁令与招揽

郑氏集团内部的贸易组织保证了商人能够有稳定的资金和便利的商船。但在远东水域，郑氏集团并不是唯一追逐海贸之利的商人，郑氏集团与其他集团间既有合作又有竞争。面对不同时期的贸易形势，郑氏集团如何应对以确保自己的对外贸易利益，争取对外贸易的主导权呢？

---

① 张燮. 东西洋考. 北京：中华书局，1981：170.
② 范金民. 贩番贩到死方休——明代后期（1567—1644）的通番案. 东吴历史学报，2008(18)：75—112.
③ 郁永河. 伪郑逸事. 附在台湾文献丛刊第 44 种《裨海纪游》之后. 见：周宪文等编. 台湾文献丛刊第 44 种. 台北：台湾银行经济研究室，1957—1972.
④ ［明］杨英. 从征实录. 见：周宪文等编. 台湾文献丛刊第 32 种. 台北：台湾银行经济研究室，1957—1972.
⑤ 杨国桢. 瀛海方程：中国海洋发展理论和历史文化. 北京：海洋出版社，2008：247.

一、贸易协议

郑氏集团的早期，远东水域群雄逐鹿，除了郑氏集团外，其他的中国海商集团、日本商人和西方商人也非常活跃。李魁奇、杨六、杨七、钟斌和刘香集团在进行海上抢劫之外，也从事着中国商品的对外贸易，此外还有大量的中国自由贸易商，漳州月港 1628 年的饷税 23400 两就证明了他们的存在。[①] 17 世纪的前几年，日本商人曾经是难以对付的竞争对手，并一度建立起覆盖整个东亚与东南亚的贸易网络，17 世纪二三十年代让在台湾的荷兰商人吃尽了苦头。[②] 但 1633 年之后日本幕府发布锁国令，日本商人从此退出了远东水域。西方商人包括葡萄牙、西班牙、荷兰和英国商人，尽管他们在殖民征服和贸易扩张上有着共同的兴趣，但他们之间在欧洲的矛盾（宗教战争[③]）也影响了亚洲，远东水域也成为荷兰、英国挑战葡萄牙、西班牙贸易霸主地位的战场。

1622 年之前，荷兰在东亚和东南亚的贸易策略是武装劫掠和威胁前往马尼拉的中国商船，以打击西班牙人在马尼拉的贸易，并胁迫华商前往巴达维亚贸易。这种策略在 1622 年发生了转变，荷兰人开始寻求在中国沿海找到立足点以掌握获取中国商品的安全通道。[④] 但

---

① 全汉升. 中国经济史论丛（第一册）. 香港：新亚研究所出版社，1972：428.

② Tonio Andrade, *How Taiwan Became Chinese：Dutch, Spanish, and Han Colonization in the Seventeenth Century*, NY: Columbia University Press，2008.12. 中译本见：郑维中译. 台北：远流出版公司，2007：31—35；Oskar Nachod. 十七世纪荷兰与日本在台湾商业交涉史. 见：台湾银行经济研究室编. 台湾经济史五集. 台北：台湾银行，1957：71—100.

③ 又称"三十年战争"，16 世纪的宗教改革使欧洲分裂为天主教和新教两大阵营，而当时的德意志国内也分裂为天主教和新教两派。其中的天主教派诸侯国与奥地利、西班牙等国组成一派，并获得了罗马教皇和波兰的支持；而反对的一方则由法国、丹麦、瑞典、荷兰和德意志新教诸侯国组成，并得到英国、俄国的支持。当时的法国虽然是天主教国家，但为了削弱其竞争对手哈普斯堡王朝而加入了新教阵营。两大阵营的战争从 1618 年一直持续到 1648 年。这场战争的结果是荷兰、瑞典和法国等崛起，西班牙衰落。因此从一定意义上，这场战争更像是新兴国家对旧霸权的挑战，并完成了新旧霸权的交替。

④ 陈宗仁. 一六六二年前后荷兰东印度公司有关东亚贸易策略的转变——兼论荷兰文献中 Lamang 的传闻. 台大历史学报，2005(35)：283—308.

1622—1624年荷兰在中国澳门、沿海的军事行动都以失败告终，最后退守台湾建立贸易基地。而当时的明政府并不允许外国商船到月港贸易，因而荷兰商人只能借助中国商人做中介。荷兰人逐渐成为郑氏集团重要的贸易对象和竞争对手。1624—1636年间荷兰与郑氏集团的力量都不足以主导双方的贸易关系。荷兰采取的策略是通过贸易协议获取稳定的货源，而郑芝龙也希望通过协议获得荷兰人的支持，以扫除其他海商集团，因而贸易协定成为双方认可的一种贸易策略。但两者的矛盾也是显而易见的，荷兰一直谋求到中国大陆自由通商的权利，而郑芝龙则致力于建立中国商品对外贸易垄断权，因而贸易协定又是不稳定的。

1628年，郑芝龙就抚后，为了巩固地位而向荷兰商人示好，并归还了此前截获的荷兰 Westcappel 船及其所装白银和船员。之后荷兰长官纳茨率领4艘海船到达漳州，并大量采购生丝。此间大量的私商与荷兰商人贸易，郑芝龙派人阻止了私商与荷兰人的交易，并没收了私商的货物后将其赶走，这引起了荷郑双方的争执。之后纳茨回台湾调来9艘海船，并将郑芝龙扣押，迫使郑芝龙答应自由贸易，并与荷兰人签订为期三年的协定：

> 本人，一官，保证将来三年里每年向纳茨长官提供1400担上等丝绸，若在热兰遮城供货则价为140里耳1担，若长官派船到漳州湾装运，我同意每担减少10里耳即支付130里耳。
>
> 5000担干而白、无掺假的砂糖，每担价为3里耳。
>
> 1000担糖姜，质量好，既无毛也不发黑，大而色清的姜块，价至每担4两。
>
> 1000件美丽高质量的中国红色吉朗绸，19钱1件。
>
> 另外还协定，所有商贾均可载运各种商品货物，前往热兰遮城，我的士兵不会拦截这些商船航行，或抢劫他们的货物；若有人愿租赁我的帆船装运货物，在缴纳运费的条件下予以准许。此外，一旦能得到他们的名字，我保证敦促所有欠日本人账的中国商人还账并通过各种渠道为公司弥补因许心素（Simsouw）而造成的贸易拖后的情形和损失。我同意购买2000担的上等胡椒，

价为每担 11 里耳。

因为我方保证严谨无误地照约行事，达成协议，我的弟弟郑鸿达（Sisia）和郑彩（Teontij）以及我的头领作为人质和保证人陪同长官前往热兰遮城。就我方而言，条约有效期三年，但纳茨长官讲，需将此事首先禀报驻巴达维亚成的库恩总督，长官希望总督将予以准许，使他们一方也能按条约行事。不然，条约一年后即期满。

1628 年 10 月 1 日于 Texel 船中，停泊在漳州湾厦门岛前。[1]

对郑芝龙来说此协议虽然是"城下之盟"，但他还是获得了一定的商品订货和外国商品的货源。而荷兰的东印度总督却拒绝承认该协定的合法性，因为他认为该条约对东印度公司不利，"这一协定毫无必要，所定丝与糖价过高，这是中国人在万丹和北大年的销售价格。至于吉朗绸，我认为数量过多，而且担心在漳州不会获得广州的优质姜"[2]。这个协议成为荷兰的台湾长官纳茨被撤职的原因之一。1629年，新的台湾长官浦特曼斯改变了纳茨对郑芝龙的强硬策略。东印度公司认为面对中国沿海的混乱和众多海盗集团，与中国大官和权势合作共同驱逐海寇，会带来最保险和持久的利益。而另一方面，与郑芝龙一起就抚的海盗李魁奇再叛变并击败郑芝龙控制了重要的贸易地点厦门，李魁奇势力庞大、有 400 条帆船，此时期除李魁奇的贸易船只外，其他贸易完全中断。[3]郑芝龙因而向荷兰人求助，并以获得自由贸易为诱饵；而此时的荷兰人同时向郑芝龙和李魁奇开出了条件，但很快发现李魁奇没有兑现自己自由贸易的承诺，并倾向了郑芝龙。[4]荷兰人向郑芝龙提出了条件是[5]：

---

① Cheng Shaogang, *De VOC en Formosa 1624-1662: Een vergeten geschiedenis*, Leiden: Leiden, 1995. 中译本见：程绍刚译注 . 台北：联经出版事业公司，2000：99.
② Cheng Shaogang, *De VOC en Formosa 1624-1662: Een vergeten geschiedenis*, Leiden: Leiden, 1995. 中译本见：程绍刚译注 . 台北：联经出版事业公司，2000：89.
③ 同上，103.
④ 同上，107—108.
⑤ 江树生译注 . 热兰遮城日志（第一册）. 2004：16.

一、一官须于获胜后，让我们在漳州河进行贸易，对商人来跟我们交易的通路不得有任何限制，而且要热心地向军门争取承诺已久的长期的自由贸易。

二、捕掠到的李魁奇的戎克船，我们先取最好的三四艘，并取得所有戎克船里的所有商品，而由他取得剩下的船只，以及所有戎克船的大炮。

三、不允许戎克船前往马尼拉、鸡笼、淡水、北大年湾、暹罗、柬埔寨等地。

四、不允许任何西班牙人或葡萄牙人在中国沿海交易，要在所有通路防止他们、阻止他们。

五、最后，以上条件的全部，他终生都不得违背，去世后，他的继承者还要继续遵守履行，相对的，我们将用我们的船只确保他的地位，尽量在有需要的地方扫荡海盗；而且，他要在尽可能的情况下，帮助荷兰联合东印度公司收回全部的赊账。

荷兰人利用郑芝龙的困境向其开出了苛刻的条件，而这也成为其常用的策略。1630年2月10号，荷兰人联合李魁奇一个有异心的部下钟斌，将李魁奇活捉。经过2月11日至13日的协商最终的协议主要条款如下[①]：

一、他将终生让我们在漳州河及大员享受通商，他去世之后，他的继承者也要继续遵守这个原则。

二、他将为我们写信给军门，帮我们取得承诺已久的自由贸易，可永远享受自由贸易。

三、他将立刻准备一艘戎克船给我们，以便载石头去大员，等钟斌征讨回来，还会交三四艘戎克船给我们。

四、为补偿我们那艘快艇的损失，他将先交付两千两银，以后将继续补偿，直到在该快艇上的货物损失完全补偿完毕为止。

---

① 江树生译注. 热兰遮城日志（第一册）. 2004：18.

这一协议与荷兰人开出的条件差距较大，而且郑芝龙也给自己留足了回旋余地。至于最重要的禁止商船前往马尼拉等荷兰竞争对手之地的条款，郑芝龙解释这些商船持有军门的通行证，并交纳了饷税，如果去阻止他们，必然引起军门的不满，对此荷兰人也不再要求。2月14日郑芝龙贴出通告，允许商人与荷兰人自由贸易。1631年，郑芝龙消灭了钟斌集团，势力得到进一步的增强。[1]1632年，左金都御史邹维琏巡抚福建，重新强调了船引制度和禁止外商来华的制度，因而荷兰人重新抱怨郑芝龙对贸易的管制，并开始思考新的应对策略。[2]1633年4月，荷兰台湾长官蒲特曼斯向东印度总督提交报告称："如果我们要享受优惠和自由，就要对中国人使用暴力和武力。"[3]同年7月至10月，荷兰舰队与郑芝龙在闽南沿海多次较量，最终10月22日的料罗湾大战，荷兰人大败退回台湾。[4]第二年荷兰人在报告中写道："我们去年发动的战争结果足以表明，自由无限制的中国贸易凭武力和强暴是无法获得的。"此后荷兰人通过华商Hambuan居中调解，最终恢复通商。[5]但此时的郑氏集团对中国商品和外贸商人有了更强的控制力[6]。面对这种情况，荷兰人一方面与郑氏集团保持贸易联系，另一方面又联络刘香的海盗集团以获得更多的商品，力图摆脱郑氏集团的控制。[7]但此后的1635年，郑芝龙剿灭了刘香集团，并于1640年被委以福建总兵的高官，从此郑氏集团统一了海上，并控制着中国商品的输出通道，"商舶出入诸国者，得

① Cheng Shaogang, *De VOC en Formosa 1624-1662: Een vergeten geschiedenis*, Leiden: Leiden, 1995. 中译本见：程绍刚译注. 台北：联经出版事业公司，2000：113.
② 同上，119.
③ Cheng Shaogang, *De VOC en Formosa 1624-1662: Een vergeten geschiedenis*, Leiden: Leiden, 1995. 中译本见：程绍刚译注. 台北：联经出版事业公司，2000：126.
④ 江树生译注. 热兰遮城日志（第一册）. 2004：105—132.
⑤ Cheng Shaogang, *De VOC en Formosa 1624-1662: Een vergeten geschiedenis*, Leiden: Leiden, 1995. 中译本见：程绍刚译注. 台北：联经出版事业公司，2000：147.
⑥ 杨国桢. 瀛海方程：中国海洋发展理论和历史文化. 北京：海洋出版社，2008：247—253.
⑦ 同上，147—150.

芝龙令乃行"①。郑氏集团控制权的增强也反映在东印度公司的报告中，"在这期间（1640年），因为一官的贸易垄断这一极其恶劣的行径影响公司购入荷兰所需要的生丝和绸缎，因此短缺价值£300 000的船货"②，类似的抱怨大量充斥在以后的报告中。在这样的背景之下，1640年由郑芝龙提出，双方拟定了一个关于赴日贸易的协议③：

> 他们（郑芝龙）不再到日本贸易，并阻止其他中国人前去贸易，保证按我们的需求提供用于日本和欧洲的货物，同供给马尼拉的西班牙人和澳门的葡萄牙人一样。每年向我们贷款£1 000 000（荷盾），条件是三个月每月付2.5%的利息。我们免费为他向日本运输货物，风险由他担当。作为回报，每得价值50 000里尔的货物，他将向我们提供相同值的所需货物，以一般价格由我们冒险运往日本，在那里售出得利。返回大员后，我们即将上述50 000里尔所得40%支付给一官，也就是说原来是50 000里尔，现在支付给他70 000里尔。其他的贸易利润和风险由公司保留和承担。④

郑芝龙提出上述协议的真正理由并不明确。从《东印度事务报告》看有两个原因：表面上是执行明朝禁止中国商人驶往日本的旨令为其一，而另一点是郑芝龙在日本的经营并不顺利。⑤荷兰人对这个协议并不乐观，"一官本人即是所禁日本贸易的积极参与者，据我们估计他定口是心非"⑥，"我们相信，一官恐怕两面三刀，今年即1640年他仍未放弃派许多帆船前往长崎"⑦，事实也证明了他们的担忧。郑芝龙一方面限制去台湾的中国商船，并提高运往台湾商品的价

① 邵廷采. 东南纪事卷十一. 见：周宪文等编. 台湾文献丛刊第96种. 台北：台湾银行经济研究室，1957—1972.
② Cheng Shaogang, *De VOC en Formosa 1624-1662: Een vergeten geschiedenis*, Leiden: Leiden, 1995. 中译本见：程绍刚译注. 台北：联经出版事业公司，2000：220.
③ 同上，222.
④ 民上，227—228.
⑤ 同上，222、228.
⑥ 同上，222.
⑦ 同上，228.

格，降低商品的品质，并要求现金支付[1]；另一方面开辟了一条由安海直通长崎的航线，此外又与葡萄牙人秘密合作，把澳门的货物运往日本，把日本的货物运到吕宋，售与西班牙人。[2]很快荷兰人就感到了压力，称"（1643年）这次回荷船队只装运量小甚至没有中国丝货，主要因为一官欲壑难填，居心不良，企图控制我们的贸易，他在日本享受巨额利润，不允许我们获得丝毫的好处"[3]。而就在同年，荷兰人对郑芝龙表示了抗议，称其阻止帆船航渡台湾而改航日本是背信之行为，将对中国船发动攻击以报复。而郑芝龙表示不会畏惧，并声言将满载石块的船只凿沉以堵塞台湾的港口，阻止所有的商品输往台湾，并动用武力攻击荷兰的台湾基地，并且对下属说如果在海上遇到荷兰船的威胁，可以不用抵抗而直接投降，他必然可以取回人船，并要求荷兰加倍补偿。[4]面对这样的境况，荷兰人毫无办法，只能"借助上帝赐予的帮助设法避免出现这种结局"[5]。

从最初的"城下之盟"到"暗度陈仓"，郑氏集团完全掌握了与荷兰贸易关系的主动权，并由此获得了一张对外贸易的王牌——"贸易禁令"。

二、贸易禁令

1640年郑氏集团控制东南沿海之后，郑芝龙就开始使用"贸易禁令"来达到自己的战略目的，如在扩大日本贸易过程中的运用。1650年郑成功重新整合郑氏集团，并继承了郑芝龙留下的贸易资源，重新确立了在远东水域的贸易垄断地位。而郑氏集团的主要竞争对手

[1] 同上，222、247.
[2] 陈碧笙. 郑芝龙的一生. 见：福建省郑成功研究学术讨论会学术组. 郑成功研究论丛. 福州：福建教育出版社，1984：159.
[3] Cheng Shaogang, *De VOC en Formosa 1624-1662: Een vergeten geschiedenis*, Leiden: Leiden, 1995. 中译本见：程绍刚译注. 台北：联经出版事业公司，2000：247.
[4] 杨绪贤. 郑芝龙与荷兰之关系. 见：郑成功研究学术讨论会学术组编. 台湾郑成功研究论文选. 福州：福建人民出版社，1982：313.
[5] Cheng Shaogang, *De VOC en Formosa 1624-1662: Een vergeten geschiedenis*, Leiden: Leiden, 1995. 中译本见：程绍刚译注. 台北：联经出版事业公司，2000：248.

仍然是荷兰人，两者之间的竞争遍及远东水域的所有港口。[①]郑成功时代的郑氏集团有两点不同于郑芝龙时期，其一，清军入关之后便施行海禁政策，"严禁商民船只私自出海"[②]，而这一政策加强了郑氏集团对中国商品的控制力，从而"贸易禁令"变得更加有效；其二，郑成功通过与海外华人合作，在东南亚获得了稳定的货源和当地华人社区的支持，由此建立了在东南亚的霸权[③]。另一方面海外华人被大陆的政府漠视，又面临当地殖民政府的压榨[④]，他们急需获得政治军事强权的支持，而郑氏集团给了他们一个可选项。[⑤]正是这种郑氏集团与海外华人的相互依存关系，为"贸易禁令"的真正实施提供了依据。接下来本书将通过几个案例来看郑成功时期的"贸易禁令"。

（一）禁航马尼拉

1655 年 8 月 17 日，荷兰的台湾长官收到郑成功的一封来信，并附一通告[⑥]：

> 厦门与大员之间，业已保持多年友谊。虽彼此隔海相望，然而互相尊重，密切联系，犹如亲戚。今后，我愿长久保持友谊，不忘前情。
>
> 我因养兵甚众，为筹措粮饷，常遣帆船赴海外各地贸易。凡我商船所到之处，皆受当地臣民诚心相待，正如我国对待来华贸易商民一样。当地官员常批其带来函件及礼物，我亦以复函送礼回敬。阁下对此甚为明了。

---

① ［意］白蒂. 郑成功：远东国际舞台上的风云人物. 庄国土等译. 南宁：广西人民出版社，1997：74.

② 史志宏. 明及清前期保守主义的海外贸易政策. 中国经济史研究，2004(2)：38.

③ ［法］玛丽－西比尔·德·维也纳. 十七世纪中国与东南亚的海上贸易. 见：中外关系史学会. 中外关系史译丛（第 3 辑）. 上海：上海译文出版社，1986：221—227；方友义. 郑成功研究. 厦门：厦门大学出版社，1994：351—364；方友义. 郑成功研究. 厦门：厦门大学出版社，1994：365—372.

④ 林仁川. 明末清初私人海上贸易. 上海：华东师范大学出版社，1987：456—466.

⑤ ［意］白蒂. 郑成功：远东国际舞台上的风云人物. 庄国土等译. 南宁：广西人民出版社，1997：68.

⑥ 通告内容见：方友义. 郑成功研究. 厦门：厦门大学出版社，1994：278.

据闻，小国马尼拉人欲以不诚实手段进行贸易，欲吞没一切货物于顷刻之间，而不愿建立持久而稳定之贸易关系……（原文中断）对商民不是以礼相待，而是死因虐待，劫其财物。

数年以前，马尼拉人杀我臣民①，夺我船货，如今当我商船到彼，仍如此对待，贸易时为所欲为，或抢夺货物不付款，或不按价格随意付款……（原文中断）对过去这一切，我均不念旧恶，望其改邪归正，不再横行霸道，恢复长期以来公平交易，然而此皆未能奏效，其仍继续为非作歹……（原文中断）其用心之丑恶，犹如狗犬觅食一般。

倘若现今我继续派遣帆船前去贸易，其心会变为……（原文中断），为保险起见，我决定不再与其来往。至今，我仍与其他地方保持友好关系。唯对马尼拉发布一道命令，今后禁止与马尼拉通商，并终结其商务利益。此令必须严格执行，所有商民不得运往任何货物，甚至连小船、片板也不准开往马尼拉。

然而，我担心仍有一些在大员的人或由他处来大员者请求阁下准其赴马尼拉，或赴马尼拉附近地方，即特肯福（Twakangh）、可克泊（Cockboe）、澎吉（Pangi）、西兰（Silang）、倍根（Biegang）等地。为此恳请阁下不准其申请，没收其帆船及货物，并请阁下考虑给予适当触发，不许其违反禁令。

因我对马尼拉人甚为愤怒，深信阁下也有同感……（原文中断）与我亲善之人仍可友好相处。阁下与我同心同德，互相帮助，亲同手足。倘若阁下准许商民同上述地方来往贸易，我则视之为阁下不听忠告，亦即阁下不愿一如既往维持相互之亲密友谊。然而由于彼此间建立多年之亲密友谊，我不相信阁下会准许商民前往贸易。

我真诚坦率告诉阁下上述意见，盼望阁下答复。②

---

① 可能指的是 1639 年的马尼拉大屠杀。
② ［荷］胡月涵. 十七世纪五十年代郑成功与荷兰东印度公司之间来往的函件. 见：厦门大学台湾研究所历史研究室. 郑成功研究国际学术会议论文集. 南昌：江西人民出版社，1989：310—311.

在上述信件和通告中郑成功指出要用贸易禁令，禁止船只前往马尼拉贸易，以制裁马尼拉的西班牙当局对华商的不公平待遇。通告的发布时间应该早于1655年，台湾长官卡萨曾于1654年写道，"国姓爷确实曾发布过总禁令，不准中国船只与马尼拉通航"①。而由通告的内容，"我向各地商人颁布通告"和1657年巴达维亚的华人甲必丹潘明岩（Bingam）和颜二官（Siecqua）也收到的郑成功的信（内容涉及马尼拉禁航令）②判断，禁航船只的范围不只是大陆和台湾的中国船只。而且对违禁者的处罚也异常严厉，"有商人在颁布此通告后仍驾船前往上述禁区，我将下令将其家属、船主和水手拘留起来，直到帆船返回中国，将其船、货没收，船上的人员格杀勿论。若有外族人向我臣民提供借贷，供其前往马尼拉贸易，也将以同样办法惩治"。与明清的海禁相比，郑氏集团的贸易禁令有着本质的不同。郑氏集团的贸易禁令是一种贸易策略，目的是保护从外部获得的利益或促进获取外部利益；而明清的海禁是一种国防策略，目的是消除国家隐患，维护国家安全，但与此同时，该政策本身又会造成国家隐患和国家不安全。

10月17日荷兰人回信婉转地拒绝了郑成功的禁航要求③：

卡萨长官以最高权力，统率热兰遮城堡及其附属要塞的荷兰人，及福摩萨全岛、大员及其周围岛屿诸民族，向伟大的长官国姓爷致以友好的敬意，并祝愿阁下福寿康宁，阁下及其国民繁荣昌盛。

伟大的长官：

前月（8月）17日，我们收到阁下写于前五星期的信。我们应该承认阁下试图唤醒我们的记忆，使我们记住这样一个事实，即，长期以来，我们双方共同维护了相互友谊，保持了睦邻关系。我们

① 同上，311.
② 程大学译. 巴达维亚城日记第三册. 台中：台湾文献委员会出版，1990：414—415.
③ ［荷］胡月涵. 十七世纪五十年代郑成功与荷兰东印度公司之间来往的函件. 见：厦门大学台湾研究所历史研究室. 郑成功研究国际学术会议论文集. 南昌：江西人民出版社，1989：314—315.

感谢阁下愿意今后一如既往，继续保持长期以来的相互间友好关系。

与此相反，我们已经注意到阁下厌恶马尼拉统治者蛮横无礼（正如阁下所指出的那样）。阁下对派到那里的帆船、商人及其货物受到的不公平的待遇和贸易，在忍无可忍之下，终于勃然大怒，决定完全禁止所有国民与马尼拉及其附属地方的人进行贸易，并完全断绝来往交通（不仅帆船，甚至连小船也禁止来往），违者严惩。这一切，我们从阁下的来信，尤其从来信的附件，即阁下所发布的禁令，看得很清楚。

阁下既乐意请求我们帮助，也由于双方之间长期保持着友好关系，因此对阁下的禁令，我们表示理解和赞成，我们也应该严禁同马尼拉来往。对此，我们可以向阁下声明：荷兰与西班牙之间几年前曾经签订了一个永久和平条约，马尼拉是隶属西班牙管辖的，我们如果要忠实地遵守这个条约，本该承认马尼拉也是我们的朋友。我们感到阁下对我们的请求几乎是多余的。因为我们通过自己所见所闻的亲身经验，完全相信来信所说的事实。我们敢于向阁下保证，此地的中国人谁也不想去马尼拉做生意，没有任何船只准备去那里。因为商人们在那里遭到虐待，生意亏本。他们对自己的遭遇感到非常愤怒，都不愿意再去贸易。

我们很久都没有听到中国人提出申请要开船去马尼拉做生意。既然如此，请阁下就不必担心。上述重要的意见，作为我们对阁下来信的善意答复。望阁下顺利收到后会高兴。

在此信的末尾，我们不能疏忽，以友好的态度告诉阁下，我们政府的形势很好，事业繁荣，我们的身体都很健康，我们要感谢上帝！我们友好地祝愿阁下和国民健康、繁荣。

阁下忠实的朋友卡萨长官

写于热兰遮城堡

1655 年 10 月 17 日

虽然荷兰人拒绝了实施禁令的请求，但禁令的效果还是让马尼拉的西班牙人感到不安。在贸易鼎盛时期，曾经每年有大约 33 艘中国商船驶抵马尼拉，而 1655 年只有 3 艘，1656 年则没有华船到港。缺乏华船运来的生活物资和商品，西班牙人的生活陷入困境。1656 年 10 月，西班牙人派遣使者出使厦门，并希望重建双方的贸易关系，具体的谈判细节并无记载，但最终两者的关系恢复正常。[①]郑成功对荷兰人的决定并没有立即回应，但就在 8 个多月之后，荷兰人为这个决定付出了代价。

（二）禁航台湾

1653 年，郑清之间开始谈判，并一直持续到 1654 年。郑成功利用与清政府和谈带来的有利环境，积极拓展郑氏集团的海外贸易，以增强军事实力。郑成功每年派出大量的商船前往东南亚，同几乎所有的重要贸易港包括东京（越南）、柬埔寨、北大年、马六甲、巴达维亚、巴邻庞等都有贸易来往[②]。而这些港口也关系到荷兰人的商业利益。自台湾输往日本的中国生丝自 1641 年锐减之后，荷兰人就以东京生丝和孟加拉生丝来代替；为了招揽商人去巴达维亚、控制香料贸易，荷兰人禁止商船前往马六甲和巴邻庞；台湾到巴达维亚的航线也禁止除公司之外的其他船只染指。[③]面对郑成功的贸易扩张，荷兰商人极其恐慌，"我们发现郑成功开始更为全心地投入贸易，在这些地方令我们少赚了不少"[④]。于是，荷兰人开始用劫掠和强迫改变航向的方式以维持以台湾、巴达维亚为核心的贸易体系。[⑤]

1653 年 10 月 21 日，郑成功给荷兰台湾商馆写信，抗议所属船

① 李毓中. 明郑与西班牙人帝国：郑氏家族与菲律宾关系初探. 汉学研究，1998(2)：38.

② Cheng Shaogang, *De VOC en Formosa 1624-1662: Een vergeten geschiedenis*, Leiden: Leiden, 1995. 中译本见：程绍刚译注. 台北：联经出版事业公司，2000：428.

③ Léonard Blussé. *Strange Company: Chinese Settlers, Mestizo Women and the Dutch in Voc Batavia*. Dordrecht and Riverton/Riverton-U.S.A: Foris Publications, 1986. 117；Cheng Shaogang, *De VOC en Formosa 1624-1662: Een vergeten geschiedenis*, Leiden: Leiden, 1995. 中译本见：程绍刚译注. 台北：联经出版事业公司,，2000：409、411.

④ Tonio Andrade, *How Taiwan Became Chinese：Dutch, Spanish, and Han Colonization in the Seventeenth Century*, NY: Columbia University Press, 2008.12. 中译本见：郑维中译. 台北：远流出版公司，2007：392.

⑤ Cheng Shaogang, *De VOC en Formosa 1624-1662: Een vergeten geschiedenis*, Leiden: Leiden, 1995. 中译本见：程绍刚译注. 台北：联经出版事业公司，2000：428—429.

只在广州的航线上遭到荷兰商馆的人抢掠。信中说：①

> 数年来，我竭力与鞑虏交战，耗费甚巨。今欲派遣商船前往巴达维亚、暹罗、日本、东京（今越南北部——译者注）、大员等地贸易，所得收入以充兵饷。阁下谅已洞悉，非我之船，抑非经我准许，任何船只不得赴台。
>
> 为驱逐鞑虏，恢复国土，我愿与阁下、贵公司官员以及各国统治者增进友谊，加强交往。今欲与贵方继续通商，俾贵方可获大利，亦可增强我方反抗鞑虏之实力。
>
> 三个半月以前，我曾遣一只帆船前往广南贸易，该船在返回厦门途中，被贵公司开往广东的船队袭击，并劫走所有货物，只让空船归来。我相信此事并非贵公司或阁下之命令，而是船队长官鲁莽草率所致。
>
> 谅阁下尚记得，以前我曾两次用帆船将贵方来南澳的人员送回。第一次送回大员，第二次送回巴达维亚。双方建立如此友好关系，我不相信阁下会以怨报德。我相信这并非出自阁下之命令，亦非阁下之意图。
>
> 该船所载货物已列出清单，随函附上。请阁下将上述货物交付送信人全部运回。若能如此，必将增进互相之间有意，使此种友谊牢不可破。我相信贵公司会极力赞成。

1653 年 10 月 21 日

台湾长官和巴达维亚总督商议后决定尽力掩饰预谋抢劫的真相，辩解称将郑氏的商船误认为是广南的，因为当时荷兰与广南之间有战

---

① ［荷］胡月涵. 十七世纪五十年代郑成功与荷兰东印度公司之间来往的函件. 见：厦门大学台湾研究所历史研究室. 郑成功研究国际学术会议论文集. 南昌：江西人民出版社，1989：297—298.

事，巴达维亚曾经命令公司船长截住一切来往广南的船只。但考虑到郑成功在贸易上的决定性作用，为了避免与其产生摩擦，巴达维亚归还了该船的货物。

"贸易禁令"的威慑作用成为郑成功维护商人权力的重要工具，荷兰的武装贸易在远东水域第一次失去了作用，这一结果的背后正是对贸易主导权的控制。而郑成功对荷兰掠夺行为的态度也与明清政府形成了对比。虽然劫掠商船问题解决得还算圆满，但由于双方在东南亚的竞争性关系，两者的较量显然不会只有一个回合。

鉴于郑氏商船对荷兰贸易垄断权的挑战，1655年6月17日，荷兰印度总督玛兹克和总评议会给郑成功写信，以极其谦恭的措辞表达了希望郑成功不要再派商船前往马六甲及其附近地区和巴邻庞的意愿。荷方给出的理由有四条：其一，马六甲离巴达维亚很近，而在巴达维亚更容易出售商品，且可以获得一切方便；其二，上述要求是上级命令，必须执行；其三，与巴邻庞统治者有协定，在巴邻庞的各种胡椒和其他商品，必须运来巴达维亚，除非这些商品被准予售给别人。其四，对上述航线的垄断是多年来获得的权利。荷方给出的惩罚是，对郑氏商船"加以干预使其发生麻烦"。对郑成功来说这样的理由显然不能让他信服。他吸取马尼拉禁令的教训——当禁令遭到拒绝后，荷兰人就隐藏了告示而不将其公布于众，于是在1655年8月21日郑成功直接给当时台湾的华商首领何廷斌——他同时也是荷兰商馆的通事——以及其他在台湾的重要乡绅写信，并由其转交台湾荷兰商馆长官：

为使本人意见能得到充分理解，今思有必要修此书与斌官通

［荷］胡月涵. 十七世纪五十年代郑成功与荷兰东印度公司之间来往的函件. 见：厦门大学台湾研究所历史研究室. 郑成功研究国际学术会议论文集. 南昌：江西人民出版社，1989：299—306.

② Cheng Shaogang, *De VOC en Formosa 1624-1662: Een vergeten geschiedenis*, Leiden: Leiden, 1995. 中译本见：程绍刚译注. 台北：联经出版事业公司，2000：403.

③ ［荷］胡月涵. 十七世纪五十年代郑成功与荷兰东印度公司之间来往的函件. 见：厦门大学台湾研究所历史研究室. 郑成功研究国际学术会议论文集. 南昌：江西人民出版社，1989：308—309.

事及大员诸位乡绅（Cabess's）。我常遣船只前往南北贸易，一向颇为顺利，并无遇到任何障碍、困难。长期以来，我的船只一直与巴达维亚贸易，受益匪浅。然而近来巴达维亚新到一位荷兰总督，他使我国商民在贸易中蒙受重大损失，并耽误时间甚久，以致船队遇到强烈逆风，若干船只失去桅杆，其余船只皆有所损坏，该船队在极其危险情况下返回厦门。如此事实，损害相互友谊，违反传统惯例。

据我国船长及商民申诉：这位新总督意欲发布一道命令，只许我国商船到巴达维亚贸易，而严禁赴马六甲、洛坑（Lochon）、彭亨及许多其他地方，似乎他唯欲一人得利。我有一只帆船曾在巴邻庞被夺去胡椒四百担。我难以想象他有何目的。

巴达维亚当局如欲发布如此一道命令，何不同时禁止船只开往日本、暹罗、广南、高锦及其他许多地方，而只是不许我国商民去少许若干地方，此事似乎不可思议。我如欲发布一道命令，则禁止他们到任何地方贸易，甚至连最小船只也不准来往。大多数帆船系属本人所有，少数系本人属下所有。我如发布如此命令，谁敢违抗而不严格执行？此种情况，正如本人对马尼拉所发禁令那样。

通事可向大员长官阁下传达上述意见，他应使巴达维亚总督阁下明了。巴达维亚当局一如既往，实行既安宁又稳定之贸易，不使我国商民蒙受损失，此乃上策。然而，若其只欲谋私利，则应谨慎考虑：如此作法是否将关闭贸易之路，此种想法是否有错，上述意见是否忠告。

大员长官阁下如愿为其担保，今后不再发生如去年我国帆船及商民在巴达维亚所蒙受损失，并且使禁止到上述地方贸易之命令不再生效，本人则一如既往再遣帆船赴各地贸易，互相之间传统友谊将永远保持下去。他若愿意保证安全，我国船只则可开往巴达维亚，如又发生损害商民事件，今后本人则对他不信任，他亦不能指望得到任何友谊。

本人将发布一道命令，即，无论在何种情况下，无论大小船只皆不准开往巴达维亚、大员及其附近地方去交易任何货物。

本人言语，犹如金科玉律，坚定不移。为实现本人意见，请通事转告大员长官阁下，并提出上述好恶两种建议，请慎重考虑。倘若巴达维亚当局依然如故，本人则要发布命令，如此对大员有何益处？请速告大员长官阁下。

写于永历（Indik）九年，此刻前三十八天下午三时。①

9月21日台湾荷兰商馆的长官在阅读这封信之后，即向在场的几个华商领袖回答说，完全不知道郑成功信中所写的商船被禁之事，并认为郑成功被人误导了。②而事实却是台湾荷兰商馆的长官已于9月13日得到巴达维亚的指示，"如果该官员向此地要求归还那些胡椒，此地不许归还，因为那只会造成跟公司在这项交易上的竞争。如果让国姓爷继续这样交易下去，公司的胡椒将变得完全腐坏无用了"③。面对"贸易禁令"，巴达维亚认为郑成功完全有能力实施这一禁令，一旦实施会带来贸易的巨大损失，但他们进一步分析，如果郑成功失去贸易也就失去了财源，无法维持与清政府的战争。因此他们判断，郑成功只是在威胁、制造恐慌，已达到让巴城优待其商人、取消航行限制的目的。同时他们也害怕郑成功施行"贸易禁令"，通过组织商船前往台湾的方式保证他从巴城运回的物资获得尽可能高的利润。④除了分析郑成功的策略之外，荷兰人还积极与清政府建立联系，以获得自由通商的机会。1654年，其在广州平南王府的努力由于葡萄牙人和更高层官员的到访而失败⑤；1656年，在北京，他们主动提出向清政府提供援助剿灭郑氏集团，但由于自由通商与清政府刚刚实行的海禁政策相抵触而再次失败。⑥

---

① Cheng Shaogang, *De VOC en Formosa 1624-1662: Een vergeten geschiedenis*, Leiden: Leiden, 1995. 中译本见：程绍刚译注 . 台北：联经出版事业公司，2000：312—313.
② 江树生译注 . 热兰遮城日志（第三册）. 2004：560.
③ 江树生译注 . 热兰遮城日志（第三册）. 2004：554.
④ Cheng Shaogang, *De VOC en Formosa 1624-1662: Een vergeten geschiedenis*, Leiden: Leiden, 1995. 中译本见：程绍刚译注 . 台北：联经出版事业公司，2000：435.
⑤ 同上，380.
⑥ 同上，452.

在此期间荷兰人一直没有停止对郑氏集团商船的劫掠[1]，再加上之前对禁航吕宋的不支持态度，以及 1656 年荷兰进京与清政府联合，郑成功于 1656 年 6 月 27 日正式发布了禁航台湾的"贸易禁令"：[2]

以往，中国货船经常前往海外各地通商，备尝贸易之利。然而前往马尼拉之商民常向本藩申诉：马尼拉西班牙人视之为鱼肉，肆意欺压，而不当人看待。或几乎强夺商民运来之货物，或随意付款，常低于进货价格，并要久候，延误时间。

大员荷兰人之所为，与马尼拉西班牙人如出一辙，亦视商民为可供人食之鱼肉。本藩闻知此情，心血翻腾，极为愤怒。大员位于近邻，本藩望其今后改弦易辙，实行公平交易。

在此之前，本藩曾发一道命令，断绝与马尼拉贸易往来。此道命令，人人遵守，到处执行。唯有大员拒不执行，甚至不予张贴。本藩虽不全信，也不忧虑。然后，有一只帆船久离此地赴马尼拉贸易，近返厦门，该船商民向本藩尽陈大员帆船赴马尼拉贸易之所见实情。正值本藩严禁与马尼拉通商之际，大员为何置若罔闻？

闻此实情，本藩亦决定与大员断绝贸易往来，任何船只，甚至连片板皆不准赴大员。然而鉴于有中国人居住彼处，为避免损害其利益，且有众多大小船只如今尚在各处，未能及时得悉此令，为此，本藩准其在一百日以内来回航行。在此事件之后，禁止大小船只来往。百日期满后，本藩欲另发一道命令。在此劝告所有商民，包括业已到彼及尚未到彼之货船，在期限内尽速返回。

在百日期限以内，准许所有大小船只，运载下列货物返回。即：鹿肉、咸鱼、蠔（mo-a）、花生（cadjang）糖水，不准携带

---

[1]　Tonio Andrade，*How Taiwan Became Chinese: Dutch, Spanish, and Han Colonization in the Seventeenth Century*，NY: Columbia University Press，2008.12. 中译本见：郑维中译. 台北：远流出版公司，2007：393.

[2]　［荷］胡月涵. 十七世纪五十年代郑成功与荷兰东印度公司之间来往的函件. 见：厦门大学台湾研究所历史研究室. 郑成功研究国际学术会议论文集. 南昌：江西人民出版社，1989：316—317.

其他货物。谁若运来其他货物，即将其船只及货物没收，并将船上所有之人处死，无一赦免。特此警告。

为严厉执行此道命令，本藩业已到处分派检察人员，检查所有到来船只。并向检查人员许诺，在此事结束时，适当分给部分所没收之船只及货物。住在此处船主及国民如发现上述禁品，也要被捕，并没收所有货物。

以上命令，望严格遵守。本藩既已作此决定，决不让步，亦不作任何改变。百日后，此项禁令并不影响本藩常遣船只到沿海各地巡查，或采取某种行动。特此告知商民：大员与马尼拉系一丘之貉，既丑恶又傲慢。本藩言词及命令，犹如金科玉律，坚定不移。

中国农历闰五月初六日
荷兰历 1656 年 6 月 27 日

在发布此一通告之后，郑成功于 1656 年 11 月 29 日派遣其官员 Sjausinja 前往澎湖和台湾，与之前已经到澎湖的官员 Augpeja 一起，负责稽查在港和过往的所有船只。[1] 虽然仍在通告公布的 100 天之内，但在被查出私藏胡椒后，一艘商船的船长被处死，其他船员则被砍下右手。[2] 除此之外，1656 年 9 月 20 日，郑成功还写信给巴达维亚的华人甲必丹潘明岩（Bingam）枏颜二官（Siecqua）告知关于台湾和马尼拉"贸易禁令"之事，并请其将此事转告巴达维亚总督。[3]"贸易禁令"使荷兰在东方的整个贸易体系受到沉重打击：首先，从中国商人手中获得的黄金是公司换取印度产品的主要商品；其次，台湾是东南亚和印度商品在东亚的主要转运站，而禁运使这些原本十分畅销的产品大量积压；再次，禁运造成台湾地区的日常生活资料缺乏，大

---

① 方友义. 郑成功研究. 厦门：厦门大学出版社，1994：280—281.

② Tonio Andrade, *How Taiwan Became Chinese: Dutch, Spanish, and Han Colonization in the Seventeenth Century*, NY: Columbia University Press，2008.12. 中译本见：郑维中译. 台北：远流出版公司，2007：396.

③ 程大学译. 巴达维亚城日记第三册. 台中：台湾文献委员会出版，1990：160—161.

米、鹿皮、蔗糖等产品滞销。①1657年巴达维亚的官员称，中国与大员的贸易完全停滞。这一事件对公司极为不利，若这样持续下去，最终将导致大员和台湾成为废墟。②而另一方，郑氏集团则取得了巴邻庞和马六甲等东南亚港口海外贸易的垄断地位。③

1657年6月，台湾荷兰长官派遣何廷斌到厦门谈判，以求恢复自由贸易。何廷斌是当时商馆的通事，也是台湾的华商领袖，并与郑氏集团有着密切的联系。杨英在《从征实录》中记载：

> 台湾红夷酋长揆一遣通事何廷斌至思明启藩，年愿纳贡和港通商，并陈外国宝物。许之。因先年我洋船到后，红夷每多留难，本藩遂刻示传令各港澳并东西夷国州府，不准到台湾通商，繇（由）是禁绝两年，船只不通，货物涌贵，夷多病疫。至是令廷斌求通，年输饷五千两，箭杯十万枝，硫磺千担，遂许通商。④

"贸易禁令"对荷兰人来说并不陌生，其实它正是郑氏集团实施禁航台湾的直接原因。荷兰挤进远东水域的贸易体系，挑战西班牙和葡萄牙人时使用的就是"贸易禁令"⑤；而面对英国在万丹的竞争，荷兰人同样是用海上封锁的方法使繁荣的万丹一蹶不振，此后英国人基本退出远东水域而集中经营印度。⑥虽然郑荷之间的"贸易禁令"

---

① Tonio Andrade, *How Taiwan Became Chinese: Dutch, Spanish, and Han Colonization in the Seventeenth Century*, NY: Columbia University Press，2008.12. 中译本见：郑维中译. 台北：远流出版公司，2007：397—398.

② Cheng Shaogang, *De VOC en Formosa 1624-1662: Een vergeten geschiedenis*, Leiden: Leiden, 1995. 中译本见：程绍刚译注. 台北：联经出版事业公司，2000：459.

③ ［荷］胡月涵. 十七世纪五十年代郑成功与荷兰东印度公司之间来往的函件. 见：厦门大学台湾研究所历史研究室. 郑成功研究国际学术会议论文集. 南昌：江西人民出版社，1989：294.

④ ［明］杨英. 从征实录. 见：周宪文等编. 台湾文献丛刊第32种. 台北：台湾银行经济研究室，1957—1972.

⑤ 陈宗仁. 一六六二年前后荷兰东印度公司有关东亚贸易策略的转变——兼论荷兰文献中Lamang的传闻. 台大历史学报，2005(35)：283—308.

⑥ 郑永常. 来自海洋的挑战：明代海贸政策演变研究. 台北：稻禾出版社，2004：371—373.

具体内容不同，郑氏集团禁的是自己的商人，而荷兰人是用武力禁其他的商人，但"贸易禁令"无疑是商业时代最重要的贸易策略。

三、贸易招揽

1661 年顺治颁布"迁海令"，施行更加严厉的海禁政策，强迫山东至广东沿海的居民内迁 30—50 里，并筑界墙、设立栅栏为界限，每隔 5 里设 1 炮台，20 里立 1 营盘，以警戒海防。"凡有官员、兵民违禁出界贸易，及盖房居住、耕种田地者，不论官民俱以通贼论处斩，货物家产俱给首告之人，其该管地方文武各官，不能查获，俱革职从重治罪，地方保甲知情不首着，处绞，其违禁出境之人，审明系何地方出口，将守口兵知情者，以同谋论力斩，不知情者从重治罪"[①]。

1663 年，郑经退守台湾，逐渐放弃了在大陆的所有据点。面对清政府的迁界政策，为获取大陆商品郑经接受了陈永华的建议，"当令一旅驻扎厦门，勿得骚扰沿边百姓，善与内地边将交，便可接济"[②]。同年 10 月，郑经令江胜赶走厦门的海盗重占厦门，"胜踞厦门，斩茅为市，禁止掳掠，评价交易。泛沿海内地穷民，乘夜窃负货物入界，虽儿童无欺，自是内外相安，边疆无衅，其达濠货物，聚而流通台湾，因此而物价平，洋贩愈兴"。郑氏集团重新建立了比较稳定的中国商品获取通道。另外，鹿皮和砂糖在荷据时代的台湾就是重要的出口产品。[③]郑氏集团除了以上述大陆商品和台湾商品为基础，发展自己的对外贸易外，还以更积极的态度招揽外商前往台湾。

---

① 朱德兰. 清初迁界令时中国船海上贸易之研究. 见："中央研究院"三民主义研究所、中国海洋发展史编辑委员会. 中国海洋发展史论文集（第二辑）. 台北："中央研究院"，1986：106—108.
② 江日升. 台湾外纪. 见：周宪文等编. 台湾文献丛刊第 60 种. 台北：台湾银行经济研究室，1957—1972.
③ ［日］中村孝志. 十七世纪台湾鹿皮之出产及其对日贸易. 见：台湾银行经济研究室编. 台湾经济史八集. 台北：台湾银行，1959：24—42；［日］岩生成一. 荷郑时代台湾与波斯间之糖茶贸易. 见：台湾银行经济研究室编. 台湾经济史二集. 台北：台湾银行，1957：53—60.

1663 年，郑经派天主教传教士李科罗（Victorio Rici）率领使团出使马尼拉与西班牙人修好，两地恢复自由通商。此前，郑成功于 1662 年曾诏谕吕宋纳贡，从而导致马尼拉的华人与西班牙人对峙，成为西班牙人继 1602 年和 1639 年之后再次屠杀华人的导火索。[①]荷兰人在 1661 年败于郑成功之后，时刻准备复夺台湾，并于 1663 年与清政府联合夺取了郑氏集团在大陆的所有据点。1664 年，荷兰占领台湾的鸡笼，并作为贸易落脚点[②]。1666 年，郑经派遣使者与仍然在台湾北部鸡笼的荷兰人谈判，希望能以维持现状为基础，缔结条约，允许荷兰在台湾设立商馆。[③]但巴达维亚拒绝了与郑经使者的交涉。[④]1670 年到 1671 年，郑经曾给爪哇的华商领袖写信，称为华商提供保护，并希望能进行贸易。[⑤]而万丹的英国人也接到了郑经向海外多国散发的招揽外商前往台湾的信[⑥]，并于 1670 年派出了三艘商船前往台湾。

1670 年 6 月 23 日，三艘商船到达台湾，受到热烈的欢迎，并受到高规格的接见，其后英国人向郑经递交了以英王名义呈万丹英国商馆经理致"台湾王"的信函。该信的主要内容是希望与台湾开展贸易，并在台湾设立商馆。[⑦]9 月 10 日郑英双方订立了一个非正式的通商协议，相关条款如下：

一六七〇年九月十日订立郑英通商协议条款

郑方允许英人左列事项：

一、郑方船舶，在海上与悬挂英国旗帜之船舶相遇时，不论

①　李毓中. 明郑与西班牙人帝国：郑氏家族与菲律宾关系初探. 汉学研究，1998(2)：29—59.

②　John E. Wills, Jr. *Pepper, Guns, and Parleys: The Dutch East India Company and China, 1662—1681*. Cambridge: Harvard University Press, 1974: 29—104；程大学译. 巴达维亚城日记第三册. 台中：台湾文献委员会出版，1990: 25—27；江日升. 台湾外纪. 见：周宪文等编. 台湾文献丛刊第 60 种. 台北：台湾银行经济研究室，1957—1972.

③　赖永祥. 台湾郑氏与英国的通商关系史. 台湾文献，1965(2)：17.

④　程大学译. 巴达维亚城日记第三册. 台中：台湾文献委员会出版，1990: 350.

⑤　方友义. 郑成功研究. 厦门：厦门大学出版社，1994：362.

⑥　台湾银行经济研究室. 十七世纪台湾英国贸易史料. 台北：台湾银行，1959：24.

⑦　台湾银行经济研究室. 十七世纪台湾英国贸易史料. 台北：台湾银行，1959：24—25.

其为来台湾或开往他处者，概不得加以干涉或阻挠。

二、英国人可任意与任何人出售或购进货物，任何人亦均得与英国人自由贸易。

三、英国人得将鹿皮、糖及台湾之一切产货，装运至日本、马尼拉或任何地方。

四、台湾人民如对英国人有伤害或其他不正当之行为，郑方概须负责赔偿；反之，英国人对台湾人民有伤害或其他不正当之行为时，受害者得请求英方主任官员赔偿之。

五、英国人得随时接近国王之官宪。

六、英国人得随意选用通译、书记；郑方不得派兵监视英国人。英国人可不带华人而在台湾自由旅行。

七、英船水夫死亡时，郑方应允准华人上船接替。

八、英方于船未到达沙洲前，为减轻重量卸货起见，得雇佣领港人使用小艇进入港口。

九、英人得用大小秤器（Dachin）各一，而郑方得用码尺（EII）用以买卖货物。

十、国王及郑方商人所售任何货物，概须依照时价交易，否则英国人得拒绝之。

十一、英国人得自由转运及输出黄金及白银。

十二、英国公司得随时撤销其商馆运走一切财物离去。

十三、英国人得使用标徵与国旗（Standard and Flag）。

十四、任何人对英国人拒付其债务时，得以国法惩治之。

十五、英国人可将任何种类之货物运来台湾，郑方不得有所禁止。

十六、未经船长之许可，英国船之任何海员或其他人员不得离船或改乘中国船。

十七、英国人得每周宰一牛，但不得多宰；其他粮食均可随意购用。

十八、国王所购买之货物，准免缴关税。[1]

---

[1] 台湾银行经济研究室. 十七世纪台湾英国贸易史料. 台北：台湾银行，1959：6—7.

　　从该协议看，英国目的是要求自由通商，以此扩展自己在东亚和东南亚的贸易，主要是日本—台湾—马尼拉这条白银航线。而郑氏集团的目的，其一是通过英国进口军事物资和军事技术以增强自身的军事实力，其二是利用英国在东南亚的贸易网络获得更多的东南亚商品，从而避免荷兰人的劫掠，并扩展对日贸易。1671 年，伦敦的东印度公司总裁写信给郑经，表明了英国最高当局对郑英通商以及上述协议的看法[①]：第一，贸易模式。英国人将英国和印度的货物运抵台湾，卸下一批在台湾销售，并装上台湾出产的糖、鹿皮等可以在日本市场销售的商品，从日本返航时再停台湾，并装上台湾商品；第二，推销英国和东印度的商品，主要是各种呢绒布料，称其"各国均大量购用，上自君王，下至庶民，因此等货品价格公道，坚实耐用，适合卫生，各种人用之无不相宜也。贵国如适用之，亦将见此言不谬，贵国之商业将为之增加不少。故请陛下特予鼓励……"；第三，认为船只进港交出枪械"令人感觉屈辱"，"故请陛下亦不再坚持之"；第四，请郑经帮忙写信给日本最高统治者或有势力的适合人物，"代为开说，请予优待"。上述内容表明英国在开拓日本—台湾—马尼拉贸易上心情迫切，他们希望通过郑氏集团打开英国商品的销路，谋求与日本的合法贸易权。但与此同时，他们也进入了一直由郑氏集团控制的贸易线路和市场。英国人用枪炮和胡椒换得了进入东亚贸易的机会，但郑氏集团掌握着更多的资源可供谈判，从而掌握着贸易的主导权。

　　1672 年 7 月 16 日，3 艘英国商船驶抵台湾，并运来了郑经要求的火药、枪炮等，英国人也获得了相当有利的贸易条件，并在台开设商馆。1672 年 10 月 13 日，双方签订正式通商协约。内容如下：

　　一六七二年十月十三日订立郑英协议约款
　　一、为维持公司与台湾王间之友谊起见，国王允许协助公司及所属个人在台湾之生活能自由而不会被困扰；而英人得在其房

---

① 台湾银行经济研究室. 十七世纪台湾英国贸易史料. 台北：台湾银行. 1959：9—10.

屋及居留地揭示国旗及标徽。

二、国王允许英人受虐待、困扰或伤害时采取行动直接或间接保护或辅救之；反之，郑方人员受难时国王得要求暴行者被处罚，以避免将来再发生此等事情。

三、公司及国王属下人民间应有交易自由，不应有限制，公开而无妨害及阻挡；为避免公司蒙损害或不利，国王应对英人房屋或居留地给付书函或证书宣言此等权力及自由。

四、公司所属英国人或其他国人得被留用或征用，为国王或其臣民服务，但应有英国首长之允许及本人根据自由意志之真正同意，而将来应以妥善被保护之方法送还之。[①]

比较前后两个协议，主要的变动是：第一，非正式协议规定的英国人可以购买鹿皮、砂糖以及其他台湾物产运往日本、马尼拉等处；而正式协议则改为砂糖和各种皮革，年产量 1/3 供给英国人。第二，非正式协议规定的黄金、白银的输出在正式协议中被取消。第三，正式协议中增加除安平外，不得在他处交易的条款，尤其提出除紧急时外，英船不得驶进基隆港。第四，非正式协议中郑氏集团所要求的军用产品，不见于正式协议，但正式协议有"公司亦同意每年将国王所需之货物运来"条款。第五，非正式协议中郑氏集团所要求的经常派炮手和铁匠为自己服务的条框，在正式协议中变成，"公司所属英国人或其他国人被留用和征用为国王或其臣民服务，但应有英国首长之允许及本人根据自由意志之真正同意"。从比较的结果看，新协议也很好地体现了郑氏集团对英国人这一潜在对手的防范意识：鹿皮和砂糖是台湾出口的最重要大宗商品，也是维持郑氏集团日本—台湾这一生命线的重要保证，因而郑氏集团牢牢控制着两种商品的出口；而黄金、白银自由出口的取消，看似可以归并到自由交易中去，但黄金、白银的出口并不是郑氏集团所乐见的；而对交易地点的限制则体现了对英国人与荷兰人交易可能性的防范。不得不说，英国人也在协议的

---

① 赖永祥. 台湾郑氏与英国的通商关系史. 台湾文献，1965(2)：6—7.

最后给自己留了退身的余地。

1673 年爆发"三藩之乱",1674 年郑经响应回到厦门。战争使郑氏集团对武器的需求激增。1675 年,郑英双方再次商议并修改协议。变化的主要内容是郑氏集团"准英方在船之航行、运货、持枪火药军械等俱得自由处理",并放宽对糖和鹿皮的贸易量限制——当产量的 1/3 不能满足英方的需求时英方可以要求增值,但英方要给郑方一个月的时间,并要从郑氏集团的商人手中购买;而英方保证每次运送"毛瑟火枪 200 挺,铁 100 比克尔(Pecul)"等商品。[①]

虽然 1676 年英国又在厦门设立了商馆,但郑英之间的矛盾不断。1678 年 5 月,英国要求与郑氏集团清算账目,郑氏集团以英国未缴纳房租和关税为由予以拒绝[②];而英国则以 1675 年郑经在厦门"邀请中国船只及外国船只前往贸易,并免除三年间之关税及其他赋税"[③]为依据,希望郑氏集团免除其关税,为此英国人不惜计划贿赂郑氏集团的官员[④],并以限制军用物资供应相要挟[⑤]。此事一直悬而未决,最后不了了之。由于三藩之乱,沿海内迁的百姓纷纷返回,于是 1678 年,清政府再次实施迁海令,"三十里内,量地险要,住寨置兵;仍筑界以截内外,濒海数千里,无复人烟"[⑥]。郑军的粮食和军需用品无法供给,郑氏集团陷入财政危机,从而不得不加重税收,但粮饷依然短缺,再加上当时清政府的招抚政策,大量官兵投降,据姚启圣奏疏,叛降官员 1237 人、士兵 11 636 人。[⑦]1680 年,厦门兵败,郑经退回台湾。1681 年,英国关闭厦门商馆。

面对变化莫测的海洋贸易,郑氏集团总是能够采取相对应的策略,处处维护自己商人的合法权益,并为自己的商人争取最大的贸易

① 赖永祥. 台湾郑氏与英国的通商关系史. 台湾文献,1965(2):9.
② 台湾银行经济研究室. 十七世纪台湾英国贸易史料. 台北:台湾银行,1959:35.
③ 同上,61.
④ 同上,36.
⑤ 同上,37.
⑥ 杨友庭. 明郑四世兴衰史. 南昌:江西人民出版社,1991:213.
⑦ 杨友庭. 明郑四世兴衰史. 南昌:江西人民出版社,1991:213—214;台湾银行经济研究室. 十七世纪台湾英国贸易史料. 台北:台湾银行,1959:25.

主动权。但无论是贸易制度和组织的正常运行，还是高明贸易策略的有效实施，其背后都离不开强大的军事力量的支持。

第四节 "仗剑经商"

"仗剑经商"就是指军事力量对商业和商人的支持，不仅表现为用军事力量获取商业利益，而且也表现为用军事力量维护商业利益。虽然军事力量的提供者可能是商人自己，也可能是国家、政府等公权力，但"仗剑经商"是早期经济全球化时代的重要贸易方式。

一、早期经济全球化时代的贸易方式

15世纪，葡萄牙开始了一系列沿着非洲海岸线的探险活动，这些活动使葡萄牙获得了巨额的财富。斯塔夫里阿诺斯说："仅仅奴隶贸易就供养了里斯本六七十个商人。"[①]海外探险所获得的财富逐渐吸引了更多国家的参与。1492年，哥伦布发现了美洲新大陆，之后在这个大陆发生的屠杀和抢掠，为西班牙带来了巨大的财富。而正是这些财富和后来发现的美洲白银，使欧洲人成功地加入了已有的贸易体系，并不断提升自己在世界经济中的地位。1498年，当达·伽马到达印度时，他发现印度洋存在着繁荣的贸易，有大量在欧洲非常紧俏的商品，如胡椒和肉桂，因而他认为这条航线蕴含着巨大的财富。于是葡萄牙人决定垄断这一新航路上的贸易，并对该航路上和想要进入这一航路的商人采取了"无情的恐怖主义"。达·伽马在后来的一次航行中捕获了几条无武装的船只，把货物抢掠一空后，将船和人一起烧掉了。[②]此后葡萄牙人除了用这种方式继续劫掠外，葡萄牙的印度总督亚伯奎开始控制亚洲海上贸易的重要

① ［美］斯塔夫里阿诺斯. 全球通史——1500年以后的世界. 吴象婴、梁赤民译. 上海：上海社会科学院出版社，1999：130.
② ［美］斯塔夫里阿诺斯. 全球通史——1500年以后的世界. 吴象婴、梁赤民译. 上海：上海社会科学院出版社，1999：133.

通道。红海的咽喉索科特拉岛和波斯湾的咽喉霍尔木兹岛相继被亚伯奎攻占，随后又攻占了印度的果阿、印度洋和远东水域的必经之地马六甲，并获得了当时中国唯一合法的对外贸易港口澳门。通过这些据点，葡萄牙建立了巨大的欧亚贸易网络，并通过垄断贸易流通获得了对贸易的主导权。葡萄牙人要求经过其基地的商人购买通行许可证，并对其货物征收关税。①因而与印度洋上那些既没有武装船只护航，也没有受到政府的支持的商人相比，葡萄牙人构建的贸易网"由一系列构筑坚强的防御工事的基地组成，并受其武装舰队的保护，因此，市场力量因无力恫吓而被调整"②。

　　后起的荷兰和英国面对着已经被葡萄牙和西班牙瓜分完的世界，采用了"海盗"这样一种方式来挑战葡萄牙和西班牙的垄断地位。虽然这种方式对葡萄牙和西班牙来说并不陌生，但在他们那里，"葡萄牙人作为海洋的主人，没收任何未经许可便航行于海上的人的货物，是完全有道理的"③。因而"海盗"或"海盗行为"的定义是由霸权者确定的，并且霸权者眼里，"海盗"是阻止其他西方国家扩张势力的借口，而在挑战者眼里，"海盗"是扩大自己势力的方法和手段。④荷兰人进入远东水域，面对已经建立稳定贸易网络的葡萄牙人和西班牙人，首先采取的策略就是劫掠前往马尼拉的商船。劫夺策略削弱了马尼拉的贸易收入，使商船感到威胁从而转驶巴达维亚，荷兰因劫夺财货而受益。而英国则利用海盗在大西洋上劫掠西班牙和葡萄牙的船只。英国女王也投资于这项事业，并成为强力的支持者，她授予海盗爵位，给予海盗政治和军事支持。就在这些海盗的基础上，英国发展了海军力量，而领导这只海军的是两个著名的海盗霍金斯和德雷克。1588 年，正是这支以海盗、商人和政府组成的联合舰队，击败了世

---

① ［英］安格斯·麦迪森. 世界经济千年史. 伍晓鹰等译. 北京：北京大学出版社，2003：53.

② 同上，56.

③ ［美］斯塔夫里阿诺斯. 全球通史——1500 年以后的世界. 吴象婴、梁赤民译. 上海：上海社会科学院出版社，1999：133.

④ ［美］安乐博. 南洋风云：活跃在海上的海盗、英雄和商人. 见：李庆新. 海洋史研究（第一辑）. 北京：社会科学文献出版社，2010：155.

界上最强大的海上力量——西班牙的"无敌舰队"。①

在早期经济全球化时代，无论是西欧国家对其他贸易体系的加入，还是西欧国家之间的贸易竞争，军事为商业护航、军事为商业开拓市场的"仗剑经商"方式都是西欧国家的首选。郑氏集团作为早期经济全球化时代远东重要的贸易参与者，它的军事力量如何，它又是如何利用军事力量实现自己的商业目的呢？

二、郑氏集团的海上力量

郑氏集团的兵力情况散见于各种史料，且相互矛盾。学者们的研究多集中在对郑成功时期兵力的估计，但这些估计之间也有较大的差距，兵力多则 40 万，少则 10 万。②虽然郑氏集团的军事力量以陆师为主，但正如郑成功所说："我师所致力者全系水师。"③国外的观察者更是认为，"国姓握有大量船舶，由他指挥的强大海军所树立的威名，足使临近海岸一带为之震动"④。

郑军的水师由大熕船、水艍船、犁缯船、沙船、鸟尾船、乌尾船、铳船、快哨等 8 种组成。大熕船和水艍船宽约 5.3 米，高约 21 到 24 米，吃水约 4 米，船身用铁叶包裹，并装有火炮，各能容 500 士兵，犁缯船和沙船吃水 2.6 米，各能容纳 100 名士兵，上述各船都装有远射程的火炮，具有较强的续航能力和攻击性，是郑军水师的主力战舰。鸟尾船、乌尾船、铳船，吃水 2.2 米，可容 50 到 60 名士兵，主要用于近海作战。快哨机动性强，主要用于侦察和通信。⑤船上除了配备有火炮外，还有神机铳、千花铳，连珠火箭、喷筒、火

---

① 吴于廑. 十五十六世纪东西方历史初学集. 武汉：武汉大学出版社，1985：219—224.

② 岳成池. 郑成功军事制度初探. 军事历史研究，1992(2)：150—158；杨彦杰. 郑成功兵额与军粮问题. 学术月刊，1982(8)：7—12.

③ 吕荣芳、叶文程. 郑成功在厦门的军政建设. 见：郑成功研究学术讨论会学术组. 郑成功研究论文选（续集）. 福州：福建人民出版社，1984：158.

④ 吕荣芳、叶文程. 郑成功在厦门的军政建设. 见：郑成功研究学术讨论会学术组. 郑成功研究论文选（续集）. 福州：福建人民出版社，1984：159.

⑤ 张铁牛，高晓星. 中国古代海军史. 北京：解放军出版社，1993.

罐、倭刀等轻武器。为了维持一支强大的水师和海外贸易，从郑芝龙开始①，郑氏集团便非常重视船舶的制造。1651 年，郑成功在厦门发展军火工业，并派郑泰和洪旭"造大舰"。②浙江、福建、广东沿海的多个地方都有郑氏集团的造船活动，甚至暹罗也有。③

郑军的水师战船无论在数量上还是质量上都要优于清朝。郑成功曾经自豪地说，"虏无大船，我只用中号船破之"；而清朝的官员也认为，"我船较之贼船，大小悬殊"。④但与当时的荷兰船相比，郑军的战船要小得多，而且武器装备也相对落后。荷兰船长 100 米，宽 20 米，高 20 米，有 5 根桅杆，船的两侧放置小铜炮，甲板上有巨铁炮，每船配置各种火炮 20 至 30 门。而郑军水师的舰船上只有两门大炮。虽然如此，在与荷兰舰队的两次较量中，凭借着数量的优势，郑军水师都取得了胜利。1633 年料罗湾海战，荷郑双方交战的舰船之比为 8:150，而 1661 年的复台之战为 4:60。⑤

郑军水师除了常备舰船外，一旦有战事，活跃在远东水域的郑氏集团商船可以作为战船参战。郑成功与清军的交战⑥、收复台湾⑦、郑经西征厦门⑧都曾调拨各地的商船投入。另一方面，水师的舰船也可以出外贩洋。姚启圣在其奏疏中称，"去年（1682）贼知臣等奉旨进剿，将洋船改为炮船，安架大炮以拒我师。今闻贼因缺饷，复欲将

---

① 连横. 台湾通史. 见：周宪文等编. 台湾文献丛刊第 128 种. 台北：台湾银行经济研究室，1957—1972.

② 黄志中. 试论郑的经济思想及其实践. 见：郑成功研究学术讨论会学术组. 郑成功研究论文选（续集）. 福州：福建人民出版社，1984：187.

③ 陈希育. 中国帆船与海外贸易. 厦门：厦门大学出版社，1991：95；黄志中. 试论郑的经济思想及其实践. 见：郑成功研究学术讨论会学术组. 郑成功研究论文选（续集）. 福州：福建人民出版社，1984：187.

④ 陈希育. 中国帆船与海外贸易. 厦门：厦门大学出版社，1991：95.

⑤ 赵雅丹. 郑成功水师与荷兰海军装备、作战方式差异之探析——以台江之战为例. 军事历史研究，2010(2)：77—78.

⑥ ［意］白蒂. 郑成功：远东国际舞台上的风云人物. 庄国土等译. 南宁：广西人民出版社，1997：72.

⑦ 厦门大学郑成功历史调查研究组. 郑成功收复台湾史料选编. 福州：福建人民出版社，1982：241.

⑧ 郑克晟. 郑成功海上贸易及其内部组织之特点. 中国社会经济史研究，1991(1)：54.

炮船改回洋船，出外贩洋矣。"①以至于有的学者称，郑氏集团商人就是士兵，士兵就是商人。②

三、郑氏集团仗剑经商

郑氏集团强大的海上军事力量，除了与清军作战之外，还担负着保护商船海上安全和战略威慑的作用。

当西方商人在远东水域仗剑经商时，无论是荷兰人初入远东时的劫掠策略③，还是后来的战争策略，"如果我们想享受优惠和自由，对中国人要用暴力和武力制服，这对于减轻公司无法承受的沉重负担，增加日本贸易，是极为必要的"④，郑氏集团商人都深受其害。仅1658年，郑氏来往于南洋而被荷兰人劫夺的商船就有4只。⑤当然远东水域的仗剑者不只西方商人，还有中国的海盗集团。郑氏集团面对仗剑者的不断挑战，除了灵活的贸易策略外，还要有军事力量的加入。

郑氏集团的水师在沿海的岛屿设立据点，以警戒外敌入侵，而且在各个主要港口和重要的贸易航道派舰只巡逻，以保护郑氏集团的商船。1655年6月5日的《热兰遮城日志》记载：

> 有一个中国人海盗，也是海南岛（Ainam）的官吏，名叫苏利（Soulack）的，是鞑靼人的朋友，他已有一段时间，亲自率领很多作战用的戎克船来中国沿海抢劫，最近在南澳下方被上述

① 厦门大学台湾研究所、中国第一历史档案馆编辑部. 康熙统一台湾档案史料选辑. 福州：福建人民出版社，1983：258.
② CHENG K'O—CH'ENG. Cheng Ch'eng-kung's Maritime Expansion and Early Ch'ing Coastal Prohibition.In:E.B.Vermeer.*Development and Decline of Fukien Province in the 17th and 18th Centuries*. New York: Brill, 1990: 234–236.
③ 陈宗仁. 一六六二年前后荷兰东印度公司有关东亚贸易策略的转变——兼论荷兰文献中 Lamang 的传闻. 台大历史学报，2005(35)：286—287.
④ Cheng Shaogang, *De VOC en Formosa 1624-1662: Een vergeten geschiedenis*, Leiden: Leiden, 1995. 中译本见：程绍刚译注. 台北：联经出版事业公司，2000：126.
⑤ 厦门大学郑成功历史调查研究组. 郑成功收复台湾史料选编. 福州：福建人民出版社，1982：128.

国姓爷（为此专程派去）的海军将官遇到，经过一场激烈战斗，丧失 40 艘他的戎克船之后，就逃走了，被彻底从海上清剿出去，此事令海商特感兴奋，因为海盗以前使来此地的航道失去安全，使那些海商遭受损失。[①]

1661 年郑成功收复台湾的行动，主要是出于政治上寻找新的立业之地的考虑，但在客观上对整个远东水域形成了巨大的军事威慑作用。携此余威，1662 年 4 月 25 日，郑成功宣谕马尼拉，要求马尼拉向其朝贡：[②]

> 大明总统使国姓爷寄马尼拉总督曼利克·特·喇喇之宣谕：
> 承天命而立之君，万岁宜效顺朝贡，此古今不易之理也。可恶荷夷不知天则，竟敢虐我百姓，劫夺商船形同盗贼，本当早勒水师讨伐。然仰体天朝柔远之仁，故屡寄谕示以期彼悔罪退过，而彼等逸玩成性，执迷不悟，邀予震怒，遂于辛丑四月率水师亲讨，兵抵台湾捕杀不计其数。荷夷奔逃无路脱衣乞降，顷刻之间，城池库藏尽归我有，倘彼等早知负罪屈服，岂有如此之祸哉。
> 你小国与荷夷无别，凌迫或商船，开争乱之基。予今平定台湾，拥精兵数十万，战舰数千艘，原拟率师亲伐，况自台至你国，水路近捷，朝发夕至；惟念你等迩来稍有悔意，遣使前来乞商贸易条款，是则较之荷夷已不可等视，决意姑赦尔等之罪，暂留师台湾，先遣神甫丰致宣谕。倘尔及早醒悟，每年俯首来朝纳贡，则交由神甫覆命，予当示恩于尔，赦你旧罚，保你王位威严，并命我商民至尔邦贸易；倘或你仍一味狡诈，则我舰立至，凡你城池库藏与金宝立焚无遗，彼时悔莫及矣。荷夷可为前车之鉴，而此时神甫亦无庸反台，福祸利害惟择其一，幸望慎思速

---

① 江树生译注. 热兰遮城日志（第三册）. 2004：492.
② 程大学译. 巴达维亚城日记（第三册）. 台中：台湾文献委员会出版，1990：414—415.

决，毋迟延而后悔，此谕。

永历十六年三月七日
国姓爷

连横在《台湾通史》中认为："是时华人之在南洋者已数百万，多遭异族苛待，而清政府不能保之，且以为叛民，任其杀虐，破家荡产，莫可吁诉。故延平有征伐吕宋之举……镇抚华侨，用张国力。"[①] 虽然马尼拉的西班牙当局严词拒绝了郑成功的要求[②]，并以外通郑氏为名再次屠杀华商[③]，但也表达了双方之间的相互依赖关系，因而后来西班牙还是向郑经纳贡桅舵。[④]由此可见，在竞逐海上的时代，传统的儒家思想并不是仗剑经商的障碍。

郑氏集团建立了一整套包括税收、组织和金融制度来管理和支持商人，面对不断变化的外部环境灵活使用不同的贸易策略以保护和争取商业利益，其强大水师为这一切的实施提供了有力的保障，并在一定程度上直接参与商业利益的争取和保护——正是这一切造就了郑氏集团在远东水域的贸易主导权和制海权，并使一直锐不可当的西方国家在全球范围内的扩张遭遇重大挫折。

① 连横. 台湾通史. 见：周宪文等编. 台湾文献丛刊第 128 种. 台北：台湾银行经济研究室，1957—1972.
② 马尼拉给郑成功的回复书函见：程大学译. 巴达维亚城日记（第三册）. 台中：台湾文献委员会出版，1990：415—416.
③ 林仁川. 明末清初私人海上贸易. 上海：华东师范大学出版社，1987：464.
④ 江日升. 台湾外纪（卷六、卷十）. 见：周宪文等编. 台湾文献丛刊第 60 种. 台北：台湾银行经济研究室，1957—1972.

第三章 相似与不同：郑氏集团官商关系与西欧和明清的比较

郑氏集团为商人提供了经济、政治和军事方面的支持。郑氏集团的官员以出资、借贷或直接经营等方式参与贸易活动，因而他们又同时是商人；而郑氏集团的商人可以由其出色的经营活动成为官员。除此之外，其商人和士兵之间的身份也相互重叠，和平时期为商，战争期间为兵。这样一种独特的官商关系与当时的明清和西欧有什么相似和不同？这种相似和不同又有什么意义？要进行比较，我们首先要了解明清和西欧的官商关系，但如前文所述，尽管人们已经做了大量的研究，但学界尚无定论。因此本章首先回到历史，重新检视明清和西欧的官商关系。

第一节 明清中国的官商关系：理论与实际

一、"抑商"理论

主流的观点认为明清乃至整个传统中国社会的官商关系是"抑商"。"抑商"的理论产生于战国时期一场关于商人和商业作用的讨论。在这次讨论中，法家是"抑商"最积极的支持者，从早期的商鞅到后来的韩非，他们以富国强兵为目标，提出了"重农抑商"的强国理论。

商鞅认为，国家之富在于农业，国家之强在于军事，因而使人民集中于农战是国家实现富强的根本。要实现这一点，他认为"圣人之治国，作一，专之于农而已矣"①，"一之农，然后国家可富，而民力可专也"②，"归心于农，则民朴而可正也，纷纷则易使也，……可以守战也"③。因此，商鞅建立起以"重农"为核心的强国战略。而为实现"重农"，商鞅认为还应该抑制商人和工商业。他的理由有两点：其一，从农民看，农民从事农业很辛苦，与工商业相比得到的收益却很小，因此农民会不专心于农业；④其二，从商人看，"国有事，则学民恶法，商民善化，技艺之民不用，故其国易破也"⑤，因而应该抑制工商业。其主要的措施是：第一，规定"不以农战、则无官爵"，以此提高农民的政治地位⑥；第二，提高粮食价格，禁止商人买卖粮食，加重对工商业者的税收和徭役，使其无利可图而务农。⑦与商鞅相呼应，管子也提出了抑商的主张，他认为商人控制市场，盘剥农民并与君主争利⑧，并将人民按士、农、工、商划分为四类。⑨如果说商鞅和管子主要是在政策上抑制商人的发展，那么韩非则将"抑商"发展到使商人"名卑"。首先，他明确了农为"本"，工商为"末"，主张重本而抑末；其次，将工商业者列为"五蠹"，"其商工之民，修治苦窳之器，聚弗靡之财，蓄积待时而侔农夫之利。此五者，邦之蠹也。人主不除此五蠹之民，不养耿介之士，则海内虽有破亡之国，削灭之朝，亦勿怪矣"⑩。与法家相比，儒家的观点看上去比较含糊。孟子和荀子等都承认商人使获取所需的物资更加便利。⑪但同时他们都看到了商人的另

---

① 高亨. 商君书注译（全四册）. 北京：中华书局，1974：84.
② 同上，75.
③ 同上，74.
④ 高亨. 商君书注译（全四册）. 北京：中华书局，1974：469.
⑤ 同上，73.
⑥ 同上，57.
⑦ 同上，469.
⑧ 李山译注. 管子. 北京：中华书局，2009：344.
⑨ 同上，129.
⑩ 陈秉才译注. 韩非子. 北京：中华书局，2007：274.
⑪ ［美］陈锦江. 清末现代企业与官商关系. 王笛、张箭译. 北京：中国社会科学出版社，2010：16.

一面，如孟子担心商人因过于膨胀而逾越其商人的角色[①]，荀子也轻视那种"为事利，争货财，无辞让，果敢而振，猛贪而戾，牟牟然惟利之见"的"贾盗之勇"，并认为"省工贾，众农夫"以富国。[②]

"重农抑商"在西汉逐渐被制度化，并且与儒家"重义贱利"的义利观结合，逐渐上升为国家的主流意识形态，并为后世的历代王朝所继承。"抑商"体现到具体的政策上主要包含两个方面的内容：第一，剥夺商人的某些政治权利，贬低商人的社会地位即"贱商"；第二、对商人征收重税。至于传统学者[③]所认为的"抑商"制度如禁榷制度[④]、常平法[⑤]、均输法[⑥]，本文认为虽然这些做法在一定程度上抑制了私商的发展，但政府的主要目的是获取收入和稳定市场，而且其本身也是商业的一部分。[⑦]而政府或官员对商人财产的剥夺或勒索，虽然也对商人和商业造成了伤害，但其并不是一项长期、合法的政策或制度，因此也不包括在本文所说的"抑商"政策之内。另外，明清两朝都曾不同程度地实行过海禁政策，而这一政策通常也被认为是"抑商"的重要内容。[⑧]接下来，本书将从"贱商"、重税和海禁三个层面观察中国历史上的官商关系变化，并分

---

① ［美］陈锦江. 清末现代企业与官商关系. 王笛、张箭译. 北京：中国社会科学出版社，2010：16.

② 章诗同. 荀子简注. 上海：上海人民出版社，1974：27、129.

③ 傅筑夫. 中国经济史论丛（续集）. 北京：人民出版社，1988：619；曾兆祥. 中国封建社会的轻商思想和抑商政策. 北京：中国商业出版社，1983：77—99.

④ 即商品的政府专卖制度，比如盐、铁等。

⑤ 即由政府通过物资的收购和供应以稳定市场物价。

⑥ 即将政府的地方贡赋直接在地区间进行贩卖。

⑦ 更详细的论述见：阎守诚. 重农抑商试析. 历史研究，1988(4)：140—144；虽然笔者同意作者关于"禁榷制度"等不应该属于"抑商"政策的观点，但并不认同作者关于"抑商"的本质是使从商者回到农业的观点。因为除了上述理由商人的投机性和流动性所造成的政治不稳定也是重要原因。见本文关于商鞅的观点和［美］陈锦江. 清末现代企业与官商关系. 王笛、张箭译. 北京：中国社会科学出版社，2010：18.

⑧ 王兴亚. 明代抑商政策对中国经济发展的影响. 郑州大学学报（哲学社会科学版），2002(1)：126；张明富. 抑商与通商：明太祖朱元璋的商业政策. 东北师大学报（哲学社会科学版），2001(1)：28；陈尚胜. "怀夷"与"抑商"：明代海洋力量兴衰研究. 济南：山东人民出版社，1997：188—221；于少海. 明代重农抑商政策的演变. 东华理工学院学报（社会科学版），2004(1)：40.

析官商关系的实际运行与理论之间的差距，最后从官商关系的实际总结明清中国官商关系的特点。

二、"抑商"实际

（一）贱商？

秦始皇施行"谪戍"政策，将商人以及商人的后代像罪犯一样发配到边远的地区。而西汉除了继承这一制度外，还增加了一系列的规定以贬低商人的社会地位。比如，"贾人毋得衣锦绣绮縠絺纻罽，操兵，乘骑马"；"贾人不得衣丝乘车，重租税以困辱之……市井之孙不得仕宦为吏"；"贾人有市籍者，及其家属，皆无得籍名田。以便农，敢犯令，没入田僮"。[①]魏晋南北朝时，"晋令曰，侩卖者，皆当着巾，自贴额，题所侩卖者及姓名，一足着白履，一足着黑履"[②]。而到了唐代，这种贱商的制度规定仍然延续。如唐太宗曾说："设此官员，以待贤士。工商杂色之流，假令术逾铸类，正为厚给财物，必不可超授官秩，与朝贤君子比肩而立同坐而食。"[③]高宗时则效仿刘邦，"禁工商不得乘马"，只准穿白衣，不准着黄，等等。[④]

明清两朝，也强调重本抑末，通过贱商使商人回归农业。早在1366年，朱元璋在与刘基的一次对话中称："今日之计，当定赋以节用，则民力可以不困；崇本而祛末，则国计可以恒舒。"[⑤]1385年，朱元璋重申了先秦时期关于商业等末业发展所带来的不利影响，并得出要禁商的结论。他说："先王之世，野无不耕之民，室无不蚕之女，水旱无虞，饥寒不至。自什一之途开，奇巧之技作，而后农桑之业废。一农执末而百家待食，一女事织而百夫待之，欲

---

① 《史记·秦始皇本纪》、《汉书·高帝纪下》、《史记·平准书》. 转引自：傅筑夫. 中国经济史论丛（续集）. 北京：人民出版社，1988：618.
② 《太平御览》卷八二八. 转引自：阎守诚. 重农抑商试析. 历史研究，1988(4)：141.
③ 《旧唐书·曹确传》. 转引自：丁孝智. 中国封建社会抑商政策考辨. 社会科学战线，1997(1)：196.
④ 同上.
⑤ 《明太祖实录》卷二十. 转引自：王兴亚. 明代抑商政策对中国经济发展的影响. 郑州大学学报（哲学社会科学版），2002(1)：125.

人无贫，得乎？朕思足食在于禁末作。"①除此之外，朱元璋还认为商人"平时射利，高价以售，其弊百端，为害滋甚"②。因此，1387年《大明会典》规定："农家许着绸纱绢布，商贾之家，止许着绢布。如农民之家，但有一人为商贾者，亦不许穿细纱"③；1389年朱元璋下令："做买卖发边远充军"；1391年，严令："若有不务耕种，专事末作者，是为游民，则逮捕之。"④正德元年（1505年）"禁商贩、仆役、倡优、下贱不许服用貂裘"，后又规定"商贾、技艺家器皿不许用银。"⑤1724年雍正谕各省督抚曰："四民以士为首，农次之，工商其下也。农民劳作苦，以供租赋，养妻子，其敦庞淳朴之行，岂惟工商不逮，亦非不肖示人所能及。遂令州县举荐勤劳简朴之劳动，授以八品顶戴以示鼓励。"⑥

可以说自战国以降，在官方的意识形态中，商人的社会地位极其卑贱。除了官方的法律和态度，这种贱商的思想还反映在一些民间著述中。陆游在《放翁家训》中告诫子女"切不可迫于衣食，为市井小人事耳"，并"欲使之为士，而不欲使之流为工商"⑦。而在文学作品中，商人也往往是作者批判的对象。他们批判商人的理由主要基于两点⑧：一是商人唯利是图、通过损人来利己。比如白居易的《盐商妇》，"每年盐利入官时，少入官家多入私。官家利薄私家厚，盐铁尚

---

① 《明太祖实录》卷二十. 转引自：王兴亚. 明代抑商政策对中国经济发展的影响. 郑州大学学报（哲学社会科学版），2002(1)：27.

② 余继登.《典故纪闻》. 转引自：王兴亚. 明代抑商政策对中国经济发展的影响. 郑州大学学报（哲学社会科学版），2002(1)：126.

③ 《大明会典》卷二转引自：王兴亚. 明代抑商政策对中国经济发展的影响. 郑州大学学报（哲学社会科学版），2002(1)：126.

④ 顾起元.《客座赘语》卷10、《明太相实录》卷208. 转引自：韦庆远. 明中叶从抑商到恤商、惠商的政策转变. 见：韦庆远. 明清史续析. 广州：广东人民出版社，2006：123.

⑤ 张廷玉.《明史》. 转引自：王兴亚. 明代抑商政策对中国经济发展的影响. 郑州大学学报（哲学社会科学版），2002(1)：126.

⑥ 王孝通. 中国商业史. 上海：上海书店出版社，1984：187.

⑦ 周晓琳. 重本抑末写批判商贾——中国古代文学商人形象研究之一. 四川师范学院学报（哲学社会科学版），1993(2)：16.

⑧ 这是周晓琳在《重本抑末写批判商贾——中国古代文学商人形象研究之一》的观点，详细的论述见：周晓琳. 重本抑末写批判商贾——中国古代文学商人形象研究之一. 四川师范学院学报（哲学社会科学版），1993(2)：15—19.

书远不知”，《太平广记》中关于粮商为获暴利而求神一个月不下雨，再如《金瓶梅》中西门庆的各种敛财手段；二是商人重利而不重义。如宋代江开的《商妇怨》："嫁郎如未嫁，长是凄凉夜。情少利心多，郎如年少何？"再如明朝冯梦龙《杜十娘怒沉百宝箱》中的新安盐商孙富"破人姻缘，断人恩爱"。

通过以上论述，我们发现传统中国的官方通过各种法律条文规定了商人的政治权利，并规定他们的后人不得为官，商人有时甚至没有人身自由，被当作犯人发配戍边，另外对商人的生活方式也进行了严格的限制，如不得穿丝绸、骑马乘车和拥有土地。虽然传统中国的各个时期，官方都不同程度地对上述规定进行了强调，但正如余英时对汉代的考察得出结论称，汉代通过法律、规则和国家垄断来体现的反商政策远比实际情况明显，而且法律本身刚一制定即变得通融。[1] 杨联陞也认为汉代是否真正采用压制商人的政策是值得讨论的。因而，"读史者当就各时代分别观之，始能得其真象"[2]。

1. 从"市籍者不得宦"到"士商渗透"

工商从业者及其子弟不得入仕的规定一直持续到隋唐、辽代，而到宋代这一规定变得宽松了。虽然规定"凡命士应举，……不许……工商异类之徒"[3]，但在太宗淳化三年（992），已有"工商杂类人内有异才异行，卓然不群者，亦许解送"。北宋末年的宰相李邦彦即以工商出身由科举而入仕。[4] 金元时期对商人入仕并无限制。到明朝，大明律规定禁止公、侯、伯、四品和四品以上官员以及他们的家属仆人经商。陈锦江据此反推得出四品以下可以经商的结论。万历年间，明政府专为两淮、两浙的盐商设立了商籍，以方便在外的盐商及其子弟参加科

① Yü Ying-Shih. Trade and Expansion in Han China: A Study in the Structure of Sino-Barbarian Economic Relations. 转引自：［美］陈锦江. 清末现代企业与官商关系. 王笛，张箭译. 北京：中国社会科学出版社，2010：20.

② 杨联陞. 传统中国政府对城市商人的控制. 见：于宗先等. 中国经济发展史论文选集（下册）. 台北：联经出版事业公司，1980：1027、1032.

③《宋史·选举志》. 转引自：常大群. 宋代商人的社会地位. 社会科学辑刊，2001(3)：114.

④《宋会要辑稿·选举》. 转引自：姚瀛艇. 宋代文化史. 开封：河南大学出版社，1992：106.

举，而不用返回原籍，朝廷在行盐府、州、县学为他们特设官学学额，并准其参加当地的科举考试。①到了清朝，设立商籍的地区进一步扩大到山东、山西、陕西、广东、天津、宁夏等地。②虽然获得商籍有必须是行盐执引者、在别省行商、其亲子弟侄不能回籍应试等条件，但大量不符合商籍的人，通过各种途径而以商籍冒考。③明清政府为在外地经营的盐商设商籍而方便其科举，从另一个侧面也反映出，以商人的身份参加科举在两朝已无限制。据《两淮盐法志·科举制》载，明代两淮共取进士 137 名，内徽、陕、晋籍 106 名；共取举人 286 名，内徽、陕、晋籍 213 名；均占 70% 以上，盖皆商人子弟。④除了科举，商人还有另外一条入仕的途径：捐纳。即商人可以花钱购买某些头衔和职位。商人除了能得到头衔、官职以获取某些政治资源外，有时还可以获得国家给予的商业政策优惠。⑤这种制度始于明景泰年间，而清朝将其发展得相当完备，成为清政府财政的重要来源。而正是基于此，清政府不必重商税，从而使商人受益。⑥

除了商人入仕的限制减少，商人作为一种职业也受到越来越多儒生的青睐，明朝中后期士人"弃儒从商"之风盛行。清人沈垚对宋元之后的士商关系有过精彩的论述：

> 宋太祖乃尽收天下之利劝归于官，于是士大夫始必兼农桑之业，方得赡家，一切与古异矣。仕者既与小民争利，未仕者又必先有农桑之业方得给朝夕，以专事进取。于是货殖之事益急，商贾之事益重。非父兄先营事业于前，子弟即无由读书以致身通显。是故古者四民分，后世四民不分，古者士之子恒为士，后世

---

① 许敏. 明代商人户籍问题初探. 中国经济史研究，1998(3)：116—127.
② 许敏. 试论清代前期铺商户籍问题——兼论清代"商籍". 中国史研究，2000(3)：145.
③ 刘希伟. 清代科举考试中的"商籍"考论——一种制度史的视野. 清史研究，2010(3)：88.
④ 吴承明. 中国的现代化：市场与社会. 北京：生活·读书·新知三联书店，2001：36.
⑤ 梁柏力. 被误解的中国：看明清时代和今天. 北京：中信出版社，2010：60.
⑥ 杨联陞. 传统中国政府对城市商人的控制. 见：于宗先等. 中国经济发展史论文选集（下册）. 台北：联经出版事业公司，1980：1036.

商之子方能为士。此宋、元、明以来变迁之大较也。①

为什么位列四民之首的士民转而经营"贱业"呢？主要有 4 点原因②：其一，明清中国的人口激增，而科举名额并未增加，因而科举考试的竞争日益激烈；其二，生活费用上升导致科举的经济成本提高，因此从备考到赶考需要一定的经济基础，从这一点上看商人科举具有一定的经济优势；其三，商人的成功对士子的吸引力，"士而成功也十之一，贾而成功也十之九"；其四，捐纳制度使科举不是唯一的入仕途径，降低了科举对士子的吸引力。15、16 世纪以来的明清两朝，士和商之间的界限变得模糊了，一方面儒生"弃儒从商"，另一方面，商人通过财富也加入了士的行列。③除了儒生，明清的官员也在商业厚利的吸引之下经营商业，虽然明朝政府规定"食禄之家禁不得牟商利，违者论死"，但明朝的几任内阁首辅如严嵩、徐阶等都经营着大量的生意。④

2. 从"贵贱有等"到"僭越违式"

汉代以来，各朝都以礼制建立"贵贱有等"的社会秩序。为从形式上区分作为"贱民"的商人，各朝除了限制其政治权利外，还对其经济和生活方式进行了规定。如商人不得拥有土地、不得穿丝绸、骑马乘车等。明朝建立后，依汉制也建立了这样一种社会秩序，"尊卑贵贱各安其位"，比如，规定"农家许着绸纱绢布，商贾之家，止许着绢布。如农民之家，但有一人为商贾者，亦不许穿细纱"。

正如杨联陞评论汉代"贱商"制度时所称富裕的商人很容易放弃其商人登记的身份而成为地主，并继续经营商业；至于生活方式的规

① 余英时. 余英时文集第三卷：儒家伦理与商人精神. 桂林：广西师范大学出版社，2004：292.

② 张海英. 明中叶以后"士商渗透"的制度环境——以政府的政策变化为视角. 中国经济史研究，2005(4)：136—139；余英时. 余英时文集第三卷：儒家伦理与商人精神. 桂林：广西师范大学出版社，2004：305.

③ 余英时. 余英时文集第三卷：儒家伦理与商人精神. 桂林：广西师范大学出版社，2004：166.

④ 王燕玲. "抑商"思想与明清官僚经商. 云南社会科学，2005(3)：114.

定，即使是在高祖时期也没有被认真执行过。这样的评论同样适用于明清。明朝中后期，随着经济发展，社会风气开始趋向奢靡，商人因其财富而引领风尚，对上述规定的僭越就在所难免了。据《万历江都县志》记载："其在今日，则四方商贾陈肆其间，易操什一起富；富者辄饰宫室，蓄姬媵，盛仆御，饮食佩服与王者埒。妇人无事，局恒修冶容，斗巧妆，绍镂金玉为首饰，杂以明珠翠羽，被服绣袿，衣皆纯彩，其侈丽极矣。此皆什九商贾之家。"①北方商业发展较江南缓慢，但据嘉靖《冀州志》记载："虽卑贱暴富，俱并齿衣冠，置之上列。"②商人们由于获得的财富从而使社会的贵贱秩序濒于崩溃。

3. 从"重农抑商"到"工商皆本"

政府限制商人的放松和商人的地位提高除了表现在制度层面，在当时的思想层面上也有反映，而这些新思想对传统的"重农抑商"理论产生了巨大的冲击。宋代陈亮认为："商籍农而立，农赖商而行，求以相辅，而非求以相病。"叶适也认为："夫四民交致其用，而后治化兴，抑末厚本非正论也。"③自宋代起，就开始了对商人商业以及其与农业关系的重新认识，陈亮和叶适否定了汉代以来的商业发展对农业造成伤害的观点，从而认为两者是相互依赖的关系。

到了明代，随着经济的进一步发展，尤其是自明代中后期，西方东来，全球市场形成，商帮的兴起和市镇的繁荣，商人的社会地位提高，从而对传统的"抑商"理论形成了更大的挑战。明代中期之后最大的思想流派"心学"从其创始人王守仁始，就对传统的"抑商"理论发表了不同的看法。王守仁认为士农工商四民没有高低贵贱之分："古者四民异业而同道，其尽心焉，一也。士以修治，农以具养，工以利器，商以通货，各就其资之所近，力之所及者而业焉，以求尽心。"何心隐则认为"商贾大于农工，士大于商贾"；王艮的弟子王

---

① 《万历江都县志》. 转引自：徐泓. 明代社会风气的变迁——以江、浙地区为例. 见："中央研究院"第二届国际汉学会议论文集编辑委员会. 第二届国际汉学会议论文集·明清与近代史组. 台北："中央研究院"，1989：145—146.
② 韩大成. 明代社会经济初探. 北京：人民出版社，1986：303.
③ 姚瀛艇. 宋代文化史. 开封：河南大学出版社，1992：560.

栋则说："自古农工商贾虽不同，然人人皆可共学。"①而作为儒士代表的东林党赵南星也认为："士、农、工、商，生人之本业。……岂必仕进而后称贤乎？"②这里赵南星也将四业并称为本业，而且认为读书入仕并非唯一称贤的路径。之后，黄宗羲进一步认为，"世儒不察，以工商为末，妄议抑之。夫工固圣王之所欲来，商又使其愿出于途者，盖皆本也"，从而提出了"工商皆本"的思想。③作为商人的汪道昆通过反问"贾何负闳儒？……贾何负于农？"以表达自己作为商人的自信。④而李贽则直接为商人辩护："商贾亦何鄙之有？挟数万之赀，经风涛之险，受辱于官吏，忍垢于市易，辛勤万状，所挟者重，所得者末。然必交结于卿大夫之门，然后可以收其利而远其害，安能傲然而坐于公卿大夫之上哉？"⑤

由商人引领的晚明的奢靡风尚一直受到时人的谴责，而松江人陆楫却认为奢靡的风气可以鼓励消费，从而创造产品的需求，进而带动商品的生产和贩运，促进经济发展。以下是陆楫的论述：

> 论治者类欲禁奢，以为财节则民可与富也。噫！先正有言：天地生财，止有此数。彼有所损，则此有所益，吾未见奢之足以贫天下也。自一人言之，一人俭则一人或可免于贫；自一家言之，一家俭则一家或可免于贫。至于统论天下之势则不然。治天下者将欲使一家一人富乎？抑亦均天下而富之乎？予每博观天下之势，大抵其地奢则其民必易为生；其地俭则其民必不易为生者也。何者？势使然也。今天下之财赋在吴、越，吴俗之奢莫盛于苏、杭之民。……盖俗奢而逐末者众也。只以苏、杭之湖山言之，其居人按时而游，游必画舫、肩舆，珍馐良酝，歌舞而

① 高建立. 明清之际士商关系问题研究. 江汉论坛，2007(2)：59.
② 林丽月. 试论明清之际商业思想的几个问题. 见："中央研究院". 近代中国初期历史研讨会论文集（上册）. 台北："中央研究院"近代史研究所，1989：719.
③ 同上，718.
④ 余英时. 余英时文集第三卷：儒家伦理与商人精神. 桂林：广西师范大学出版社，2004：299、329.
⑤ 林仁川. 明末清初私人海上贸易. 上海：华东师范大学出版社，1987：407.

行，可谓奢矣。而不知舆夫、舟子、歌童、舞妓，仰湖山而待爨者不知其几。故曰：彼有所损，则此有所益。若使倾财而委之沟壑，则奢可禁。不知所谓奢者不过富商大贾、豪家巨族自侈其宫室车马饮食衣服之奉而已；彼以粱肉奢，则耕者庖者分其利；彼以纨绮奢，则鬻者织者分其利。正孟子所谓通功易事、羡补不足者也。……若今宁、绍、金、衢之俗，最号为俭，俭则宜其民之富也。而彼郡之民至不能自给。……要之，先富而后奢，先贫而后俭。奢俭之风起于俗之贫富。……或曰：不然。苏杭之境为天下南北之要冲，四方辐辏，百货毕集，故其民赖以市易为主，非其俗之奢故也。噫！是有见于市易之利，而不知所以市易者正起于奢。使其相率而为俭，则逐末者归农矣，宁复以市易相高耶。……然则吴、越之易为生者，其大要在俗奢，市易之利，特因而济之耳，固不专恃乎此也。长民者因俗以为治，则上不禁而下不扰，欲徒禁奢可乎？呜呼！此可与智者道也。

虽然崇奢论在当时的影响并不确定，但他的观点一样具有重要的意义。首先，这一理论完全脱离已有的儒家思想体系，是经过对现实的分析得出的；其次，这一理论也被同时代的人所接受并流传下来，并影响了乾隆对奢靡的认识。[①]另外，虽然历来的文学作品中，商人总是以负面的形象出现，但现实中商人往往受儒家伦理的约束，明清大量的商书和经商手册都要求商人"诚实无欺，重恩守信"，"重信义，守然诺，不刻剥"；强调"君子之财，取之有道"；强调"洁身自好，不贪图奢侈享受"。由此明清以来的商业秩序也是由儒家的"仁、义、礼、智、信"来维护的。[②]

① 余英时. 余英时文集第三卷：儒家伦理与商人精神. 桂林：广西师范大学出版社，2004：183—188.

② 张海英. 明清社会变迁与商人意识形态——以明清商书为中心. 见：樊树志. 古代中国：传统与变革（复旦史学集刊第1辑）. 上海：复旦大学出版社，2005：145—165；王燕玲. 儒家传统文化与中国的官商关系——以明清为透视点. 云南民族大学学报（哲学社会科学版），2004(5)：113—117.

（二）重税?

"抑商"的另一个内容是对商人和商业收取重税。政府也对农民征税，因此征税本身并不代表抑商，而要通过比较才能看出政府征税的倾向性。按照商鞅等人的理论，抑商的一个目的是使商人无利可图而务农，使农民不会因经商更容易获利而放弃耕种。假设不考虑前述政治权利和社会地位方面的制度和措施，务农和经商可以获得相同的潜在收入，那么要用税收的政策实现这一目的至少要使商人和农民的税负率相等。这样起码保证，现有的农民不会转向商业。但是如果我们考虑商鞅等人所认为的经商的潜在收入要大于务农，那么商人的税负就要高于农民才能达到"抑商"的目的。虽然商人的税负高出农民多少才能起到"抑商"的作用并不确定，但如果商人的税负低于农民，显然通过税收，起不到"抑商"的作用。

西汉初年，政府对商人"重租税以困辱之"。比如商人的算赋①比一般百姓增加一倍②。对财产在3万钱以上者征收财产税，一般人税率为1.2%，商人为2%；汉武帝时期，对商人、高利贷者、囤积居奇者的税率提高到6%，手工业作坊主和金属冶炼者税率为3%。③虽然此后杂税的征收范围越来越广，如车税、船税、渔业税等，而且税率也在上升，但这些税收的征收对象不仅是商人，而且征税的目的也不完全是限制商人，更多的是出于获得收入。而且期间汉朝政府还不时出台"弛商贾之律"，如高后时期，允许商人自由通行，自由采购、买卖山泽资源等。④

隋唐初期工商税较少，盐酒、矿冶、关市均不征税。唐德宗建中元年（780），实行两税法，按资产征收户税和地税，户税规定商人纳税税率为30税1，和农民的税负大体一致。⑤而商人如果没有土地则不用缴纳地税，虽然此后工商杂税不断增多，但显然并不是为了抑

---

① 算赋实行于公元前203年，规定15—56岁的成年男女每人每年向国家交120钱，成为一算。作为战备基金，购置车马兵器。之后每算的钱数有所变化。
② 张守军. 中国古代的赋税与劳役. 北京：商务印书馆，1998：67.
③ 同上，68.
④ 同上，68—71.
⑤ 同上，40—43.

89

制商人而使其转向从事农业。宋朝的商税主要分为过税和住税，过税税率为商人贩运货物货价的 2%，住税税率为商人在住地出售货价的 3%，而宋朝对民田仅正赋就征收 10%。[1]元代的商税税率为 30 而 1，即约为 3.3%，后又改为 20 而 1，约 5%，而在偏僻和边缘地区甚至实行 60 而 1，约为 1.6%，另外元代的税收还包括各种杂税。元代的农民税负则包括丁税、地税、科差和田赋附加，虽然无法计算具体的税负率，但应该不会比商人税负更轻。[2]

明初朱元璋将商人开市的税收由 10 而 1 降低为 30 而 1，规定某些商品可以免税，"凡婚丧用物及舟车丝帛之类免税，又蔬果饮食畜牧诸物免税"。明成祖又将免税的范围扩大，时节礼物、自织布帛、收买已税之物、铜锡器物、竹木蒲草器物及常用杂物均一概免税。[3]永乐之后商税的数目和种类都逐渐增加，主要包括钞关税、商税和门摊税。钞关税的税率一般为 0.2%—3%，商税 3%—1%。虽然税率很低，但都存在重复征收的问题。[4]明初的农民田赋税率为约为 5.94%。[5]虽然单从税率的角度并不能反映出商人和农民的全部税负，但通过比较可以看出，两者的税率相差并不大，基本上符合历来 30 而 1 的税率标准。清代前期，从中央到地方有大量的商税优惠政策，此时的主要商税关税针对不同的商品税率最低为 0.085%，最高为 6.7%[6]，而且实际税率变动不大[7]。而清乾隆时期的农民田赋税率为 4.93%。[8]除了征收不高的税率外，明清的一些税收改革也有利于工商业的发展。如嘉靖八年，废除了轮班匠，结束了工匠的徭役制度；万

---

① 张守军. 中国古代的赋税与劳役. 北京：商务印书馆，1998：75、45.
② 张守军. 中国古代的赋税与劳役. 北京：商务印书馆，1998：76、52.
③ 王孝通. 中国商业史. 上海：上海书店出版社，1984：161、166.
④ ［美］黄仁宇. 十六世纪明代中国之财政与税收. 阿风等译. 北京：生活·读书·新知三联书店，2001：300—311.
⑤ 中华人民共和国财政部《中国农民负担史》编辑委员会. 中国农民负担史（第一卷）. 北京：中国财政经济出版社，1991：655.
⑥ 邓亦兵. 清代前期抑商问题新探. 首都师范大学学报（社会科学版），2004(4)：7.
⑦ 许檀，经君健. 清代前期商税问题新探. 中国经济史研究，1990(2)：94—97.
⑧ 中华人民共和国财政部《中国农民负担史》编辑委员会. 中国农民负担史（第一卷）. 北京：中国财政经济出版社，1991：756.

历九年的"一条鞭法"，将部分劳役负担转移到了土地上，从而减轻了商人的税负，改交货币税也在一定程度上促进了商业的发展；清雍正的"摊丁入亩"，将所有的劳役负担都转移到了土地上，进一步减轻了无地或少地的工商业者的负担。①

以上的工商税收政策概括了主要朝代大部分时间里商人的税负情况，但这并不是税收政策的全部。在王朝的特殊时期，如受到军事威胁时和王朝的末期，工商税收的政策往往发生剧烈的变动。如汉武帝对大商人征收 6% 的财产税；②唐安史之乱时对江淮、蜀汉大商人的资产征收 20% 的"率货"；北宋 1122 年因方腊起义在原来商税的基础上每贯再征 20 文，称为经制钱，靖康元年（1126）又征经制钱并且每贯增加至 100 文。而各个朝代的末期更是用尽各种办法收税和盘剥商人。这些政策的结果的确使当时的工商业和商人受到一定程度的伤害，但也从客观上证明政府对商人的态度是利用以获取收入，而不是抑制以使其回归农业，而且这些掠夺性的政策并非单独针对商人，农民在这些时期也没有幸免。虽然很多明清皇帝和官员都认为，"商税者，国家抑逐末之民，岂以为利（永乐）"，"盖取商贾之纤微，以资军国之需，重本抑末之意，亦行乎其间（顺治官员）"，"关之有征，以抑末崇本，示重农也（康熙朝官员）"，"国家设关榷税，……凡以崇本抑末，……由来已久（乾隆）"③，但从上文关于明清商税并不比农业税重的事实看，"抑商"更多的时候只是为政府提供了一个征税的合理理由。

（三）海禁？

明清两朝都曾施行过海禁政策，即禁止本国商民出海，也禁止外国商人私自来沿海贸易。作为对外贸易方面的重要政策，"海禁"，反映了政府与商人之间的关系，而且有学者认为之所以"海禁"，是

---

① 赵可尧. 重农抑商辩. 复旦学报（社会科学版），1983(3)：104.
② 王孝通. 中国商业史. 上海：上海书店出版社，1984：69、74、76.
③ 邓亦兵. 清代前期抑商问题新探. 首都师范大学学报（社会科学版），2004(4)：2.

"重农抑商"在对外贸易方面的反映。[1]

　　明初朱元璋在对外关系方面确立了朝贡和海禁两项制度。从洪武四年（1371）十二月始，朱元璋多次颁布禁海令，"禁濒海民不得私出海"。其后又将这一政策作为法律写进了《大明律》，从而作为一项重要的对外贸易政策被固定下来。[2]从时间上看，这一海禁政策时紧时松，比如从洪武年间到嘉靖年间以禁为主，而到了隆庆年间开放了月港，并通过发放船引和征收饷税管理对外贸易。1644年清军入关，为了封锁沿海反清势力的经济来源，于是实行了海禁，期间多次施行严厉的迁海政策。1683年康熙收复台湾后，次年开放闽、粤、浙、江四关开展对外贸易。1717年康熙出于安全的考虑下令禁止南洋贸易，此后于1727年雍正恢复南洋贸易，乾隆时期再次禁止。在此期间，清政府对出海船只丈尺和出口商品设置了种种限制。1757年，乾隆宣布西洋商人只准在广州贸易。[3]从官方的政策沿革和对应的当时的政治环境看，维护国防安全是实施海禁的重要因素，如洪武之张士诚旧部，嘉靖之倭寇，清初之反清势力，康熙后期至1757年之南明抵抗人士，英国对中国沿海的骚扰等。通过对这些涉及对外贸易的问题的处理，明清政府逐渐认识到了海外贸易所带来的经济收益，并制定了相应的制度来管理海外贸易，虽然对对外贸易有许多的限制，但限制的背后并不是抑制商人，后来清政府反而将对外贸易委托给了商人管理。

　　如果换个角度从从事海外贸易的商人看，因为海禁其海外贸易经营受到了很大的限制，但明中期之后的海外贸易发展又显示出海禁的效果并不理想。而且海禁带来的另一个后果，是对外贸易商人不用承担任何税负。而从中央和地方的角度看，地方政府的官员也通过直接参与和接受商人的贿赂等方式，从海禁时期的海外贸易中获得利益。在闽浙"势豪之家"的支持下，嘉靖年间开始了一场关于"海禁"和

① 陈尚胜. "怀夷"与"抑商"：明代海洋力量兴衰研究. 济南：山东人民出版社，1997：202.

② 王守稼. 明代海外贸易政策研究——兼评海禁与弛禁之争. 史林，1986(3). 43.

③ 史志宏. 明及清前期保守主义的海外贸易政策. 中国经济史研究，2004(2)：33—41.

"弛禁"的争论①。隆庆年间开放月港正是这一争论的结果。由此可见，明清对外贸易政策的沿革是多方利益博弈的结果，博弈的结果有时表现为"海禁"，有时表现为"开海"。而这样的结果很难说哪一方一定受益。明末沈德符分析"海禁"时说："我朝书生辈，不知军国大计，动云禁绝通番，以杜寇患。不知闽、广大家，正利官府之禁，为私占之地。如嘉靖间，闽、浙遭侵祸，皆起于豪右之潜通岛夷。"②康熙也有类似的看法："向虽严海禁，其私自贸易者，何尝断绝？凡议海上贸易不可行者，皆总督巡抚自图射利故也。"③

综上所述，明清以来商人的社会地位显著提高，士商之间的界限变得模糊。政府对商人的税收也并不比农民高，私人对外贸易也被纳入政府的管理范围，官商关系也逐渐由"抑商"转向利用商人。对商人的利用，一方面表现在对工商业税的征收，而更重要的是，政府逐渐从对经济的直接控制中退出，转而利用商人，以达到目标。政府的专卖制度并非由国家经营而是委托给商人④，政府实行了"开中制"，利用商人的力量解决边镇粮饷；另外政府还通过"发商生息"的方法让商人帮助理财⑤；清政府利用十三行商人管理对外贸易等；即使是政府最基层的衙门，其日常运行也需要向商人采购。⑥政府从对经济的直接控制中退出后也并非无所作为，它建立了一系列制度对经济进行管理和维护市场的正常运行。比如，利用牙行登录物价和管理市场秩序⑦；建立粮食的储备系统，平抑物价波动、以出借和赈济的形式

①　王守稼. 明代海外贸易政策研究——兼评海禁与弛禁之争. 史林，1986(3). 40—50.
②　谢国桢. 明代社会经济史料选编（中）. 福州：福建人民出版社，1981：123.
③　《清圣祖实录》卷116. 转引自：刘凤云. 清康熙朝的禁海、开海与禁止南洋贸易. 见：故宫博物馆、国家清史编纂委员会. 故宫博物院八十华诞暨国际清史学术研讨会论文集. 北京：紫禁城出版社，2006.
④　［英］崔瑞德，［美］牟复礼. 剑桥中国明代史：1368—1644 年（下卷）. 杨品泉等译. 北京：中国社会科学出版社，2006：645—650.
⑤　杨联陞. 传统中国政府对城市商人的控制. 见：于宗先等. 中国经济发展史论文选集（下册）. 台北：联经出版事业公司，1980：1045.
⑥　［加］卜正民. 纵乐的困惑：明代的商业与文化. 方骏等译. 北京：生活·读书·新知三联书店，2004：119.
⑦　［加］卜正民，［加］格力高利·布鲁. 中国与历史资本主义：汉学知识的系谱学. 北京：新星出版社，2005：267.

保证民生用粮，维护社会的稳定①；从法律上维护商人的合法权益，并制定相应的制度防止商业纠纷。②另外一些，虽然出发点并非促进商业发展，但的确间接地有利于商业的发展，如重修大运河、一条鞭法、摊丁入亩等。

虽然官商之间的关系日益密切，但并不表示政府依赖于商人。与西方政府高度依赖商税和商人不同，明清政府发展了一套完整的农业税收体系，地方的士绅和商民承担了部分基础设施和福利设施，比如修路、建粮仓和学校。③清朝前期的商税收入为 4.1%—14.6%。④因此明清政府对商人采取了一种既不鼓励也不限制的政策。商人商业自由发展，政府维护商业秩序，这样一种组合让阿瑞吉认为"亚当·斯密在北京"。⑤

第二节　西欧的官商关系：以 16—17 世纪的英国为例

16 世纪，西欧国家开始在世界范围内具有更大的影响力，这些影响力既有政治、军事方面的，也有经济方面的，而这些影响力背后所体现的正是西欧的官商关系。英国在 16—17 世纪从一个欧洲的边缘国家，崛起为世界霸主，其官商关系具有西欧的典型性，也有英国的独特性。本章将以 16—17 世纪的英国为例，从对外贸易组织与政策和商人的社会地位两个层面观察其官商关系。

① 陈国栋，罗彤华. 经济脉动. 北京：中国大百科全书出版社，2005：317—342.
② 张海英. 明中叶以后"士商渗透"的制度环境——以政府的政策变化为视角. 中国经济史研究，2005(4)：134—135.
③ Wong, R. Bin. *The Role of the Chinese State in Long-Distance Commerce*. Working Papers of the Global Economic History Network (GEHN), 05/04, 2004: 16.
④ 许檀，经君健. 清代前期商税问题新探. 中国经济史研究，1990(2)：90.
⑤ ［意］阿里吉. 亚当·斯密在北京：21 世纪的谱系. 路爱国等译. 北京：社会科学文献出版社，2009.

一、对外贸易组织与政策

罗马帝国衰落之后，欧洲一直处于分裂状态，国家之间存在着激烈的竞争。11 世纪始，由于长途贸易的发展和城市之间贸易网的建立，欧洲国家之间的经济联系加强，并使欧洲形成了一个整体的经济世界。北方的尼德兰和南方的意大利城邦成为这个经济世界的商业中心。[①]经济联系的增强，使对外贸易成为各国获取外部资源、增强国家实力并同时削弱对手的重要策略。尤其是在 16 世纪，西欧国家将这种竞争扩展到世界范围之后，这种策略变得更加重要。这种策略的相关各方，国王、政府、官员、对外贸易商、出口商品生产商、海洋货运商，正反映着一国的官商关系。

（一）武装贸易

前文曾就早期经济全球化时代的贸易方式"仗剑经商"做了简要的论述。当然这种贸易方式并不是 1500 年之后的新现象。这种贸易方式至少可以追溯到威尼斯人在地中海的贸易霸权时代，他们将由伊斯兰商人运到叙利亚和小亚细亚的东方商品包括香料、丝绸等运往欧洲。当时的地中海海盗横行，并且要面对来自热那亚人、比萨商人的激烈竞争，首先，他们创办了当时威尼斯最大的企业阿森诺（Arsenal），这个国有企业使威尼斯的商船和战船成倍增多[②]；其次，威尼斯人建立了海上武装力量，一方面可以保卫本国的商船免受劫掠，另一方面可以劫掠他国的商船，以获取商品。这样的武装贸易方式成为欧洲各国普遍采用的方式，并由葡萄牙和西班牙人将这一贸易方式带到了全世界。

英国在都铎王朝（1485—1603）之前并没有真正意义上的海军舰队，1485 年，亨利七世即位时，其掌握的海上力量就只有四只用于海岸巡逻的小船。[③]此后，他开始模仿葡萄牙的武装商船建造自己的

---

① ［法］费尔南·布罗代尔. 15 至 18 世纪的物质文明、经济和资本主义（第三卷）. 施康强，顾良译. 北京：生活·读书·新知三联书店，2002：86～94.
② ［法］费尔南·布罗代尔. 15 至 18 世纪的物质文明、经济和资本主义（第三卷）. 施康强，顾良译. 北京：生活·读书·新知三联书店，2002：107.
③ 吴于廑. 十五十六世纪东西方历史初学集. 武汉：武汉大学出版社，2005：211.

舰船，于 1496 年在朴次茅斯建立船坞，并对民间建造的超过 100 吨的船只给予补贴。[1]亨利八世继承发展了海军的传统，建造了 47 艘战舰，购买了 26 艘，抢取了 13 艘，其中"伟大的哈利"号，是北欧最大的船只。除了扩充舰船、新建和扩建造船厂、创建海军基地外，亨利八世还成立了海军事务委员会（海军部的前身），统辖和管理英国所有的海上力量，因而被称为英国的"海军之父"。[2]在当时所处的时代，海战的战法以冲撞和士兵登船厮杀为主，战船的主要作用是运送士兵和提供海上作战平台。因而在船只的构造上，战船和商船的区别不大。"亨利七世认识到王国的防务需要依靠海上贸易。因为商船不仅承担了普通的运输和补给任务，而且在防御性和进攻性战争中，构成了舰队的主要部分。"[3]一方面，皇家海军的建立为商船提供了安全保障，另一方面，海军也将船出租给商人从事货物的运输或直接从事长途贸易。但此时的英国海军限于本身的力量和英国主要商业利益在欧洲大陆，其制海权仅在英吉利海峡和近海海域。

到了伊丽莎白时期，继续采取了一系列有利于海上力量发展的措施。[4]为解决造船原材料如木材、绳索、帆布和麻的短缺问题，颁布法令禁止砍伐海岸或河流两岸 14 英里内、伦敦周围 22 英里内的树木；鼓励用煤和焦炭代替木材作为冶铁燃料；严禁木材的外流；要求每 60 英亩耕地中必须有 1/4 种植亚麻和大麻。为了培养大量的水手，英国大力发展渔业。禁止国外鱼产品的进口、鼓励本国出口，并在国内规定每周三为"食鱼日"。渔业的发展为英国的海上力量提供了更多的船只和大量出色水手。1576 年，一份对渔船的数量的调查报告称，自 1563 年"食鱼日"法令颁布以来，所调查城市和地区的 10—

---

① 夏继果. 都铎王朝时期英国海军的创建与发展. 齐鲁学刊，2001(6)：96.

② 同上，96—97.

③ C. S. Goldingham. The Navy under Henry Ⅷ. *The English Historical Review*, 1918, Vol. 33(132): 475–476.

④ 吴于廑. 十五十六世纪东西方历史初学集. 武汉：武汉大学出版社，2005：216—220.

30 吨的海上渔船和三桅帆船"已增加到 140 艘"①。除了海军硬件方面的建设，伊丽莎白还任用了当时的著名海盗霍金斯为海军事务委员会的顾问，霍金斯在海军建设的战略战术方面提了很多建设性的建议。首先，他认为建设海军的目的不是近海的防御，而是要切断西班牙运送美洲白银的海上航线，因此要建立适合远洋作战的舰队；其次，他改进了战船的结构，用改进的西班牙大帆船替代过时的武装商船，并在船上配置远程的火炮。②1603 年，英国的海军总吨位达到 17 055 吨，包括 42 艘战舰和 8346 名水手和士兵。③以此为核心，再加上数量众多的武装商船、渔船和充足的后备水手，伊丽莎白时期的英国拥有了一只强大的海上力量。

当时的英国除了发展海军夺取制海权、保护对外贸易商船外，还以海军为基础，结合民间武装力量发展海盗经济以挑战西班牙和葡萄牙的贸易霸权。16 世纪上半叶，英国的对外贸易主要集中在安特卫普，双方的贸易额占了英国总贸易额的 2/3。④但 16 世纪中叶，尼德兰政局动荡，安特卫普的衰落使英国的对外贸易受到严重的打击，1550—1552 年间，仅伦敦的呢布出口就减少了近 1/3，1556 年所有开往尼德兰的船只不得不停航 4 个月，以缓和那里呢布的积压状况。⑤这迫使英国政府和商人开始寻找新的贸易对象。而 16 世纪中期，美洲白银的发现和大量开采为英国提供了其他的可选项，但当时这一贸易被西班牙所垄断。为了开辟新的财政来源，挤进利润丰厚的新航线贸易，伊丽莎白一世利用了海盗，为海盗提供资金、船只、外交掩护，并授予他们爵位。

伊丽莎白一世不承认 1494 年教皇通过《托尔德西里亚斯条约》

---

① 《都铎英国经济史料》(第 2 卷). 转引自: 吴于廑. 十五十六世纪东西方历史初学集. 武汉: 武汉大学出版社, 2005: 218.

② 夏继果. 都铎王朝时期英国海军的创建与发展. 齐鲁学刊, 2001(6): 98.

③ F. J. C. Hearnshaw. *Seapower and Empire*. 转引自: 吴于廑. 十五十六世纪东西方历史初学集. 武汉: 武汉大学出版社, 2005: 219—220.

④ 陈曦文. 世界中世纪史研究. 北京: 人民出版社, 2006: 72.

⑤ F. J. Fisher. Commercial Trends and Policy in Sixteenth-Century England. 转引自: 余建华, 季慧群. 伊丽莎白时代英国对外贸易发展之动因. 上海社会科学院学术季刊, 1991(4): 70.

对西班牙与葡萄牙全球势力范围的划分。坚持认为英国人有在各大洋航行、探险和贸易的权利；宣称海洋是开放的，任何国家不应该被排斥在海洋的任何区域之外；另外她还直接向西班牙等国表明，对并未实际占领的地区提出占有权是无效的。这些认识为英国人在世界范围内的活动提供了理论依据和法律保护。①伊丽莎白一世还积极为海盗提供资金和船只，从而成为海盗事业的合伙人。1564 年，伊丽莎白将 700 吨的"吕贝克耶稣"号折合 4000 英镑，并另加 3 只小船，投资霍金斯于 1562 年开辟的奴隶贸易，从此霍金斯的船队悬挂女王的旗帜，成为"女王陛下的舰队"。②1577 年，伊丽莎白和其他一些政府官员投资德雷克的环球航行，1580 年德雷克成功返回，并为她带来了 263790 英镑的收入，其他投资人也获得了 47 倍的利润。1581 年，伊丽莎白登上德雷克的船，并封他为爵士。1585 年，女王借口西班牙夺取英国商船，颁布了"私掠许可证"，从此以后，准许英国人的武装民船可以在海上随意攻击西班牙船只。劫掠活动的巨额利润，使很多反对海盗的贸易商们也积极从事这项事业，他们或者出资、出船，或者贩运私掠来的商品，或者直接参与。除了利用海盗，伊丽莎白女王还派出海军舰队与海盗联合进行劫掠。1585 年，女王出资以 1 英镑和 2 艘军舰，由德雷克率领攻击西印度和南美洲的重要港口；1587 年，为了报复西班牙舰队的军事行动，又投入 4 艘军舰，命德雷克率领海军和海盗的联合舰队袭击加迪斯港③；1588 年，由 34 艘海军军舰、64 艘武装商船、33 艘供应船和 43 条私人大舢板组成的英国舰队，击败了西班牙的无敌舰队。此后，在伊丽莎白的支持下还进行了多次劫掠，并从中获得了巨额利润。④

在伊丽莎白时代，英国的商人、海军、海盗结合在一起，形成

---

① 吴于廑. 十五十六世纪东西方历史初学集. 武汉：武汉大学出版社，2005：220.

② ［美］苏珊·罗纳德. 海盗女王：伊丽莎白一世和大英帝国的崛起. 张万伟、张文亭译. 北京：中信出版社，2009：57.

③ 吴于廑. 十五十六世纪东西方历史初学集. 武汉：武汉大学出版社，2005：224.

④ 余建华，季慧群. 伊丽莎白时代英国对外贸易发展之动因. 上海社会科学院学术季刊，1991(4)：71；Harry Kelsey. *Sir Francis Drake: The Queen's Private.* New Haven: Yale University Press, 1998: 342.

了强大的海上力量以获取外部资源。有人估计，在伊丽莎白女王时代，私掠船带回的财富达 1200 万英镑。[①]但当 18 世纪英国击败所有的海上对手成为最后的霸主时，为了节省商船的成本，英国建立了一只强大的常备海军保护海上安全，并致力于肃清全球各地的海盗。[②]

（二）特许公司

16 世纪中期，随着伦敦—安特卫普贸易的衰落，英国丧失了主要的出口产品市场和进口商品来源地。除了前述利用海盗方式分享西班牙、葡萄牙控制的贸易外，英国还积极为出口产品开拓新市场，并寻找新的获得东方商品的通道，而这一事业的主要执行者就是众多的特许公司。

1553 年 5 月，在寻找前往东方的东北航路的过程中，由钱塞勒和卡波特率领船队到达了俄罗斯。1555 年"莫斯科公司"成立，并获得了英王的特许，垄断英国与俄罗斯的贸易，同时将 1553 年临时组建的"寻找东北航路公司"并入其中。1564 年，伊丽莎白女王为 1407 年成立的"伦敦商人冒险公司"重新颁发了特许状，并改称其为"冒险商人公司"，公司享有对尼德兰地区的贸易垄断权，并先后开辟了埃姆登市场和汉堡市场。1579 年，冒险商人公司的几个大商人成立了东地公司，被授予特许状，以开发波罗的海的市场，公司垄断了英国对丹麦、挪威、瑞典、波兰的贸易。英国对东方商品的渴求使他们积极开拓与东地中海的直接贸易，1578 年，两个伦敦商人奥斯伯内和斯泰普与土耳其苏丹建立了联系，并取得了贸易优惠，随后成立了土耳其公司，并于 1581 年获得英国女王颁发的垄断土耳其贸易的特许证书。1592 年，土耳其公司与经营地中海贸易的威尼斯公司合并，成立利凡特公司，并被授予新的特许证书。此外，英国还成立了其他的众多特许公司开拓非洲、美洲和欧洲市场，无一例外都被

① 邓家荣，赵瑞.《资本原始积累》. 转引自：吴于廑. 十五十六世纪东西方历史初学集. 武汉：武汉大学出版社，2005：225.
② [美]彭慕兰，[美]史蒂夫·托皮克. 贸易打造的世界. 黄中宪译. 西安：陕西师范大学出版社，2008：188.

授予所在地区的贸易垄断权。

到 16 世纪末，英国开拓市场的足迹遍及亚、非、欧、美各洲，但英国获取东方商品的贸易主要是通过陆路得到的，而且要经由伊斯兰和印度商人转手，这远远不能满足英国的需要。因此，建立与东方的直接海上联系一直是英国人的愿望。特别是在 1588 年击败西班牙的"无敌舰队"之后，这种愿望更加强烈。1600 年，英国东印度公司成立，伊丽莎白女王赋予东印度公司包括贸易专营权在内的多项特权。1613 年的东印度公司经过改革，建立了合股公司，作为现代企业组织的股份制正是源于此。

综上特许公司的性质具有双重性：一方面，它是商业"公司"，以追求利润最大化从而为众多的投资者带来收益为经营的目的，代表着私人所有权的利益；另一方面，它又是"特许"公司，由国家的最高统治者赋予公司某些独占的权力。特许公司体现的是一种公权力与私权利结合以获取利益的模式。一方代表私权利的公司让渡部分收益以获取公权力赋予的某些特权，而这些特权也在一定程度上保证了公司的收益，降低了贸易开拓的风险。比如，除了获得一地的贸易垄断权之外，公司可以得到国家的支持（比如公司所持的国王书信）与所在国的政府谈判以签订有利于公司的条约，公司还可以建立强大的军事力量以保护其船队（如利凡特对地中海海盗的防范，东印度公司在印度和东南亚与葡萄牙、荷兰的竞争）。另一方代表公权力的政府则通过让渡部分权利，而获取了丰厚的经济收益，这些收益包括税收和政府对公司直接投资的收益。女王以贷款的形式向土耳其公司投资了 40 000 镑，占公司全部资本的一半。[①]女王还以资金和船只的形式投资非洲公司，而这每年可以为她带来 1000 镑以上的红利。[②]而且一个统一的强大经济政治实体在贸易地的存在也有利于国家外交和国际战略的实施。比如威廉·哈伯内是利凡特

---

① Alfred C. Wood. *A History of the Levant Company*. New York: Routledge, 1964: 16-17.

② William Robert. Scott. *The Constitution and Finance English, Scottish and Irish Joint-stock Companies to 1720 (Volume I): The General Development of the Joint-stock System to 1720*. Cambridge : Cambridge at the University Press, 1912: 30, 75.

公司在土耳其的代表，同时他也是英国驻土耳其的大使。①正如沃勒斯坦所说："商业特许公司发挥了领事馆和海关的作用，还通过贷款和税收成为收入来源，甚至取代了海军成为国际商业的保护力量。政府从这种准国家官僚机构中获得了效忠。"②

虽然特许公司所带来的垄断抑制了部分私商的发展，虽然公权力的获得过程存在腐败，但不得不说，在当时国内面临财政压力、外部军事和贸易竞争激烈的环境下，这种政府与企业相结合的组织模式在开拓市场、获取外部利益方面比个体商人具备更大的优势。布罗代尔评价特许公司时说："如果仅从贸易部门与整个经济活动的比例来看，商业公司的活动经常被忽视，但事情的重要与否要看它们的后果，商业公司的后果涉及经济的现代化——未来商业结构的楷模，资本的加速形成以及殖民活动的开端。"③

（三）对外贸易政策

英国经过 16 世纪的发展，已经从欧洲的边缘国家成为一个欧洲强权国家。但 17 世纪的霸主属于"海上马车夫"荷兰，他们的商船队早在 1600 年时就拥有 10 000 艘船，是世界上最大船队。④面对这样一个强劲对手，英国政府再次表现出了对本国商人的强力支持，先后颁布了一系列贸易保护的法令。1651 年颁布的《航海法案》（此后曾经过多次修订）就是其中的典型法令，亚当·斯密总结其主要内容为⑤：

> 一、凡与大不列颠居留地和殖民地通商或在大不列颠沿岸经商的船舶，其船主、船长及四分之三船员，必须为英国籍臣民，违者没收船舶及其所载的货物。

① 夏继果. 伊丽莎白一世时期英国外交政策研究. 北京：商务印书馆，1999：203.
② ［美］伊曼纽尔·沃勒斯坦. 现代世界体系（第一卷）. 尤来寅等译. 北京：高等教育出版社，1998：340.
③ ［法］费尔南·布罗代尔. 15 至 18 世纪的物质文明、经济和资本主义（第二卷）. 顾良译. 北京：生活·读书·新知三联书店，1993：494.
④ ［美］斯塔夫里阿诺斯. 全球通史——1500 年以后的世界. 吴象婴、梁赤民译. 上海：上海社会科学院出版社，1999：168.
⑤ ［英］亚当·斯密. 国民财富的性质和原因的研究（下卷）. 郭大力、王亚南译. 北京：商务印书馆，1983：34—35.

二、有许多体积极大的输入品，只能由上述那种船舶或商品出产国的船舶（其船主、船长及四分之三船员为该国人民）输入大不列颠，但由后一类船舶输入，必须课加倍的外人税。若由其他船舶输入，则处以没收船舶及其所载货物的惩罚。

三、有许多体积极大的输入品，只许由出产国船舶输入，连使用英国船舶运送也在禁止之列，违者没收船舶与其所载货物。

四、各种腌鱼、鲸须、鲸鳍、鲸油、鲸脂，非由英国船捕获及调制，在输入不列颠时，即须课以加倍的外人税。

这项法令有效地保护了英国的航运业，而其矛头直指荷兰。第一条将荷兰人和其他国的大部分商船排除在了英国和其殖民地的贸易之外；第二条则限制了荷兰等国商人所从事的欧洲区域间贸易；第三条则冲击了荷兰作为欧洲商品集散地的地位；第四条冲击了荷兰的重要产业捕鱼业。《航海法案》实施后，英荷战争即爆发，据休谟估计，由此落入英国之手的荷兰船只达 1600 艘。在《航海法案》实施后的28 年里，英国的航运贸易比之前翻了一番。[1]李斯特在总结《航海法案》的重要结果时提到：第一，英国在北欧、德国和比利时的贸易扩大了，而在 1603 年之前，英国完全被荷兰排除在外；第二，扩大了同西班牙和葡萄牙以及西印度群岛殖民地之间的非法贸易；第三，英国的鲱鱼和鲸鱼捕捞技术进步巨大，而这之前几乎全被荷兰垄断；第四，征服了在西印度群岛最重要的殖民地——牙买加，从而控制了西印度群岛的糖贸易。[2]就连亚当·斯密也不得不承认，"由于国防比国富重要得多，所以，在英国各种通商条例中，航海法也许是最明智的一种"[3]。

英国在 16—18 世纪对商人给予了强力的支持，其中有经济方

---

① 转引自：［德］弗里德里希·李斯特. 政治经济学的国民体系. 邱伟立译. 北京：华夏出版社，2009：31.

② ［德］弗里德里希·李斯特. 政治经济学的国民体系. 邱伟立译. 北京：华夏出版社，2009：31.

③ ［英］亚当·斯密. 国民财富的性质和原因的研究（下卷）. 郭大力、王亚南译. 北京：商务印书馆，1983：36.

面的，也有政治和军事方面的，政府与商人结合最终实现了国家的崛起。经过 3 个世纪的积累，到了 19 世纪，英国在世界范围内确立了经济和军事的绝对优势，开始以亚当·斯密和李嘉图的自由贸易理论重新构建国际经济秩序，确保本国的产品市场和原材料来源。于是，英国在 1849 年废除大部分航海法案，并于 1854 年废除所有的航海贸易限制；1813 年，东印度公司对印度的贸易垄断权被取消，1833 年，东印度公司对华贸易垄断权被取消，1858 年，东印度公司解散；而海盗早在 18 世纪就成为英国海外贸易的敌人而受到英国海军的清剿。

二、"财富带来权利"①——商人的形象与地位

在欧洲的传统社会中，商人的声誉同样不好。在古希腊，人们对农业、手工业和商业的评价是农业居首、商业为末。柏拉图在《法律篇》中写道，拥有土地者才可获得公民权，公民按土地的多少分四个等级，并可以参与和执掌国家政权，而手工业和商业只能算作贱业，由非公民经营，他们不得参政。②亚里士多德也认为："致富有两种方式，一种是同家务管理相联系的部分（农牧渔猎），另一种是指有关贩卖的技术（经商）。就这两种方式而论，前者是顺乎自然的，它是由耕作和牧业取得财富、事属必须，是可以称道的；后者在交易中损害他人的财货以牟取自己的利益。这不是顺乎自然的，应该受到指责"。③公元前 218 年，古罗马元老院也曾通过法案，禁止元老阶层进行商业活动。④虽然如此，罗马的上层贵族们通过间接的方法借助奴隶和犹太人间接操纵着商业。因此，商人和商业在罗马始终受到道德价值观念、国家政策的鄙视和控制。⑤而以基督教的伦理看，商人的

① David Hacock. *Citizens of the World: London Merchants and the Integration of the British Atlantic Community, 1735–1785.* Cambridge: Cambridge University Press, 1995. 285.
② 启良. 古代中西方抑商问题的比较研究. 世界历史, 1988(3): 14.
③ 同上.
④ 同上.
⑤ 姜朋. 官商关系：中国商业法制的一个前置话题. 北京：法律出版社，2008：33—35.

利润被认为是不义之财，因此早期的基督教义规定基督徒不得为商人，而根据教皇利奥一世致那尔邦主教书而制定的教会法，指明凡经营买卖者，都不得免于罪孽。[①]中世纪欧洲的贵族被禁止从事任何能够给他带来利润的工作，否则他将被剥夺头衔，失去地位。[②]当时对商人的评价极为低下，"上帝创造了传教士、骑士和劳动者，魔鬼创造了市民和商人"[③]。即使是到了近代早期，英国人经商之后，第一件要做的事还是在乡村购买田地或与地主贵族联姻，使自己成为乡村绅士以获取社会的尊敬和进入议会的权利。[④]约瑟夫·江考察了埃及、巴比伦、罗马、希腊、中世纪欧洲和中国的历史记载，以及17世纪的新英格兰、18世纪的英格兰和19世纪的法国的历史记载，发现所有的这些社会都鄙视商人并限制商人的司法和政治权利。[⑤]

虽然英国社会依然对商人持有偏见，但这并没有阻止商人获得国家支持、提高社会地位。这首先源于商人所积累的巨大财富。表3.1是对伦敦245个商人财产的抽样调查，由表可知14—15世纪伦敦大部分商人的财产水平为100—400镑，占了45%，财产在400镑以上的商人占了31%，做简单的加权平均可得当时商人的平均财产水平为395.5镑[⑥]。S. L. Thrupp的研究也认为，15世纪，就全体伦敦商人而言，动产在300镑左右的就算中等富裕水平。[⑦]据学者估计伊丽莎白时代伦敦商人的平均动产为7780镑[⑧]，即使考虑到16世纪的物

① 吴于廑. 十五十六世纪东西方历史初学集. 武汉：武汉大学出版社，2005：5.

② ［英］M. M. 波斯坦，［英］E. E. 里奇，［英］爱德华·米勒. 剑桥欧洲经济史（第三卷）. 周荣国，张金秀译. 北京：经济科学出版社，2002：496.

③ Lawrence Manley. *London in the Age of Shakespeare: An Anthology*. London: Pennsylvania State University Press, 1986: 75.

④ 转引自：梁柏力. 被误解的中国：看明清时代和今天. 北京：中信出版社，2010：57；但这一观点经常受到怀疑，见：R. G. Lang. Social Origins and Social Aspirations of Jacobean London Merchants. *The Economic History Review*, 1974. Vol. 27(1): 28–47.

⑤ 转引自：［美］陈锦江. 清末现代企业与官商关系. 王笛，张箭译. 北京：中国社会科学出版社，2010：18.

⑥ 计算过程为：100*24%+250*45%+700*17%+1000*14%=395.5。

⑦ 转引自：陈曦文. 英国都铎时代伦敦商人的财富和权力. 世界历史，1993(4)：32.

⑧ 同上.

价，以消费品平均水平看增长了 5 倍[①]，但商人财产的增长还是非常显著。与其他的社会阶层相比，商人的财富也毫不逊色，以 1688 年为例，英国各阶层的总收入为：世俗贵族，44.8 万镑；宗教贵族，3.4 万镑；准男爵，70.4 万镑；骑士，39 万镑；缙绅，135 万镑；绅士，336 万镑；官吏，180 万镑；商人，420 万镑。[②]

表 3.1 1350—1479 年期间伦敦商人财产抽样调查

财产	100 镑以下	100—400 镑	400—1000 镑	1000 镑以上
人数	58	111	43	33
所占百分比	24%	45%	17%	14%

资料来源：本表根据陈曦文：《英国都铎时代伦敦商人的财富和权力》一文的数据编制。
见：陈曦文. 英国都铎时代伦敦商人的财富和权力. 世界历史，1993(4)：28-37.

英国商人以财富为基础逐渐开始在城市、政府以及议会中为自己谋求政治地位。伦敦的权力机构市长、市行政司法长官、参议院和市政议会等都掌握在伦敦 12 大同业公会和各大贸易公司手里，比如伊丽莎白时代的 46 任市长全部是 12 个商人同业公会或贸易公司的头面人物。[③]伊丽莎白时代的其他城市如埃塞克特 50 任市长中有 46 人是商人，诺威齐 47 任市长，只有 13 人不是商人出身，布里斯托尔在 1558—1603 年间，46 个市长有 35 人是商人。[④]英国的许多大商人在国王的政府中任职，比如政府的财政代理人、关税管理人员和造币厂官员大都由伦敦大商人出任。[⑤]而在英国的另一个权力机构议会中，商人也占有一定的分量。伊丽莎白女王时代的 2603 名议员中，按家庭出身，6% 出身于贵族，1% 为无封号的显要大臣，57% 为乡

---

① Peter R. Ramsey. *The Price Revolution in Sixteenth-century England*. London: Methuen & CO LTD, 1971: 38-40.

② D. C. Coleman. *The Economy of England, 1450-1750*. Oxford University Press, 1977: 6.

③ 转引自：陈曦文. 英国都铎时代伦敦商人的财富和权力. 世界历史，1993(4)：33—34。

④ William G. Hoskins. *The Age of Plunder: King Henry's England, 1500-1547*. London, New York: Longman Publishing Group, 1976: 104.

⑤ 赵秀荣. 16—17 世纪英国商人与政权. 世界历史，2001(2)：66.

绅、骑士或缙绅，2% 为律师，17% 为商人，2% 为自耕农以下阶层，15% 不详；按本人身份看，45% 为乡绅，16% 为工商业者，17% 为律师（其中 47% 为乡绅出身，19% 为商人出身），6% 供职于显贵，8% 为政府官员。[1]财富是商人获取政治权利的基础，各种政府的职位都要求担任者具备一定的财产资格，比如伦敦郡首的职位，1631 年的财产资格为 1 万镑以上，1640 年的参议员财产资格也规定在 1 万镑以上。

贸易利润除了吸引了商人和政府外，传统的贵族、乡绅及其子弟也积极地参与经商。另外，价格革命所带来的实际收入下降也是其经商的重要原因。学者估计，1575—1630 年，有过半的英国大贵族投资贸易。[2]1575—1630 年，英国的乡绅等其他非商人阶层对商业公司的投资为 1 587 900 镑，占商业公司总投资的 19.6%。其中不少公司的比例更高，如弗吉尼亚公司占 50%，非洲公司占 78.9%，圭亚那公司占 88%，新英格兰公司占 95.7%。[3]

随着商人政治地位的加强和社会阶层结构的变动，社会对商人的态度也发生了一些改变，尤其是重商主义者们开始为商人奔走呼号。托马斯·孟说："商人是国家最好、最有益的成员，应当受到一切优渥。"[4]笛福也称："在英国，财富使得商人成为贵族。"[5]基督教的一些传教士们跟随商业公司走向世界各地，并成为其商业开拓的得力助手，在思想上他们也给了商人支持。"天神会保佑商人，因为商人的海外贸易扩展了基督教世界；使教士得以在新辟的殖民地布道，而且商人还慷慨地捐建教堂和学校。"[6]大量的学者和理论家提出新的观念，重新规范人们对财富和追求财富的理解，财富成为土地之外另一

---

① 转引自：赵秀荣. 16—17 世纪英国商人与政权. 世界历史，2001(2)：67.

② Theodore K. Rabb. *Enterprise and Empire: Merchant and Gentry Investment in the Expansion of England*, 1575–1630. Cambridge: Harvard University Press, 1968: 13.

③ 同上，66.

④ 吴于廑. 十五十六世纪东西方历史初学集. 武汉：武汉大学出版社，2005：27.

⑤ Roy Porter. *English Society in the Eighteenth Century*. Penguin Books, 1982: 64–65.

⑥ Richard Grassby. *The Business Community of Seventeenth-century England*. Cambridge: Cambridge University Press, 1995: 37.

个评价社会地位的标准。虽然歧视商人的观念一直存在，但商人的政治和社会地位无疑获得了显著的提升，最重要的是这种观念并没有成为政府与商人利益联盟的障碍。

第三节　相似与不同的比较和意义

通过对明清中国和 16—18 世纪西欧（主要是英国）的官商关系的梳理，本书认为，明清与西欧的主流意识形态里都存在歧视商人的部分，只是程度不同。明清以来的官商关系类型，与其说是抑商不如说是无为，政府的主要职责是维持正常的经济秩序，既不支持也很少限制商人的自由发展。虽然有些政策的执行结果抑制了商人的发展，但这些政策的目的多是出于国防安全，正如前文所述，亚当·斯密在国富与国防的重要性问题上也倾向于后者。而 16—18 世纪西欧的官商关系则表现为政府对商人强力支持的重商型。虽然 18 世纪以亚当·斯密为代表的一批理论家认为国家应该建立一种无为的官商关系，而在实际中西欧尤其是英国在 18 世纪之后也确实逐渐废除了原来一系列重商的政策。但与其说西欧采用了斯密等人的理论，不如说是西欧国家由于经济地位的提升而改变了经济策略，而其政府对商人的强力支持却从未改变，况且这种策略的改变本身就代表着一种重商型的官商关系。

郑氏集团的官商关系在某些方面与西欧国家非常相似，比如都以军事支持商人发展武装贸易，都以政治外交手段为自己的商人开拓市场、维护商人的利益，都建立了具有公权力背景的商业组织开拓市场；再比如官员与商人身份可以互换，甚至可以重叠。从现代的角度看，这样的官商关系存在众多缺陷，但凭借这种重商型的官商关系，郑氏集团和西欧国家在早期经济全球化时代确实获得了巨大的收益。葡萄牙、西班牙、荷兰、英国和法国之间轮番较量的资本正是基于重商型的官商关系；郑氏集团则借此在远东水域获得了贸易的主导权，并与强大的清政府对抗了近 40 年。郑氏集团官商关系与西欧的相似性也表明，武装贸易并不是西欧所特有的贸易形式，在儒家文化主导的东方同样存在勇于拓殖海洋、贸易立身的政权，因而文化并不是重商型官商关系存在与否的决定性因素。

郑氏集团的官商关系与西欧尤其是英国的不同同样重要，郑氏集团并没有像西欧国家尤其是英国那样积极地推行进口替代和殖民地政策，以获得商品的生产能力[①]。正如有的学者指出，重商主义分为财政性、独占性重商主义和产业性重商主义。[②]很显然郑氏集团、西班牙、葡萄牙、荷兰、法国和前期的英国都主要实行了一种商业性重商主义，而后来的英国、德国、美国则更多实行了一种以获取生产能力为目的的产业性重商主义。这样的不同到底有多重要？

郑氏集团贸易的根本在于掌握着获取中国商品的渠道，郑氏集团的官商关系主要侧重于对市场的开拓和维持这一渠道。虽然当时的郑氏集团实现了中国产品对外贸易的垄断，但这种贸易垄断只能带来暂时的利益，因为没有生产能力的贸易垄断是相当脆弱的，而与清朝的敌对使这种贸易垄断更加脆弱。清政府施行严格的迁界政策，从而封锁郑氏集团的商品获得渠道时，以贸易立身的郑氏集团便迟早会遭遇财政危机。虽然有许多学者从郑氏集团与大陆的贸易从未间断这点，认为清政府的迁界政策效果并不好[③]，这种观点有一定的道理，但仔细分析会发现，贸易从未间断的原因可能是因为郑氏集团大部分时间在大陆的沿海都有据点。郑经在稳固权力之后，即采纳陈永华的建议，重占厦门以获取大陆商品的通道，可见这些据点对郑氏集团的意义。而郑经对其他国家商人的招揽，一定意义上也反映了对大陆商品获得的困境。因而，从长期看，迁界在一定程度上使郑氏集团丧失了产品的获得权。最终郑氏集团缺乏生产能力成为导致其最终衰落的原因之一。

虽然缺乏生产能力使郑氏集团的贸易垄断权相当脆弱，并成为其

---

① 在本书中，生产能力是国家能不能生产某种产品或生产的产品是否具有竞争力，而不是指某种产品生产量之间的差异。

② 张汉裕.《英国重商主义要论》. 转引自：陈添寿. 重商主义的中挫：台湾荷郑时期经济政策与发展. 商学学报，2006(14)：56.

③ 黄顺力. "重陆轻海"与"通洋裕国"之海洋观刍议. 深圳大学学报（人文社会科学版）. 2011(2)：126—131.

衰落的重要原因，但我们不能因此而得出结论，郑氏集团的失败是由于没有采用产业性的重商主义，郑氏集团的最终失败也表示郑氏集团官商关系的失败。这些结论都是作为后来者基于对成功者的经验总结而得出的结论。对这些问题，我们应该回到郑氏集团的时代，商业性重商主义被证明是早期经济全球化时代开拓贸易市场、维护贸易利益的关键，郑氏集团的最终失败并不能说明其官商关系的失败；当时的郑氏集团处于明末清初的战乱之中，所控制的地区异常狭小，虽然之后收复台湾有了较大的控制区域，但受各种原因的影响，郑氏集团并没有获得足够的时间，因此郑氏集团并没有实施产业性重商主义的条件，因而从当时的环境看，商业性重商主义是其最佳的选择。

而这种不同，对于英法甚至是后来的德国、美国来说尤其重要。在当时世界市场上重要的产品生产方面，可以说它们都是后来者。但这些后来者能够迅速崛起，使中国、印度等国的生产能力优势丧失，则得益于政府对获得生产能力的重视，进口替代和殖民地政策使其获得了包括棉纺织、丝织、制瓷、茶叶生产的生产能力。因而在经济全球化的时代，商人自由参与的权利并不足以使一个国家获得世界经济中的有利位置。虽然在历史上的大部分时间里，秉承自由贸易的中国商人可以凭借中国在众多物产上的生产优势积累大量的财富，但在重商主义支持下，西方国家可以在较短时间内扭转生产方面的比较优势，并在需求方面为本国产品开拓巨大的世界市场。

郑氏集团与明清官商关系的不同要远大于其相似性。郑氏集团"海外弹丸之地，养兵十余万，甲胄戈失，罔不坚利，战舰数以千计"[1]，以此实力与清政府对抗 40 余载，这在一定程度上反映了官商关系差异的意义。反过来也说明，明清政府不支持商人，已经使其在全球经济竞争中处于劣势，更别说无所作为和抑制商人。而明清中国与郑氏集团官商关系的相似性即对新领土的经济政策——新领土成为国家的一部分，与其他部分享受的经济政策没有本质的不同——与西欧通过政策在宗主国与殖民地之间建立一种纵向的劳动分工关系（宗

---

① 郁永河. 伪郑逸事. 附在台湾文献丛刊第 44 种《裨海纪游》之后. 见：周宪文等编. 台湾文献丛刊第 44 种. 台北：台湾银行经济研究室，1957—1972.

主国生产制造品而殖民地则生产原材料和初级产品）完全不同。郑氏集团与明清的这种相似性，使郑氏集团在收复台湾之后发展了一套农业税收体系，成为重农与重商的结合体，这在一定程度上缓解了郑氏集团因清政府的封锁而日益严重的粮食问题，并扩大了财政来源。

郑氏集团发展出了独特的官商关系，它与西欧的相似性要远大于和明清的相似性，与明清的差异也远大于和西欧的差异。文化和外部政治环境挑战并不足以解释上述的独特现象。那么应该如何理解郑氏集团的官商关系起源呢？

第四章 郑氏集团官商关系的起源：一个全球、地区和自身的解释

郑氏集团的形成和崛起不是一个亚欧大陆边缘的孤立事件，应该将它放在全球联系的建立和地区互动的背景下理解[1]。而郑氏集团独特的官商关系是伴随着郑氏集团的形成和崛起一步步形成的。因此本章将结合郑氏集团的发展过程，从全球联系的建立、明末清初的政局以及郑氏集团自身的生存压力三个不同的角度分析郑氏集团官商关系的起源。

第一节 全球经济的建立与郑氏集团的起源

一、全球经济的建立

在新航路开辟之前，所知世界就已经存在一个世界经济体系。[2] 这个经济体系由 8 个相互联系的贸易圈组成。[3] 这 8 个贸易圈又可以

---

[1] John E. Wills, Jr. Maritime China from Wang Chih to Shih Lang: Themes in Peripheral History. in Jonathan D. Spence and John E. Wills eds., *From Ming to Qing: Conquest, Regional Continuity in 17th-century China*. New Haven: Yale University Press, 1979: 203–238.

[2] 理论的详细论述见：Janet L. Abu-Lughod. *Before European Hegemony: The World System A.D. 1250–1350*. Oxford University Press, 1991.

[3] Janet L. Abu-Lughod. *Before European Hegemony: The World System A.D. 1250–1350*. Oxford University Press, 1991: 34.

分成 3 个大的次贸易体系，即东亚—印度体系连接着中国、日本、东南亚和印度；中东体系将东地中海、东非，经过中亚的草原、沙漠或南亚的海洋与东亚和印度相连；欧洲体系则将法国北部的香槟市场、南欧的威尼斯和热那亚与东地中海连接起来。

将这些贸易圈连接起来的商路主要有陆路和海路两条，陆路由中国向西延伸进入中亚，之后分成三路，北路经由里海到达黑海西岸和小亚细亚地区，中路经巴格达到达东地中海地区，并延伸到开罗，南路则直接到达印度，北路和中路经由意大利延伸到欧洲大陆的北岸；海路由中国的东南各港经由东南亚进入印度洋，此后又可分为三路，一路经波斯湾到达巴格达，沿着上述的陆路到达地中海东部，再由意大利到达欧洲，一路沿红海到达开罗，经由意大利到达欧洲，一路到达东非。当然除了主要商路，各贸易圈之间和内部还有众多的贸易路线。在这些贸易圈内活跃着不同的商人，如东亚的中国人、印度洋的印度人和阿拉伯人、中亚的波斯人和蒙古人以及欧洲的意大利人，他们承载着商品、信息的流动。每个贸易圈都形成了贸易中心城市，是商品和信息的集散地。

经济体系的存在将当时的已知世界联系起来，而且它的许多特点都值得关注。虽然每个贸易圈中都有自己的主导商人，但没有任何一类商人可以控制整个体系的运行。当时的贸易方式主要是和平的自由贸易，海上的安全无须强大海军的保护，欧洲的意大利商人是个例外，他们彼此之间为了获取从东地中海到欧洲的东方商品贸易垄断权，经常互相劫掠。当时的贸易产品主要是基于各国的不同物产和垄断技术，因而各国产品有很强的不可替代性，比如东南亚的香料、中亚的马匹、印度的棉布和中国的丝绸、瓷器等。由此可见当时的经济体系是多中心的，没有哪种力量可以控制整个世界经济体系，从这点上看，它与接下来要讲述的大航海之后西欧国家想要建立的经济体系完全不同。

15 世纪，葡萄牙和西班牙最终将伊斯兰人驱逐出伊比利亚半岛，并最先开始了一系列航海探险。他们希望开辟海上新航线，以摆脱对经由东地中海获取东方商品的依赖。首先，东方商品包括香料和丝绸，在欧洲可以获得高额的利润；其次，东地中海到欧洲的航线由意大利商人垄断，而东方商品的获得又必须仰赖于伊斯兰人；再次，东地中海的政局并不稳定，东方商品的获取经常受到影响。在 15 世纪初，葡萄牙就一直沿着非洲大陆向南探索，在这个过程中他们获得了非洲的黄金和奴隶。鉴于葡萄牙航海带来的巨大利益，西班牙也开始支持航海探险，但早在 1454 年教皇就把亚非洲海岸向印度的所有航线的专有权赋予了葡萄牙，因此，西班牙的探险方向是向西航行以到达东方。1492 年，哥伦布在西班牙的支持下发现了美洲新大陆，西班牙立刻向教皇要求新大陆的专有权，经过商议，1494 年两国签订了《托尔德西拉斯条约》，以亚速尔群岛和佛得角群岛向西 370 里格为界，界线以东属葡萄牙，包括非洲、亚洲与南美洲东部的巴西，以西属西班牙，包括大部分美洲大陆、太平洋岛屿以及当时尚未发现的陆地。1498 年，达·伽马在葡萄牙的支持下——并得到了伊斯兰领航员的帮助——发现了通往印度的新航线，从此东地中海不再是获取东方商品的唯一途径。

新航路的发现使葡萄牙成了欧洲香料的最重要输入者，使西班牙获得了美洲大量的黄金、白银。尽管教皇将欧洲新发现的世界划分给了葡萄牙和西班牙，但巨大的经济利益一直吸引着包括英国、法国和荷兰在内的众多欧洲国家。英国人说："尚未实际占有的权力不起作用。"法国人也认为："在西班牙国王未曾占有的地带，他们（法国人）不该受到干扰，他们在海上航行时亦如此，他们也不会同意被剥夺海洋或天空。"[①]因而，英国、法国和荷兰等国也都积极地投身于海外拓展事业。经过葡萄牙、西班牙与后来的荷兰、英国、法国在世界范围内的不断开拓，一个新的世界经济体系逐渐形成。[②]

新航路使新大陆与旧大陆之间建立了联系，比如欧—非—美之间著名的三角贸易，欧洲将酒、武器以及后来的棉布运到西非，换取西非的奴隶运往美洲，之后将美洲的白银、黄金以及后来的蔗糖、棉花

① ［美］斯塔夫里阿诺斯. 全球通史——1500 年以后的世界. 吴象婴，梁赤民译. 上海：上海社会科学院出版社，1999：150.
② ［德］安德烈·贡德·弗兰克. 白银资本：重视经济全球化中的东方. 刘北成译. 北京：中央编译出版社，2000：373.

等运回欧洲；又比如美洲与亚洲之间的太平洋大帆船贸易。当然还包括美洲与欧洲之间的直接贸易。欧洲人还直接到中国沿海进行贸易。他们沿着非洲向南越过好望角进入印度洋，再往东经马六甲海峡进入东南亚，并最终到达中国和日本。而马尼拉又将上述两个新联系连接起来，从而使地理意义上的全球联系建立了起来。①亚当·斯密对新航线的开辟评价说："美洲的发现，经由好望角前往东印度群岛的航道的发现，是人类历史所记载的最伟大、最重要的事件。"②的确，对世界经济来说，原有的世界经济体系发生了改变。

西欧将地中海的武装贸易方式带到了世界的其他海域，并使其成为全球经济中的主要贸易方式。西欧国家还一直致力于垄断和控制整个全球贸易。从早期的葡萄牙对印度洋和东亚、东南亚贸易路线的控制，西班牙对美洲贸易的控制，到后来的荷兰、法国、英国对全球贸易控制权的争夺，西欧国家企图建立一个以自己为中心的世界经济体系。虽然如此，西欧国家建立新经济体系的方式，如果说在新大陆是新建的话，那么在旧大陆则主要是加入已有的贸易圈，并获取控制权。早期的葡萄牙可以说并没有获取对印度洋贸易的绝对控制权，更别说东亚和东南亚地区，当时阿拉伯人、印度人和意大利商人控制的旧贸易仍然相当活跃，直到后来的荷兰人和英国人才使传统的贸易路线变得萧条。③而在东亚和东南亚，西欧的力量超过中国要等到 19 世纪。由此可见 16—19 世纪的全球经济，一方面西欧致力于建立以自己为中心的新经济体系，在世界范围内不断扩张，另一方面旧有的经济体系仍然继续存在和发展。

从各国贸易平衡的角度看，虽然西欧人建立了与东方的直接联系，但为了获取东方商品，除了武装贸易之外，当时的西欧拿不出

---

① Dennis O. Flynn and Arturo Giráldez. Born Again: Globalization's Sixteenth Century Origins (Asian/Global verus European Dynamics). *Pacific Economic Review*, 2008. Vol. 13(3): 359–387.

② ［英］亚当·斯密. 国民财富的性质和原因的研究（下卷）. 郭大力，王亚南译. 北京：商务印书馆，1983：194.

③ ［美］斯塔夫里阿诺斯. 全球通史——1500 年以后的世界. 吴象婴，梁赤民译. 上海：上海社会科学院出版社，1999：138.

任何东方国家需要的产品进行交易，因此他们只能用金银作为支付手段。如果将白银视为一种商品，那么世界各地的白银价差也成为白银在世界范围内流动的动力，从而促进了全球经济规模的扩大。16 世纪中国的金银比价为 1:5—1:8，日本是 1:7—1:11，印度是 1:9，而英国为 1:11，西班牙为 1:12。[①]而白银作为支付手段以及世界范围内的白银价差，都源于中国和印度对白银的需求，尤其是中国明朝中期宝钞纸币体系崩溃，白银便普遍作为货币替代宝钞流通，[②]因此中国对白银的需求不断扩大。除了为全球贸易提供支付手段和贸易商品，美洲的财富和白银使欧洲出现了财富的激增，许多商品由奢侈品变成了大众消费品，从而进一步增加了对东方商品的需求。美洲白银流入中国也使中国的货币充裕，促进了明清的经济发展。[③]正如弗兰克所说："货币（主要指白银），周游世界各地，推动着世界转动，它不断大量的供应着血液，润滑着农业、工业和商业的运转机制。"[④]

二、全球经济中的中国贸易圈

在大航海之前的贸易体系中，中国贸易圈是其中重要的一环，它包括东亚和东南亚的众多国家。1368 年明朝建立之后，这一贸易圈逐渐形成了一个以中国为中心的朝贡贸易体系。16 世纪西方商人接踵加入中国贸易圈，建立了与其他贸易圈的新联系。新联系的建立以及中国贸易圈本身的变动之间交互影响，从而使中国贸易圈具有了新的特点。[⑤]

---

① 钱江. 十六—十八世纪国际间白银流动及其输入中国之考察. 南洋问题，1988(2)：83.

② 全汉升. 中国经济史论丛（第一册）. 香港：新亚研究所出版社，1972：435.

③ ［英］崔瑞德，［美］牟复礼. 剑桥中国明代史：1368—1644 年（下卷）. 杨品泉等译. 北京：中国社会科学出版社，2006：387—400.

④ ［德］安德烈·贡德·弗兰克. 白银资本：重视经济全球化中的东方. 刘北成译. 北京：中央编译出版社，2000：197.

⑤ 资料来源：Hang Xing. Between Trade and Legitimacy, Maritime and Continent: The Zheng Organization in Seventeenth-Century East Asia. Berkeley:univ. of california, 2010: xvi.

（一）朝贡贸易体系的契机

1368 年，朱元璋推翻元的统治建立了明朝，"元以夷变夏，上厌之，乃诏衣冠悉复唐制，民物一新"①。在对外关系上，明朝也恢复了汉唐以来的朝贡制度，用"羁縻"的和平手段达到"怀柔远人"的目的，以此实现边界的和平。要实现这一制度，除了有强大的军事、政治威慑力和文化影响力之外，经济吸引力也是维持朝贡制度的重要因素。而朝贡贸易正是朝贡制度的经济吸引力所在。朱元璋称："诸蛮夷酋长来朝，涉履山海，动经数万里。彼即慕义来归，则赠予之物宜厚。以示朝廷怀柔之意"。②因而相对于进贡的产品，明朝的赏赐要优厚得多。另外，除了贡品，朝贡使团还携带了大量的附带品，数量要远多于贡品，据称贡品仅占所有物品的1/10。③朝贡使团可以将这些商品在京师会同馆或市舶司与官方指定的商人进行交易，而且这种交易在正德之前不收任何税费。④另外，明朝出于海防安全的考虑还施行了海禁政策，这在客观上使朝贡贸易成为中国对外贸易的唯一渠道，因而朝贡国"虽云修贡，实则慕利"⑤。朝贡贸易除了朝贡国来华外，明朝也向朝贡国派遣使节团，比如为了册封新国主，而且允许使节团人员携带本国货物出国贸易，也允许其带回外国货物以牟利。⑥

朝贡贸易体系下，明朝合法的对外贸易仅限于外国贡使来华和明朝使节外出，但朝贡贸易之外的私人贸易一直存在并不断发展。朝贡贸易虽然排斥私人贸易，但朝贡贸易的存在为中国贸易圈提供了一个相对稳定的贸易环境，朝贡贸易扩大了中国与其他国家之间的商品

① 涂山辑.《新刻明政统宗》卷二《太祖高皇帝》. 转引自：李庆新. 郑和下西洋与朝贡体系. 见：王天有等编. 郑和远航与世界文明——纪念郑和下西洋 600 周年论文集. 北京：北京大学出版社，2005：229.

② 《明实录·太祖实录》卷一百五十四. 上海：上海古籍出版社，1983：2401—2402.

③ 李金明. 明代海外贸易史. 北京：中国社会科学出版社，1990：29.

④ 梁方仲. 明代国际贸易与银的输出入. 见：于宗先等编. 中国经济发展史论文选集（下册）. 台北：联经出版事业公司，1980：1496—1514.

⑤ 顾炎武. 天下郡国利病书. 中国基本古籍库. 2170.

⑥ 张彬村. 明清两朝的海外贸易政策：闭关自守？见：吴剑雄编. 中国海洋发展史论文集（第四辑）. 台北："中央研究院"中山人文社会科学研究所，1991：47.

交流，比如与东南亚的香料贸易[①]，中国货币成为经济圈中的重要支付手段[②]，这在客观上为私人贸易的发展提供了良好的环境和示范效应。正如彭慕兰在《贸易打造的世界》中所说："朝贡制度主要考虑的不是经济利益，却无意间建立了一个跨国的共同市场，并为该市场提供了同一的货币，定义了主流品味（此品味有助于打造出值得为其生产供应商品的市场），创造了时尚和行为的标准（这个市场里的上层阶级，通过这些标准确认对方是否可以交易，以避免有损身份地位或违约风险）。"[③]但到了正德（1505—1521）年间，私人贸易逐渐取代朝贡贸易成为明朝对外贸易的主要方式。这一方面是由于朝贡贸易制度自身存在的缺陷[④]，如朝贡贸易对规模和次数的限制与中国商品的海外需求扩大之间的矛盾，而海禁政策更是加剧了这一矛盾，朝贡贸易的规模由于明政府"厚往薄来"原则而受到财政上的限制；另一方面，由于西欧商人加入中国贸易圈，新联系的建立使对中国商品的需求扩大，私人对外贸易蓬勃发展。[⑤]虽然此时朝贡制度在中国对外关系方面仍然继续发挥作用，但朝贡贸易对对外贸易的种种规定已经逐渐成为一种形式而徒具虚名。[⑥]虽然如此，明朝前期建立的朝贡贸易体系使中国和东南亚、东亚的国家之间建立了稳定的贸易关系和共同市场，这一贸易体系是分析明朝私人海外贸易、西欧商人的加入等中国贸易圈变动的重要契机。

---

① ［澳］安东尼·瑞德. 东南亚的贸易时代：1450—1680 年（第二卷·扩张与危机）. 孙来臣等译. 北京：商务印书馆，2010：11—13.

② ［日］滨下武志. 近代中国的国际契机——朝贡贸易体系与近代亚洲经济圈. 朱荫贵，欧阳菲译. 北京：中国社会科学出版社，1999：43.

③ ［美］彭慕兰，［美］史蒂夫·托皮克. 贸易打造的世界. 黄中宪译. 西安：陕西师范大学出版社，2008：26.

④ 详细分析见：骆昭东. 从全球经济发展的视角看明清对外贸易政策的成败（博士学位论文）. 天津：南开大学，2010：40—44.

⑤ 晁中辰. 论明代的私人海外贸易. 东岳论丛，1991(3)：88—93；庄国土. 论15—19世纪初海外华商经贸网络的发展. 厦门大学学报（哲学社会科学版），2000(2)：58—60；张彬村. 十六至十八世纪华人在东亚水域的贸易优势. 见：张炎宪编. 中国海洋发展史论文集（第三辑）. 台北："中央研究院"三民主义研究所，1988：345—368.

⑥ ［英］崔瑞德，［美］牟复礼. 剑桥中国明代史：1368—1644 年（下卷）. 杨品泉等译. 北京：中国社会科学出版社，2006：299.

（二）西欧国家加入中国贸易圈

1509 年，当葡萄牙人塞拉克（Diogo Lopes de Sequeira）第一次进入中国贸易圈的马六甲时，他发现港内停泊着三四艘中国帆船[①]。马六甲当时是印度洋和东南亚之间的交通枢纽，是中国、东南亚和印度之间三角贸易的中心和最人的胡椒和香料市场。[②]塞拉克向马六甲国王提出了通商请求，但印度商人提醒国王葡萄牙人在印度的军事占领，最终通商并没有成功。与进入印度洋时一样，葡萄牙人再次使用了武力。1511 年，当时的葡萄牙印度总督亚伯奎（Alfonso De Albuquerque）亲自率领 8 艘舰船攻击马六甲，马六甲国王出逃，亚伯奎占领马六甲。[③]之后葡萄牙人强迫所有通过马六甲海峡的船只必须在马六甲港停靠，并向葡萄牙人交税以获取通行证。葡萄牙的马六甲模式也为后来进入中国贸易圈的西方国家树立了榜样即航海—贸易站—要塞模式。[④]此后葡萄牙又积极开拓了与多个东南亚国家的贸易，其中最重要的是控制了以香料群岛著称的马鲁古群岛。[⑤]

1509 年，塞拉克到马六甲的另一项重要使命是受葡萄牙国王曼努埃尔一世的委托打探关于中国的情况。[⑥]此后，葡萄牙的一些商人开始试图与中国直接通商，他们发现"把香料运往中国，和运往葡萄牙一样可获大利"。[⑦]1517 年，葡萄牙派使者皮列士（Tome Pires）出使中国，虽然当时的正德皇帝接见了皮列士派去的使者，但对于通商一直没有给予回应。1519 年留在广州的首领安德拉德（Simao de Andrade）兄弟却在屯门岛修筑了要塞，并阻止其他外国前来贸易，

---

① 张天泽，钱江. 中葡早期通商关系. 南洋资料译丛，1989(2)：59.
② 廖大珂. 早期葡萄牙人在福建的通商与冲突. 东南学术，2000(4)：71—78.
③ 张维华. 明史欧洲四国传注释. 上海：上海古籍出版社，1982：3.
④ 廖大珂. 早期葡萄牙人在福建的通商与冲突. 东南学术，2000(4)：76.
⑤ 李德霞. 17 世纪上半叶东亚海域的商业竞争. 昆明：云南美术出版社，2009：28.
⑥ 葡萄牙国王给塞拉克信的主要内容："你必须探明有关秦人的情况，他们来自何方？路途有多远？他们何时到马六甲或他们进行贸易的其他地方？带来些什么货物？他们的船每年来多少艘？他们的形式和大小如何？他们是否在来的当年就回国？他们在马六甲或其他任何国家是否有代理商店或商站？他们是富商吗？他们是懦弱的还是强悍的？他们有无武器或火炮？他们穿什么样的衣服？他们的身体是否高大？还有其他一切有关他们的情况。"见：张天泽，钱江. 中葡早期通商关系. 南洋资料译丛，1989(2)：59.
⑦ ［英］博克舍. 十六世纪中国南部行纪. 何高济译. 北京：中华书局，1990：3.

同时还贩卖中国儿童和妇女。[①]此后马六甲的王子也到了北京，并将葡萄牙占领马六甲的罪行告知明朝政府。1521 年，明政府拒绝了葡萄牙的朝贡请求，并将使团逐出北京。此后，一直到 1528 年，葡萄牙一直致力于在广州用武力夺取一个贸易据点，但最终都失败了。[②]16 世纪 30 年代葡萄牙北上福建、浙江沿海，通过当时重要的走私中心漳州月港和浙江双屿进行武装贸易。1547—1549 年明朝中央政府派朱纨到浙闽清除私人对外贸易，并与葡萄牙人发生了冲突。葡萄牙被迫再次返回广东沿海，他们吸取了在浙江和福建的教训，"完全放弃了任何诉诸武力的做法，而代之以谦卑、恭顺的言谈举止"，"他们在中国采取了一种截然不同的政策，即贿赂与奉承的政策"[③]，于 1557年在澳门获得了居住权。[④]在此后的很长一段时间里，澳门都是获取中国商品的唯一的合法渠道，而葡萄牙也凭借对澳门的占领建立了连接长崎、澳门、马六甲、马尼拉、果阿、里斯本等地的巨大贸易网络。[⑤]

在西班牙政府的支持下，1519—1521 年，麦哲伦的船队完成了环球航行，终于通过向西航行找到了香料群岛，当时小小的"维多利亚"号运回的香料足以抵偿整个环球航行的初步费用。[⑥]巨大的利润让西班牙对香料群岛提出了主权要求，但葡萄牙人早已在香料群岛经营多年，两国为了争夺香料群岛经过了激烈的对抗，最终于 1529 年双方签订《萨拉戈萨条约》，确定了葡萄牙对香料群岛的土权，但要支付西班牙 350 000 达克特（ducat）的费用。[⑦]此后他们对东方的关注转移到了菲律宾群岛，但 1545—1548 年墨西哥和秘鲁发现银矿，

① ［英］崔瑞德，［美］牟复礼. 剑桥中国明代史：1368—1644 年（下卷）. 杨品泉等译. 北京：中国社会科学出版社，2006：312.
② 同上，314.
③ 张天泽. 中葡早期通商史. 香港：香港中华书局，1988：106.
④ ［英］崔瑞德，［美］牟复礼. 剑桥中国明代史：1368—1644 年（下卷）. 杨品泉等译. 北京：中国社会科学出版社，2006：318—319.
⑤ 黄启臣. 中国在贸易全球化中的主导地位——16 世纪中叶至 19 世纪初叶. 福建师范大学学报（哲学社会科学版），2004(1)：3—4.
⑥ ［英］博克舍. 十六世纪中国南部行纪. 何高济译. 北京：中华书局，1990：15.
⑦ E. H. Blair. *The Philippine Islands, 1493–1898(Volume 1: 1493—1529)*. Cleveland: Arthur Clark Co., 1903: 159–164.

西班牙将注意力集中到了美洲。但他们一直没有放弃打破葡萄牙对香料贸易的垄断。1565 年，黎牙实比（Legaspi）率领一支西班牙远征队再次返回东方的菲律宾群岛，并在宿雾（Cebu）建立了一个据点。1569 年黎牙实比被任命为菲律宾总督，可以统一调动亚洲统治区的资源。1571 年，黎牙实比占领了菲律宾群岛中的最大岛屿——吕宋，并以马尼拉为中心，逐渐建立起了亚洲与美洲、欧洲的联系。而之所以选择马尼拉就是为了发展与中国之间的贸易。[①]

早在西班牙到来之前，福建等地的中国人和日本人就已经与马尼拉建立了贸易联系。西班牙人逐渐了解到与中国和日本的贸易是"迄今所见到的最大和最有利的买卖"[②]。另一方面，随着美洲白银的开采，暴富的美洲西班牙城市对丝绸等中国商品的需求急速膨胀。1571 年，西班牙人利用在海上救下 50 名中国人的机会派使者前往福建，希望与中国缔约通商，但遭到了拒绝。1573 年，被赶出福建沿海的海盗集团首领林凤，率领 62 艘舰船和 4000 名部下围攻马尼拉及吕宋西部滨海各地[③]，但被西班牙人击败，之后于 1575 年被困在彭加丝兰（Pangasinan）。同时明朝把总王望高率领战舰追寻林凤，到达马尼拉。西班牙人热烈欢迎了他并保证抓获林凤后交予中国，王望高对西班牙人的合作非常高兴，并答应西班牙人可以派遣使者前往福建。两名奥古斯丁会修士随即被派往福建，以求能像葡萄牙一样在福建沿海获取一个港口，福建方接待了他们，但并没有给予立即答复，而是要他们先返回马尼拉，同时还派了一支由 10 艘战船组成的舰队与西班牙人合作剿灭林凤。但当他们到达澎湖时就听说林凤已经逃走，这动摇了中国方面对西班牙承诺的信心。而且当时的西班牙长官也换成了桑德（Sande），此人不但因战术失误放走了林凤，而且改变了前任对中国的务实态度，对中国官员极其傲慢。多种因素最终使西班牙

---

① ［英］博克舍. 十六世纪中国南部行纪. 何高济译. 北京：中华书局，1990：19.

② ［英］博克舍. 十六世纪中国南部行纪. 何高济译. 北京：中华书局，1990：18.

③ 张维华. 明史欧洲四国传注释. 上海：上海古籍出版社，1982：60.

丧失了与中国直接通商的最好的一次机会。^①此后虽然西班牙还进行了一些与中国直接通商的努力——甚至 1586 年在马尼拉教会和军方的支持下,还制定了派遣远征军征服中国的计划,但该计划被马德里的最高当局否决^②——这些努力都没有成功。直接通商努力的失败使西班牙人转而采取招揽商人到马尼拉贸易的方法。

进入 17 世纪,荷兰和英国也以武装贸易的形式强势加入中国贸易圈。在东南亚英、荷之间以及他们与葡萄牙、西班牙之间为了争夺香料贸易的控制权而大打出手,最终荷兰人于 1619 年击败英、雅加达、万丹方面的军队而占领雅加达,1621 年改雅加达为巴达维亚。^③此后荷兰以武装胁迫、政策优惠等多种策略招揽商人前往巴达维亚。1620 年,荷兰东印度公司与英国各出 5 艘舰船组成联合舰队,航行于长崎、澳门、马尼拉之间,劫夺前往马尼拉的中国帆船,以及来往长崎、澳门间的葡萄牙商船。^④而在对中国方面,荷兰一直未能获得直接通商的机会,因而从 1604—1624 年间不断骚扰中国东南沿海,最终于 1624 年在台湾建立了贸易据点。荷兰和英国的加入,一方面是他们要与先来的葡萄牙和西班牙竞争,另一方面由于没有获得与中国直接通商的通道,因而他们依赖华商获得中国的商品——但他们经营的亚洲区域间贸易又与华商存在竞争。

新联系建立所带来的市场扩大促进了中国贸易圈的繁荣,新商人的加入既带来了贸易的机会也增加了竞争对手。17 世纪的远东水域多种力量相互交织,构成了郑氏集团产生的历史舞台。

---

① [英]博克舍. 十六世纪中国南部行纪. 何高济译. 北京:中华书局,1990:23—26.

② 陈台民. 中菲关系与菲律宾华侨(第一册). 香港:朝阳出版社,1985:163—186.

③ 李德霞. 17 世纪上半叶东亚海域的商业竞争. 昆明:云南美术出版社,2009:66—75.

④ 曹永和. 荷据时期台湾开发史略. 见:曹永和. 台湾早期历史研究. 台北:联经出版事业公司,1979:51.

三、郑氏集团的产生

16 世纪新的全球联系的建立，使中国商品的市场得到了扩大，海外贸易利润增加。而此时以中国为中心的官方朝贡贸易体系也逐渐衰落。尤其是 1523 年日本的两个朝贡使团因争论各自勘合的合法性在宁波发生武力冲突，并"大掠宁波沿海诸郡邑"，杀死多名明朝将领，明朝因此而废除了浙江市舶司①，明朝和日本之间的合法贸易渠道就此终结，从而使私人海外贸易的市场进一步扩大。"自上番舶以取外国之利，利重十倍。"②"海中之利无涯，诸番奇货本一利万。"③因此，16 世纪 20 年代起，明朝的私人海外贸易逐渐繁荣起来，并且开始出现海商集团。比如许氏兄弟、王直、徐海、萧显、林碧溪、何亚八、许西池、谢策、洪迪珍、张维、张琏、吴平、曾一本、林道乾、林凤等。④王世贞称："中国亡命者，多跳海聚众为舶主，往来行贾闽浙之间，又以财物役属勇悍倭奴自卫，而闽浙间奸商猾民，见其利厚，私互市违禁器物，⋯⋯其魁则皆闽浙人，⋯⋯大群数千人，小群数百人，比比蝟起，而舶主推王直为最雄，徐海次之，又有毛海峰、彭老不下十余帅。"⑤海商的军事集团化源于抵御政府的缉私和其他海商，尤其是倭寇和葡萄牙人的劫掠，具有自卫的性质。但军事力量的增强在增加自卫能力的同时，也使海商集团具备了攻击能力，有时是为了弥补贸易损失而劫掠，有时是以劫掠为事业。因而他们的特点是"亦商亦盗"，虽然如此，不同的海商集团在两者倾向性上并不相同，比如早期的金子老、许栋、王直的商性较重，而李光头、徐海的盗性较重。⑥此后这种军事化的海商集团成为中国对外贸易的重要

---

① 谷应泰. 明史纪事本末. 北京：中华书局，1977：844.
② ［明］茅元仪. 武备志（卷二一四）. 台北：华世出版社，1984：9119.
③ ［明］王世懋. 策枢（卷一）. 见：谢国桢. 明代社会经济史料选编（中）. 福州：福建人民出版社，1981：131.
④ 详细情况见：林仁川. 明末清初私人海上贸易. 上海：华东师范大学出版社，1987：85—111.
⑤ ［明］陈子龙，徐孚远，宋征璧. 明经世文编. 北京：中华书局，1962：3555—3556.
⑥ 张彬村. 十六世纪舟山群岛的走私贸易. 见：台湾中山人文社会科学研究所编. 中国海洋发展史论文集（第一辑）. 台北："中央研究院"三民主义研究所，1984：71—95.

组织形式。嘉靖倭患被平定后，明朝于隆庆年间允许商舶出洋，海禁的松弛使众多的海商偏重于商性。但 17 世纪更强大的荷兰人、英国人以武装贸易的形式进入中国贸易圈，以及万历年间对田赋的加派[①]，1592 年爆发"朝鲜之役"，明朝在东南沿海重申海禁[②]，从而中国的商人再次联合形成更强大的海商集团。

郑氏集团的开创者郑芝龙，原名郑一官，生于 1603 年。他的出生地福建安平历来就是海商辈出之地，"安平人好贾，做者列市肆，行者浮湖海"[③]。1621 年，18 岁的郑芝龙前往澳门，投奔母舅黄程，并参与了黄程经营的对外贸易。[④]在澳门期间，郑芝龙学会了葡萄牙语，接受天主教洗礼，并熟悉了西方商人的贸易方式，而这种经历和语言优势将在他今后的事业中发挥重要的作用。[⑤]之后郑芝龙为黄程贩货到日本，并加入了李旦的海商集团[⑥]。李旦也是泉州人，当时已是平户的华人首领，贸易经营范围涉及台湾、吕宋、东京、广南等地[⑦]，与当时的葡萄牙人、荷兰人、英国人都有贸易往来，由于李旦与福建的当地官员熟识，因而成为西方获取中国商品的重要渠道。《赐姓始末》称"有李习者（即李旦），往来日本，以商泊为

① 全汉升，李龙华. 明中叶后太仓岁入银两的研究. 见：全汉升. 中国近代经济史论丛. 北京：中华书局，2011：262.

② 杨国桢. 十六世纪东南中国与东亚贸易网络. 江海学刊，2002(4)：20.

③ 李光缙.《景璧集》（卷 13）. 转引自：林仁川. 明末清初私人海上贸易. 上海：华东师范大学出版社，1987：112.

④ 江日升. 台湾外纪. 见：周宪文等编. 台湾文献丛刊第 60 种. 台北：台湾银行经济研究室，1957—1972.

⑤ Leonard Blusse. Minnan-jen or Cosmopolitan？ The rise of Cheng Chih-lung alias Nicolas Iquan.In:E.B.Vermeer.*Development and Decline of Fukien Province in the 17th and 18 th Centuries*. New York: Brill, 1990: 253-254.

⑥ 也有学者根据日文认为郑芝龙赴日的时间为 1612 年，而博克舍则根据西文资料认为郑芝龙赴日的时间为 1621 年之前；分别见：吴凤斌. 郑芝龙、郑成功父子侨居日本考略. 见：中外关系史学会编. 中外关系史（第二辑）. 北京：世界知识出版社，1986：48—49；Leonard Blusse. Minnan-jen or Cosmopolitan？ The rise of Cheng Chih-lung alias Nicolas Iquan.In:E.B.Vermeer.*Development and Decline of Fukien Province in the 17th and 18th Centuries*. New York: Brill, 1990: 253-254.

⑦ 陈荆和. 清初华舶之长崎贸易及日南航运. 南洋学报，1957(第 1 辑)：1—57.

事，芝龙以父事之"①。郑芝龙因忠诚、勤奋和通晓生意而日益取得李旦的信任。郑芝龙遂获得了李旦的几艘船和大量财货，到今天的越南和菲律宾等地进行贸易，并为李旦带来了丰厚的利润。除了李旦的货物，郑芝龙也开始代理其他富商的货物，由此逐渐建立了自己的关系网络。②

1622年，荷兰人为了阻止葡萄牙与中国的贸易，并建立与中国的直接贸易联系，首先攻打澳门，被葡萄牙人击败后，向北占领了澎湖。之后，"名为求市，大肆焚劫，自天启二年（1622年）发难以来，洋贩不通，海运梗塞，漳泉诸郡，已坐困矣"③。明朝政府一开始与荷兰人进行了外交交涉，并建议荷兰人退出澎湖前往台湾，但并没有效果。④此后双方的对抗与和谈一直持续到1624年。新任的福建巡抚南居益积极备战，于1624年8月率军攻上澎湖，将荷兰人围困起来。⑤同时他扣押了李旦在厦门的重要合作伙伴许心素，以此要挟李旦劝荷兰人放弃澎湖前往台湾。⑥结果荷兰人拆除了澎湖岛上的城堡，并于8月26日前往台湾。

1623—1624年李旦为了处理此事而驻扎在台湾，并促使荷兰人任用郑芝龙为其葡萄牙语翻译，以此来了解荷兰人的动向。⑦在郑芝龙做荷兰通事期间，他不但了解了荷兰东印度公司的贸易网络和经

---

① 黄宗羲. 赐姓始末. 与台湾文献丛刊第25种《郑成功传》合刊. 见：周宪文等编. 台湾文献丛刊第25种. 台北：台湾银行经济研究室，1957—1972.

② ［西］帕莱福. 鞑靼征服中国史、鞑靼中国史、鞑靼战纪. 何高济译. 北京：中华书局，2008：54.

③ 澎湖平夷功次残稿. 见：台湾"中央研究院"历史语言研究所. 明清史料（乙编）. 北京：商务印书馆，1936：625.

④ Cheng Shaogang, *De VOC en Formosa 1624-1662: Een vergeten geschiedenis*, Leiden: Leiden, 1995. 中译本见：程绍刚译注. 台北：联经出版事业公司，2000：16.

⑤ ［西］包乐史. 中国梦魇———次撤退、两次战败. 见：刘序枫编. 中国海洋发展史论文集（第九辑）. 台北："中央研究院"人文社会科学研究中心，2005：147—149.

⑥ Iwao Seiichi. Li Tan. Chief of the Chinese Residents at Hirado, Japan in the Last Days of the Ming Dynasty. In *Memoirs of the Research Department of the Toyo Bunko 17*. 1958: 62-63.

⑦ Leonard Blusse. Minnan-jen or Cosmopolitan？The rise of Cheng Chih-lung alias Nicolas Iquan.In:E.B.Vermeer.*Development and Decline of Fukien Province in the 17th and 18th C enturies*. New York: Brill, 1990: 254.

营，还直接参与了荷兰对中国帆船的劫夺。1625 年初，郑芝龙指挥 2 艘帆船和 100 名水手攻击去马尼拉的商船；回到台湾之后开始对海上贸易的商船征收"报水"①，并劫掠拒绝缴纳的船只；1625 年夏，荷兰出资资助郑芝龙北上劫掠，与郑芝龙平分劫掠的收益。②与荷兰人的密切关系使他取得了相对独立的地位。1625 年 8 月李旦去世，郑芝龙继承了其在日本和台湾的贸易基地，许心素则继承了李旦在福建的生意。③随后另外一位台湾的海商集团首领颜思齐也去世了，郑芝龙也将其势力纳入麾下。④从此之后，郑芝龙脱离荷兰东印度公司成为独立的海商集团。

1626 年 3 月，郑芝龙利用福建连年大旱，"自龙井登岸袭漳浦镇，杀守将，进泊金门、厦门，竖旗招兵，旬日间，众至数千"⑤。此后郑芝龙攻海澄，掠芦坑、溪尾、九都等地，又南下粤东，进犯靖海、甲子等地。郑芝龙的势力日益壮大，闽粤震动。1626 年秋，福建巡抚朱钦利用巡海道蔡善继与郑芝龙父亲的旧识招抚郑芝龙，郑芝龙的部署陈衷纪等不同意受抚，自领 12 艘船回台湾，郑芝龙兄弟则率众归降。但蔡善继对待郑芝龙颇为傲慢，并催促其缴报战船兵器，于是郑芝龙当夜率众叛逃。⑥1627 年正月，郑芝龙从广东回师福建铜山。

---

① 据崇祯二年浙江巡抚张延称，"'报水'是指货未发之前给船发放的许可证"。见：兵科抄出浙江巡抚张延登题本. 载台湾"中央研究院"历史语言研究所. 明清史料（乙编）. 北京：商务印书馆，1936：618.

② John E. Wills, Jr. Maritime China from Wang Chih to Shih Lang: Themes in Peripheral History. in Jonathan D. Spence and John E. Wills eds., *From Ming to Qing: Conquest, Regional Continuity in 17th-century China.* New Haven: Yale University Press, 1979: 217.

③ John E. Wills, Jr. Maritime China from Wang Chih to Shih Lang: Themes in Peripheral History. in Jonathan D. Spence and John E. Wills eds., *From Ming to Qing: Conquest, Regional Continuity in 17th-century China.* New Haven: Yale University Press, 1979: 218.

④ 记载郑芝龙继承了颜思齐的海商集团事业的资料，如《台湾外纪》、《海寇记》、《东南纪事》等，但据学者考证，颜思齐确有其人并与郑芝龙有过来往，但其只是一个"不大不小的海盗集团头目"，而郑芝龙的基业主要来自对李旦集团的继承。见：徐健竹. 郑芝龙、颜思齐、李旦的关系及其开发台湾考. 载中国社会科学院历史研究所明史研究室编. 明史研究论丛（第三辑）. 1985：286—301.

⑤ 陈寿祺. 福建通志卷二六七. 见：福建师大郑成功史料编辑组. 郑成功史料选编. 福州：福建教育出版社，1982：21—22.

⑥ 同上，22—23.

新任福建巡抚朱一冯命骁将都司洪先春会同把总许心素、陈文廉合剿，结果先春大败。之后又命洪先春与金门游击卢毓英合击郑芝龙，结果卢毓英被生擒。8—10月间郑芝龙在厦门等地多次击败都督俞咨皋（抗倭名将俞大猷之子）和副总兵陈希范，此二人被参劾，后被处斩。①

在此期间，郑芝龙仍然与荷兰保持着密切的关系，1626年郑芝龙转交给荷兰的9艘帆船上装载了约价值28 000两白银的瓷器和食品。②但接下来，由于郑芝龙在闽南、粤东的军事行动逐渐影响了正常贸易，并对所有船只进行拦截，且明政府以开放自由贸易为诱饵要求荷兰人合力对抗郑芝龙，最终，荷兰答应赶走郑芝龙，但很快就被郑芝龙击败。荷兰人感叹："我们目前在大员和中国沿海没有一艘海船、快船和帆船，海盗控制中国沿海，将我们在大员和中国沿海之间的联系切断，我们的人如同被围困在城堡中一样。"③

处于竞争更加激烈的中国贸易圈中的郑芝龙，从他的前辈李旦、王直那里，从葡萄牙、荷兰、日本人那里学到了经营对外贸易的丰富经验，商业与军事的结合对他来说并不陌生。但个人的军事力量并不见容于竞争对手及明朝政府，生存面临巨大的压力，因而出于商人的本性，要获取更大的贸易利益，获取公权力的支持就是其必然选择。郑芝龙采取了一种求抚的策略。首先，郑氏集团从一开始就与其他集团不同，他的骚扰是很有克制的。有严明的纪律，"不许掳妇女、屠人民、纵火焚烧、榨艾稻谷"④；劫富济贫，"所到地方，但令报水，而未尝杀人。有彻贫者，且以钱米与之"⑤；对官兵不赶尽杀

①　杨友庭.明郑四世兴衰史.南昌：江西人民出版社，1991：12—14.

②　Leonard Blusse. Minnan-jen or Cosmopolitan？ The rise of Cheng Chih-lung alias Nicolas Iquan.In:E.B.Vermeer.*Development and Decline of Fukien Province in the 17th and 18th Centuries*. New York: Brill, 1990. 255.

③　Cheng Shaogang, *De VOC en Formosa 1624-1662: Een vergeten geschiedenis*, Leiden: Leiden, 1995. 中译本见：程绍刚译注.台北：联经出版事业公司，2000：80.

④　江日升.台湾外纪.见：周宪文等编.台湾文献丛刊第60种.台北：台湾银行经济研究室，1957—1972.

⑤　[明]曹履泰.靖海纪略卷一.见：福建师大郑成功史料编辑组.郑成功史料选编.福州：福建教育出版社，1982：21.

絕，"舍洪都司（先春）不追，獲盧游擊（毓英）不殺。又自舊鎮至中左所，督臣俞咨皋在中左，聞訊亦縱其微服以遁。中左之人開城門，哀求不殺，芝龍又約眾不入"①。其次，不斷發展並顯示自己的力量，從而迫使明政府招撫。"鄭芝龍之初起也，不過數十船耳，至丙寅（天啟六年，即1626年）而一百二十隻，丁卯（天啟七年，即1627年）遂至七百，今（崇禎初年，即1628年）並諸種賊計之，船且千矣。"②又《兵科抄出兩廣總督李題》載："鄭賊固甚麼，而狡黠異常，習于海戰，其徒黨皆內地惡少，雜以番倭剽悍，三萬餘人矣。其船器則皆制自外番，艨艟高大堅致，入水不沒，遇礁不破，器械犀利，銃炮一發，數十里當之立碎；此皆賊之所長者。而我沿海兵船，非不星羅棋置，而散處海濱，無所不備，則無所不寡。其船則窄而脆，其器則朽而鈍，或能游弈于沿海，而不能遠駕以破敵。其將領則矢口折衝，而求其膽略沉雄、呼吸風雲、組系賊首而致之麾下者，臣目前未見其儔也。"③再次，"侵漳不而不侵泉"，這種選擇性使他獲得了泉州地方一些官紳的支持。鄭芝龍的"百計求撫"與當年王直以助剿請開禁④何其相像，但當年王直求明政府之不抑尚且不得，鄭芝龍求撫以獲取公權力的支持又如何能夠實現。要理解兩者不同結局，我們要回到晚明中央政府、"東南海氛"、北方邊境危機之間的互動背景中。

① 河南道監察御史蘇琰為再詳臣鄉亂形等事. 見：東北圖書館. 明清內閣大庫史料（第一輯）明代. 瀋陽：東北圖書館，1949：756.
② ［明］董應舉. 崇相集第二冊《米禁》. 見：福建師大鄭成功史料編輯組. 鄭成功史料選編. 福州：福建教育出版社，1982：25.
③ 兵科抄出兩廣總督李題. 見：台灣"中央研究院"歷史語言研究所. 明清史料（乙編）第7本. 北京：商務印書館，1936：615.
④ 張彬村. 十六世紀舟山群島的走私貿易. 見：台灣中山人文社會科學研究所編. 中國海洋發展史論文集（第一輯）. 台北："中央研究院"三民主義研究所，1984：91—92.

127

第二节　明末清初的政局与郑氏集团的官商关系

一、北方危机与晚明中央和东南沿海地区

朱元璋在分析明朝的对外关系时指出：

> 四方诸夷，皆限山阻海，僻处一隅。得其地不足以供给，得其民不足以使令。使不自量而扰边，则不祥彼，作宜捕捉；彼既不为中国患，而我轻用兵肆伐，亦不祥甚哉。我恐后世子孙，倚中国富强，贪一时利，便兴兵伤民。切记其不可。惟胡戎密迩西北边，世为患。必选将练兵，时谨备焉。[①]

从朱元璋的分析可以看出，他认为明朝的外部威胁主要来自西边和北边的"胡戎"，而其他地区则有山海相阻，且不会给明朝带来收益，因而对这些地区应该避免使用武力。这样的外部环境与汉、唐、宋等王朝类似，因而明朝也沿用了这些王朝对周边关系的策略：集中军事力量于北方边境，以备"胡戎"；建立朝贡体系以维持与其他国家的和平关系。另外，为保证东南的海防安全，明朝还施行了海禁政策，这一政策与朝贡相结合，既保证了国内外的商品交流，又使这种交流在可控范围内。由此可见，明朝的国防战略是理解其对外关系和内部互动的重要切入点。

（一）北方防务与明朝的军事、财政

据统计从公元前221年到公元1840年，我国共发生重要战役840例，其中内部战役373例，外部战役467例，北方644例，南方196例，南北方比约为3:10，而在对外战役中这一比例为1:30。[②]由此可见，对中国历代王朝的军事威胁主要来自北方。历来应对北方威胁的

---

① 《皇明祖训录》. 转引自：[英]崔瑞德，[美]牟复礼. 剑桥中国明代史：1368—1644年（下卷）. 杨品泉等译. 北京：中国社会科学出版社，2006：285—286.
② 李燕茹，胡兆量. 中国历史战场地域分布及其对区域发展的影响. 人文地理，2001(6)：61—63.

方法主要有三种：贸易，和亲或和约，以及战争。但一方面，和亲或和约主要出现在中原王朝积弱之时，而贸易则以双方的实力相当为前提；另一方面，游牧经济并不能自给自足，有与外部交换的需要，而且"对中原王朝的掠夺、贸易和战争是游牧君长吸引部众，绝对化其权力的重要因素"①。因而历代王朝都在北方部署了强大的军事力量。

　　明朝也一直受到来自北方的威胁，明初的北元，中期的鞑靼、瓦拉，后期的女真，他们的力量都足够强大到可以动摇整个明朝的统治。为此，从明初为了防御北夷（特别是蒙古）南下就开始设置军事重镇，如辽东镇、宣府镇、大同镇、延绥镇（又称榆林镇）四镇，继而设宁夏镇、甘肃镇、蓟州镇三镇，后又设山西镇（又称三关镇）、固原镇（又称陕西镇）。嘉靖末年又设永平、密云、昌平、易州等镇，与蓟州合成蓟镇，也即明后期所称的"九边十三镇"。从数量上（如表4.1所示）看，这里集中了国家将近一半以上的兵力，还不包括永乐迁都之后守卫北京的兵力，而从质量上看，明中期"土木堡之变"后，京营精锐丧失殆尽，边兵逐渐成为国防力量的中坚。②

表 4.1　明朝"九边"的兵力

兵力 时间	总兵力	"九边"兵力	
		人数	占总兵力的比重
洪武年间 [a] （1368—1398）	1 214 931	571 100	47%
永乐之后 [b] （1424 年之后）	1 586 611	891 893	56%
万历初年 [b] （1573 年为万历元年）	1 120 058	680 608	61%

[a] 总兵力包括京军。数据来源：梁淼泰. 明代"九边"的军数. 中国史研究，1997(1)：147.

[b] 总兵力不包括京军。数据来源：吴晗. 明代的军兵. 见：吴晗. 读史札记. 北京：生

---

① 萧启庆. 北亚游牧民族南侵各种原因的检讨. 见：陈国栋，罗彤华. 经济脉动. 中国大百科全书出版社，2005：231—232；243.
② 肖立军. 明代边兵与外卫兵制初探. 天津师大学报，1998(2)：38.

活·读书·新知三联书店，1956.103.

北方的防务不仅是军事国防问题，更重要的是明朝中央要为防务提供足够的财政支持。明朝的财政从收入看，田赋是主要来源，约占56.76%，其次是劳役折银，约占27.27%，盐业和其他的杂税收入约占16.22%。就田赋来说，其税率较低，大部分县为粮食产量的5%—10%，而且政府规定了各地田赋征收的定额，低税率和定额制是政府薄田赋以获取国内稳定的策略，为了从低税率中获得足够的税收，明政府在基层建立了户籍和里甲制度，并定时统计人口和土地。就劳役来说，它并不直接扩大政府收入，而只是体现为能够减少一部分支出。从整个明清看，盐业和杂税在财政收入中的比重是不断上升的，但来自工商业的收入只占这部分的25%[1]，工商业的收入在增加，但还远没有增加到能够改变国家的税收结构的程度。

财政收入的一部分被地方政府留存用于当地驻军的军费、官员的俸禄、宗藩禄廪等；另一部分起运南北两京或北方边镇。解运两京的部分构成了明朝中央的岁入，而直接运往北方边镇的则用于支付九边的部分军费。中央的岁入到京后除直接发往各库局、司、寺、府、监、所等政府部门的部分外，其余主要归入内承运库和太仓库。内承运库主要支付皇室的费用。而太仓库属于户部，设置于正统七年（1442），正德之后，成为国家财赋的重要收支机构。[2]万历六年（1578）太仓库的岁入为 3 676 181 两，即使加上内承运库等其他的部门，中央每年的岁入也不过 4 224 730 两，仅占总财政收入的11.42%。黄仁宇将明朝治理财政的方法概括为以下三点："强调地区的税赋定额，低水平的横向交易和免去顶层的财政计划工作。"[3]税赋

① ［美］黄仁宇. 十六世纪明代中国之财政与税收. 阿风等译. 北京：生活·读书·新知三联书店，2001：339.
② 赖建诚. 边镇粮饷：明代中后期的边防经费与国家财政危机，1531—1602. 杭州：浙江大学出版社，2010：35—42.
③ ［英］崔瑞德，［美］牟复礼. 剑桥中国明代史：1368—1644 年（下卷）. 杨品泉等译. 北京：中国社会科学出版社，2006：103.

的定额（不仅指田赋，工商业税也都采用相同的税率[①]），其他税源的不足，使明朝的财政收入有很强的刚性。明政府只能通过暂时性的修改田赋折纳比率和加耗以应对财政危机。同时低税率使明朝财政的税源不足，而"低水平的横向交易"使中央政府的财政能力不足。正如黄仁宇所说："维系帝国的运作，3700 万两白银并不很充足。……对户部而言，仅仅掌握 400 万两白银实在太少了。"[②]

嘉靖到万历年间（1522—1620），九边的总兵力平均在 60 万左右，而军费总额在 800 万左右，这还不包括马匹和草料的费用。据黄仁宇估计，16 世纪晚期的马价银为 30 万两，1594 年为了与入侵朝鲜的丰臣秀吉作战，仅拨给辽东的马价银就达 55 万两，而马草的支出每年大约也要 42 万两。[③]九边军费的支出除了粮、饷、马、料、草之外，还包括整修边防工事、购买武器等项；而九边军费的主要来源在 16 世纪中期之后为太仓库，约占九边总军费的 38%[④]，其他的收入来源还包括屯田、盐引、漕运、民运等。九边的军费约占全部财政收入的 22%。而在中央财政支出中，九边军费的比例除了在嘉靖十年和嘉靖十八年为 20% 左右外，其余年份都在 50% 以上，万历十年、二十一年、三十年的比例分别为 76.29%、84.50%、85.11%，而嘉靖三十年由于"庚戌之变"，太仓库的全部 595 万两岁出都用作了九边军费。由此可见，明朝中央财政的首要大事就是确保北边的防务经费，可以说是一种军事财政。即使从全国的范围看——如果加上京营和国内其他各镇兵力，全国 120 万军队的军费总额将达到 1600 万两，约占总财政收入的 43.24%——这样的说法也并不为过。

---

① ［美］黄仁宇. 十六世纪明代中国之财政与税收. 阿风等译. 北京：生活·读书·新知三联书店，2001：340.

② 同上，363.

③ 同上，338、380.

④ 黄仁宇对 1578 年的估计比例为 39%。见：［美］黄仁宇. 十六世纪明代中国之财政与税收. 阿风等译. 北京：生活·读书·新知三联书店，2001：381.

表 4.2 明朝的财政收入与"九边"军费

时间 \ 收入	16 世纪晚期的财政收入（两白银）a	大仓银年岁入 b	大仓银年岁出 b	"九边"军费				
				兵力 c	军费数额（两白银）d	占总财政收入比重	大仓支出军费占总军费的比例 b	大仓岁出中的军费支出比例 b
1531 年	共计约：3700 万。其中包括：田赋，2100 万；劳役折银，1000 万；盐业专卖，200 万；杂项收入（主要包括 26 项杂税），378 万	1 300 000	2 410 000	371 374	5 165 100	13.96%	11.62%c	24.90%c
1539 年前后		2 00 0000	3 470 000	619 338	12 113 499	32.74%	5.78%c	20.17%c
1549 年		3 957 116	4 122 727	459 180	6 182 400	16.71%	35.75%	53.65%
1551 年f		2 000 000	5 950 000			—	100%	100%
1582 年前后		3 720 000	5 650 000	686 523	9 469 353	25.59%	27.46%	76.29%
1593 年		4 723 000	3 999 700	651 665	8 294 630	22.42%	38.09%	84.5%
1602 年前后		4 700 000	4 500 000	645 911	8 232 251	22.25%	49.80%	85.11%
1617 年f		3 890 000	4 219 029					92.49%

a 数据来源：[美]黄仁宇.十六世纪明代中国之财政与税收.阿风等译.北京：生活·读书·新知三联书店,2001.339,363；b 数据来源：全汉升,李龙华.明代中叶后太仓岁出银两的研究.见：全汉升.中国近代经济史论丛.北京：中华书局,2011.304—306；c 数据来源：明代中后期的边防经费与国家财政危机,1531—1602.杭州：浙江大学出版社,2010.275—279；d 是银两和粮料折银的加总。银两和粮料折银的数据来自：明代中后期的边防经费与国家财政危机,1531—1602.杭州：浙江大学出版社,2010.275—279。粮料的平均折银比率为两 0.8 两/石,料为 0.35 两/石,考虑到粮占的比例要大于料,粮料的平均折银率按 0.6 两/石。十六世纪明代中国之财政之财政与税收.阿风等译.北京：生活·读书·新知三联书店,2001.380；e 数据为大仓库每年支出的边镇粮银除以当年大仓的总岁出,年例银为私益。明代的私益：徐泓.明代的边饷.见：中国历史学会史学集刊（第一辑）.台北：大立出版社,1982.557—558；f 1550 年,"庚戌之变",俺答南侵大同,并焚掠北京周边；1616 年努尔哈赤即大汗位,1617 年山东农民起义,1617 年又在辽未接连败于后金,1619 年"萨尔浒之战"。

很多研究表明，早期近代的西方国家也是军事财政。[①]1688—1815 年英国的军费支出平均每年占政府收入的约 57%。[②]外部的军事威胁使筹集足够的军费成为国家财政的主要工作。为了筹措军费，政府在国内以较高的税率征税，另外政府还以税收为担保向商人借债。为了保证和扩大收入来源，政府支持商人和商业发展，尤其是海外扩张，并建立了私有产权保护制度和民主制度。[③]以军事财政为逻辑起点的历史并没有出现在明清及之前的任何中国王朝。之所以如此，西方的军事财政逻辑并不仅仅建立在存在外部军事威胁之上，还应包括其军事行动可以获取经济利益，也正是基于此，商人与政府才有合作的意愿。战争对于商人而言，是一种投资，对于国家而言，与商人协商税收、向商人借债要好于强制性的获取收入。不仅因为强制性收入可能不足以支持战争，更重要的是，两者的协商可以获得国内稳定和足够的财政支持，从而通过战争获取更大的外部利益。北方的威胁对中国而言，正如魏特夫所说："掠夺中国对少数民族是一种诱惑，而征服草原却不能同样诱惑一位中国皇帝。"[④]朱元璋也认识到了"得其地不足以供给，得其民不足以使令"。因而对外战争对明朝而言只能消耗自身的国力。考虑到明朝中央有限的财政能力，对外战争不仅消耗国力，还会影响国家的稳定。但战争的决定权往往不取决于明朝一方，一旦北方出现了军事危机，由此引发的政治关注和财政压力往往成为中央与地方互动的契机。

（二）"东南海氛"与海禁政策的变动

"东南海氛"是指明朝国防来自东南海上的威胁，"东南海氛"在有明一代一直存在，只是强度有所不同。如前文所述，为了应对这一

---

① John Brewer. *The Sinews of Power: War, Money and the English State, 1688–1783*. New York: Routledge, 1989, Christopher Storrs. *The Fiscal-Military State in Eighteenth Century Europe*. Farnham: Ashgate, 2009.

② Patrick O'brien. The Political Economy of British Taxation, 1660–1815. *The Economic History Review*, 1988, Vol. 41(1): 2.

③ ［美］道格拉斯·诺斯，［美］罗伯斯·托马斯. 西方世界的兴起. 厉以平，蔡磊译. 北京：华夏出版社，1999.

④ 转引自：［美］拉铁摩尔. 中国的亚洲内陆边疆. 唐晓峰译. 南京：江苏人民出版社，2005：347.

威胁，朱元璋除了加强海防之外，还采取了朝贡和海禁两项制度。嘉靖、隆庆年间，明朝同时面对北虏南倭的军事威胁，以此为契机，东南沿海的官、绅、商之间，以及东南地区与明朝中央之间的互动增强，并最终导致了海禁政策的变动。

1523 年宁波之乱后，明朝撤销了浙江市舶司，再加上在此前后葡萄牙在广东的军事骚扰，1524—1533 年间嘉靖先后 4 次下诏申严海禁。[①]而葡萄牙人的东来和中日官方贸易的断绝却使中国商品的海外市场扩大，在海禁的背景下，私人对外贸易迅速发展，海商力量急剧膨胀，如前文所述，主要表现为海商数量的增多和军事集团化。海禁下的走私贸易参与者包括海上走私力量（简称海商）和陆上走私力量（简称陆商）。海商负责将中国商品运销到海外，并将国外的商品贩回；而陆商负责外贸商品的采购和海外商品的销售。由于两者均为非法贸易，双方的协议并不受法律的保护，但陆商往往凭借其在当地的势力（往往是地方的望族或官宦世家，因而受到官府的庇护）而在交易中占据主动，比如侵吞或勒索海商。双方的这种纠纷虽然并不普遍，但随着海商力量膨胀并军事集团化，这样的纠纷一旦出现，海商会选择武力报复陆商或劫掠其他海商、沿海地区以弥补损失。[②]1547 年，正是这种矛盾的爆发再次吸引了明朝中央对东南地区的注意，并派重臣重申中央对东南的海禁政策。

1547 年夏，海商许氏兄弟与林剪向余姚谢氏（谢迁[③]的后人）索偿私扣的货物和货款，因谢氏拒绝偿还并威胁向官府告发而劫掠、火

---

① 范中义，仝晰纲. 明代倭寇史略（戚继光研究丛书）. 北京：中华书局，2004：106—107.

② 张彬村首先提出了用海、陆、警力量的消长解释倭患的突然爆发。见：张彬村. 十六世纪舟山群岛的走私贸易. 见：台湾中山人文社会科学研究所编. 中国海洋发展史论文集（第一辑）. 台北："中央研究院"三民主义研究所，1984：71—95.

③ 谢迁是弘治年间（1488—1505）的内阁大学士，与当时的刘健、李东阳并称天下三贤相。1527 年，79 岁的谢迁被嘉靖诏命入朝，且受到嘉靖的厚待。《明史·谢迁传》载："以天寒免朝参，除夕赐御制诗。及以病告，则遣医赐药饵，光禄致酒饩，使者相望于道。"见：[清]张廷玉等. 明史. 北京：中华书局，1974：4818—4820.

烧谢宅，之后俘获追击的备倭把总等多名军官并向官府索要赎金。①
嘉靖得知此事后极为重视，命都察院右副都御史朱纨巡抚浙江并兼管
福建福兴、建宁、漳、泉等处海道提督军务。朱纨到任后，"革渡船，
严保甲，搜捕奸民"，积极推行海禁政策，并整顿军队加强海防，于
1548 年攻占当时东亚最大的走私基地之一——浙江双屿，岛上的许
多中国私商、日本人、满剌加人、暹罗人、葡萄牙人以及葡萄牙带来
的黑人被俘，其中包括重要的海商首领许六。之后朱纨命以木石筑塞
通往双屿港的南北各水口。1549 年又在福建的浯屿、走马溪大破"海
寇"，包括重要的海商首领李光头和葡萄牙人在内的 400 多人被俘。②
至此，葡萄牙人完全被赶出了浙闽海域，其他的中国海商则散于各
处，并逐渐避居海外，16 世纪 20 年代以来建立的东亚和东南亚贸易
网络受到严重破坏。

　　朱纨的海禁成就并没有获得闽浙绅民的肯定，相反他们对此极为
不满。据朱纨称双屿之战后，"亦未闻浙中官兵肯赞一词，效寸忠，
徒鼓浮言，造巧谤，恐吓当事之人"，"城中有力之家素得通番之利，
一闻剿寇之捷，如失所恃，众口沸腾，危言相恐"。③表面上看，闽
浙的绅民都对朱纨严海禁、剿海商不满，但他们背后的动机并不相
同。普通商民迫于生存压力而违禁泛海，他们的不满背后是希望开海
禁。而势家、乡绅似乎并非如此，他们参加对外贸易的方式有两种，
一种是为商民提供贩洋资金（比如用于造船）和政治庇护，一种为组
织船队直接参与对外贸易。④当时的闽县知县仇俊卿曾说："小民勾诱
番徒，窝匿异货，其事易露，而法亦可知。漳、泉则多倚著姓宦族主
之。"⑤由此可见，在原先的海禁背景下，势家、乡绅掌握着整个走私

①　江明树，明嘉靖倭乱下杭州府城防与联防系统研究（硕士论文）．台南：成功大学，
2011：34.
②　廖大珂，朱纨事件与东亚海上贸易体系的形成．文史哲，2009(2)：92—96.
③　［明］朱纨．《甓余杂集》．转引自：廖大珂．朱纨事件与东亚海上贸易体系的形成．
文史哲，2009(2)：96.
④　［明］朱纨．《甓余杂集》．转引自：林丽月．闽南士绅与嘉靖年间的海上走私贸易．
台湾师范大学历史学报，1980(8)：96.
⑤　［明］胡宗宪．筹海图编．见：《中国兵书集成》编委会．中国兵书集成（15—16
册）．北京：解放军出版社，1990：368.

贸易链条的主导权，并获取垄断利润。因而他们的不满更多的是希望回到原来的海禁状态，而不是完全开放海禁。①

双屿之战后，势家的利益受损，他们便散播称被擒获的都是良民而不是寇盗，以遥惑人心。②署府事推官张德熹的叔父张珠因通倭被朱纨所杀，因而张德熹借好友闽籍御史周亮之手参劾朱纨擅权，奏请改巡抚为巡视以杀其权，后给事中叶镗也上书称朱纨一人辖二省，"一身奔命，已不能及"③，此事结果如《明史·日本传》所说，"其党在朝者左右之，竟如其请"④。而朱纨则"显言大姓通倭状，以故闽浙人皆恶之"⑤。除此之外，朱纨还在奏疏中称"去中国濒海之盗犹易，去中国衣冠之盗尤难"⑥，并直书世家姓名，林丽月称，"明人讨论嘉靖年间的海寇问题，虽不乏指出沿海乡绅掩护商民非法贸易者，但直指世家姓名加以抨击，则除朱纨之外再无一人"⑦。浯屿、走马溪大捷后，朱纨奏报朝廷，"语复侵诸势家"，之后御史陈久德弹劾朱纨擅杀李光头等96人，1550年兵科给事中杜汝桢与巡按御史陈宗夔也得出了类似的核查结果，朱纨得知后慷慨流涕曰："纵天子不欲死我，闽浙人必杀我。"遂仰药死。⑧对于朱纨之死的原因，明人徐学谟曾说："纨严明介洁，遇事颇刻核……且当贿赂公行之时，内无应援未有能立功于外者，况闽人满朝岂宜过激，纨之不终也以此。"⑨

朱纨死后，一方面中央没有派官员接替朱纨继续执行海禁，这很可能与北方鞑靼部落首领俺答于1550年包围北京的"庚戌之变"有关，此后一直到隆庆五年封贡互市，俺答几乎每年都劫掠北边；另

---

① ［明］朱纨.《甓余杂集》. 转引自：林丽月. 闽南士绅与嘉靖年间的海上走私贸易. 台湾师范大学历史学报，1980(8)：102.

② 《明史·朱纨传》.［清］张廷玉等. 明史. 北京：中华书局，1974：5404.

③ 范中义、仝晰纲. 明代倭寇史略（戚继光研究丛书）. 北京：中华书局，2004：238.

④ 《明史·日本传》. 见：［清］张廷玉等. 明史. 北京：中华书局，1974：8351.

⑤ 同上，8351.

⑥ 同上，5405.

⑦ ［明］朱纨.《甓余杂集》. 转引自：林丽月. 闽南士绅与嘉靖年间的海上走私贸易. 台湾师范大学历史学报，1980(8)：97.

⑧ 《明史·朱纨传》. 见：［清］张廷玉等. 明史. 北京：中华书局，1974：5405.

⑨ ［明］谈迁. 国榷（卷59，嘉靖二十七年六月）. 张宗祥校点. 北京：中华书局，1958：3718.

一方面，朱纨建立的海防力量很快被遣散或废弃，东南海防再度废弛。[①]然而此时，海商力量经过再次的兼并与联合，逐渐形成了以王直和徐海为首的两大海商集团，贸易基地的丧失使他们需要建立新的贸易联系，这无疑增加了贸易的成本，因而他们寇掠沿海地区的次数和规模越来越大。1552年，由邓文俊、林碧川、沈南山（属于徐海的党羽）率领的2000多名海盗攻击并占领了黄岩县，劫掠了7天后逃入海中，史称"壬子之变"。[②]尽管此时俺答频繁进犯北边，这次劫掠再次引起了中央对"东南海氛"的重视，中央在东南地区一直派驻一位最高军政长官，统御东南四省的军政，一批文臣武将也在与倭寇的对抗中不断成长，整个东南地区的军政得到增强。至1567年，东南地区的入寇海盗基本被剿平。[③]

从明朝中央看，在"海氛日炽"的1552—1567年间，北边的鞑靼也继续频繁入寇劫掠北边，并时常威胁明朝的政治中心北京，因而对抗北虏占用了当时主要的军事和财政资源。面对南倭，中央并不能给予足够的军事和财政支持，从而给了东南地方更大的政策空间。正如陈宗仁所说，"隆庆初年月港洋舶的合法化，应与民船轮差防海有关；而隆庆六年月港税饷制度的建立，虽仿自赣州事例，但其征税原因，则是为了军饷"，"都是地方政府财政困窘，为因应繁重的军饷支出，所采行的应急措施"。[④]但经历倭患的东南地方官员们在分析倭患的原因时，逐渐认识到海禁是重要的因素，因而纷纷上书请宽弛海禁，弛禁的观点成为主流。[⑤]另外，通商舶后对外贸易迅速发展，并

---

① 《明史·朱纨传》. 见：[清] 张廷玉等. 明史. 北京：中华书局，1974：5405.

② 张彬村. 十六世纪舟山群岛的走私贸易. 见：台湾中山人文社会科学研究所编. 中国海洋发展史论文集（第一辑）. 台北："中央研究院"三民主义研究所，1984：93.

③ 张增信. 明季东南海寇与巢外风气，1567—1644. 见：张炎宪. 中国海洋发展史论文集（第三辑）. 台北："中央研究院"三民主义研究所，1988：313.

④ 陈宗仁. 晚明"月港开禁"的叙事与实际：兼论通商舶、徵商税与福建军情之转变. 见：汤熙勇编. 中国海洋发展史论文集（第十辑）. 台北："中央研究院"人文社会科学研究中心，2008：132、140.

⑤ 陈东有. 试论明代后期对外贸易的禁通之争. 南昌大学学报，1997(2)：101—106；王守稼. 明代海外贸易政策研究——兼评海禁与弛禁之争. 史林，1986(3)：14—15.

促进了相关产业和地区的经济发展①，月港的税饷至万历二十二年（1594）增加到了 29 000 两。②时人周起元称："我穆庙（隆庆帝）时除贩夷之律，于是五方之贾，熙熙水国，刳于皇，分布东西路。其捆载珍奇，故异物不足述，而所贸金钱，岁无虑数十万。公私并赖，其殆天子之南库也。"③除了直接的对外贸易税，国内外商品在国内的运销，也增加了国内的钞关税。公私都得外贸之利，饷足民安，月港的应急措施遂成为定例。

二、郑芝龙受抚与郑氏集团的崛起

贸易的弛禁并不能完全消除"东南海氛"，要根除之必须有强大的海防力量做后盾。但对中央政府来说，北方威胁的存在使其没有足够的军事、财政资源建立强大的海防，即使平定倭患的军事力量也是以东南将领从民间招募而新建的为主，而且倭患平定后，又都被调往了北边，比如戚继光的戚家军。万历后期，辽东的女真人在努尔哈赤的领导下迅速崛起，并于 1616 年脱离明朝，在赫图阿拉称汗，建立后金。此时努尔哈赤已经有了 30 000—40 000 骑兵，40 000—50 000 步兵，并创建了"八旗"这一军事组织制度。④这一强大的军事力量成为明朝北边新的威胁。而此时的明朝，无论在军事还是财政上都已大不如前。明朝缓解财政压力的重要手段是加派田赋，而之前这种加派往往是暂时的，但在 1618 年，为了筹集征辽的军费，万历帝加征"辽饷"，并在此后将其加在了田赋岁额中。这项加派使朝廷增加了520 万两的收入，此后这种加派继续增加，以至崇祯末年的税额征收

① 林仁川. 明后期海禁的开放与商品经济的发展. 安徽史学，1992(3)：14—18；李金明. 明代后期部分开放海禁对我国社会经济发展的影响. 见：中外关系史学会. 中外关系史论丛（第三辑）. 北京：世界知识出版社，1987：170—181；晁中辰. 隆庆开放与华南经济. 见：中外关系史学会编. 中外关系史论丛（第五辑）. 北京：书目文献出版社，1995：39—49.
② 张燮. 东西洋考. 北京：中华书局，1981：133.
③ 同上，序13.
④ ［英］崔瑞德、［美］牟复礼. 剑桥中国明代史：1368—1644 年（下卷）. 杨品泉等译. 北京：中国社会科学出版社，2006：622.

达到 2100 万两以上，其中约 1600 万两为新加征的。[①]而在军事力量方面，除了九边兵力外，还从南京、山东、浙江和各土司调兵，共约10 万人征辽。1619 年"萨尔浒之战"，明军大败，从此明朝在北边陷入被动。[②]

由于更多财政和军事资源被用于辽东，东南的海防更加废弛。另一方面，田赋的加派，也使更多的小民贩海谋生。再加上 1592 年的"朝鲜之役"，使明朝再次海禁以及实力更强的荷兰、英国人的到来，天启年间东南海氛复炽。清人闽侯林绳武称："闽海自天启初海寇渐炽，季年几充斥。寨游船、兵两虚，见贼喘息。当时乃借抚剿以暴去暴。"[③]由此可见，东南政府在对付海寇的策略方面，已经变成招抚海寇利用其剿灭其他海寇。这种策略一方面可能是最优选择，但更多的时候可能是一种缺乏军事、财政资源的无奈选择。

"崇祯元年九月（郑芝龙）因巡抚熊文灿请降。时方征天下兵聚辽东，不能讨芝龙，用抚羁縻之，芝龙复入海，物奇珍赂中贵人及福省达官，多为之言，授游击将军。"[④]郑芝龙"百计求抚"终于如愿。而且郑芝龙的求抚策略为他赢得了一部分中下层地方官和文官的支持，当时的泉州知府王猷向新任福建巡抚熊文灿推荐招抚郑芝龙，而被派去与郑芝龙接洽的是被郑芝龙俘获而又放回的卢毓英。最重要的是熊文灿以"义士郑芝龙收郑　官"为郑芝龙请功，其实两者是一人，由此郑芝龙免于戴罪立功而被直接授予海防游击。[⑤]当然他在获得公权力支持的同时，也要尽相应的义务，即擒灭诸盗。但这样的义务与郑芝龙独享海洋之利的目的并不矛盾。

①　全汉升、李龙华. 明中叶后太仓岁入银两的研究. 见：全汉升. 中国近代经济史论丛. 北京：中华书局，2011：262.
②　罗琨、张永山. 中国军事通史第十五卷：明代军事史. 北京：军事科学出版社，2005：884—892.
③　[清] 林绳武. 海滨大事记. 见：周宪文等编. 台湾文献丛刊第 213 种. 台北：台湾银行经济研究室，1957—1972.
④　[清] 邵廷采.《东南纪事》卷十一. 见：福建师大郑成功史料编辑组. 郑成功史料选编. 福州：福建教育出版社，1982：26.
⑤　[清] 江日升. 台湾外纪. 见：周宪文等编. 台湾文献丛刊第 60 种. 台北：台湾银行经济研究室，1957—1972.

1628—1635 年郑芝龙相继剿灭了李魁奇、杨六、杨七、钟斌和刘香的海盗集团，并将其众收归旗下。1633 年、1639 年郑芝龙两次击败了荷兰对沿海的攻击。另外还于 1631 年剿灭了山寇钟凌秀。这些军事行动为郑芝龙赢得了福建总兵的职位。[①]《靖海志》记载："芝龙既俘刘香老，卷其资蓄，复来漳镇。其八主皆为芝龙劲旅，从此海氛颇息。通贩洋货，内容外商，皆用郑氏旗号，无儆无虞，商贾有廿倍之利。芝龙尽以海利交通朝贵，寖以大显。"[②]由此看，明朝以暴制暴策略取得了成功，明朝有了一支强大的海防力量，东南海氛被平息；而郑芝龙则成功地巩固并获取了更大的公权力，同时也利用公权力剿灭竞争对手。更重要的，郑芝龙垄断了泉州府的船引配额，从而成为当时对外贸易的实际控制者。他利用公权力为海商提供了海上保护，保证海上相对安全的环境。比如，商人可以以郑芝龙的名义要求荷兰人发放许可证（荷兰人经常对没有许可证的船只进行劫掠）以保证船只顺利前往地点进行贸易[③]。此外还为商人积极争取对外贸易的主导权（见前文第二章）。自此郑氏集团独特的官商关系得以形成。

三、清郑和战与郑氏集团的生存压力

1646 年 8 月，清征南大将军贝勒博洛在攻占浙江后进兵福建。由于郑芝龙有归降之意，遂密令仙霞关守放弃关隘，致使清军没遇抵抗即夺取入闽的重要通道。同年 8 月 28 日，清军在汀州俘获南明隆武帝朱聿键，后杀之。[④]至 11 月攻占福建全境。[⑤]1646 年 12 月，清将

① 福建师大郑成功史料编辑组. 郑成功史料选编. 福州：福建教育出版社，1982：27—31.

② ［清］彭孙贻. 靖海志. 见：周宪文等编. 台湾文献丛刊第 35 种. 台北：台湾银行经济研究室，1957—1972.

③ Cheng Shaogang, *De VOC en Formosa 1624-1662: Een vergeten geschiedenis*, Leiden: Leiden, 1995. 中译本见：程绍刚译注. 台北：联经出版事业公司，2000：207.

④ 顾诚. 南明史. 北京：中国青年出版社，1997：305—308.

⑤ ［清］王先谦. 东华录. 见：福建师大郑成功史料编辑组. 郑成功史料选编. 福州：福建教育出版社，1982：58.

佟养甲、李成栋袭占广州，次年4月占领广东全境。[①]至此东南各省全部被清军占领，郑氏集团的生存空间被急剧压缩。1646年郑芝龙降清后，郑氏集团的军事力量除部分降清外，分由各部率领与其他的抗清力量一起出走海上。郑芝遴据金门，郑彩、郑联据厦门，陈豹据南澳，朱寿据铜山，周瑞、周鹤芝、张名振、阮美据海坛、南日、南北二茭及舟山等岛。

1646年郑成功于安平起兵时，从者仅90多人。[②]1646—1649年，郑成功转战闽南、粤东，实力逐渐壮大，并控制了粤东的揭阳、普宁、惠来等县。[③]1650年8月，郑芝鹏到潮阳劝郑成功夺取厦门以为根基，当时厦门被郑彩、郑联占据，其实力是郑成功的十数倍。郑成功趁郑彩不在厦门，用施琅的计策，以借兵为名入厦门，伏杀郑联。郑成功吞并了郑彩、郑联的势力，以厦门为抗清基地。[④]1651年，郑成功出兵粤东，清军趁机袭占了厦门，郑成功回师收复厦门后，斩杀了厦门的守将郑芝莞，郑芝遴也将兵卒船只悉付成功。自此郑氏集团重新统一，郑成功成为新的领袖。此时的郑氏集团占据了厦门、金门、安平、铜山、南澳等闽南和粤东的沿海据点，兵力达到6万余人。[⑤]

此后清郑之间，自1651至1683年对峙了长达32年。期间双方虽有多次议和，但多被郑氏集团用作缓解军事压力的策略。本书以杨英《从征实录》为据，整理了1651年至1660年间清郑战争的次数和规模（见表4.3），以其对清郑对峙间郑氏集团的生存压力做一概观。杨英长期掌管郑氏集团的财政，而每逢出征必经理粮饷，因此凡大小征战，几无役不从。《从征实录》按年逐月记录军、财、政要事，所

---

① 顾诚. 南明史. 北京：中国青年出版社，1997：405.

② 黄宗羲. 郑成功传. 与台湾文献丛刊第25种《赐姓始末》合刊. 见：周宪文等编. 台湾文献丛刊第25种. 台北：台湾银行经济研究室，1957—1972：74.

③ 陈碧笙. 郑成功的三次战略大转移. 见：厦门大学台湾研究所历史研究室. 郑成功研究国际学术会议论文集. 南昌：江西人民出版社，1989：3.

④ ［清］江日升. 台湾外纪. 见：周宪文等编. 台湾文献丛刊第60种. 台北：台湾银行经济研究室，1957—1972.

⑤ 杨友庭. 明郑四世兴衰史. 南昌：江西人民出版社，1991：55.

记清郑争战应比较全面。另本书统计时，以《实录》所记每次双方交战为准，而不以整个战役为准。

表 4.3 1651—1660 年清郑之间的战争

时间	总计	郑攻清	清攻郑	战争的规模		
				万人以下	万人以上	不确定
1651 年	6	3	3	5	0	1
1652 年	6	4	2	4	2	0
1653 年	3	2	1	1	1	1
1654 年	2	1	1	2	0	0
1655 年	4	3	1	3	1	0
1656 年	8	4	4	6	1	1
1657 年	7	5	2	1	0	6
1658 年	4	4	0	1	1	2
1659 年	5	3	2	2	3	0
1660 年	3	1	2	1	2	0
总计	48	30	18	26	11	11

数据来源：根据杨英《从征实录》历年记载整理，见：［明］杨英. 从征实录. 见：周宪文等编. 台湾文献史料丛刊第 32 种. 台北：台湾银行经济研究室，1957—1972.

郑氏集团获得较巩固的海岛根据地后即向陆地上发展以获取粮饷和相关产品。在 1651 年、1652 年，每年双方要交战 6 次，从规模上看，12 次战斗中有 9 次不超过万人。1653—1655 年双方议和，但也有战事发生，主要是郑成功趁议和征粮饷而与清军冲突，期间的 2 次万人以上的战事则分别发生在议和之前和之后。1656 年双方议和失败后，经过近 3 年的休整，双方冲突的次数和规模都升级了。1656 年、1657 年分别有 8 次和 7 次。而 1658 年、1659 年郑氏集团两次北伐长江，每次的兵力近 10 万人。从总体看，这 10 年中，平均每年双方有 4.8 次冲突，而且郑氏集团占据主动，采取攻势，而清政府一边采取守势，并不惜使用议和的手段。郑氏集团主动进攻有 30 次，而清政府只有 18 次。从双方交战的规模看，绝大多数都在万人以下，占确知规模的冲突总数的 70%。1661 年郑氏集团据台后，由于清郑双方水师的实力差距较大，清军对台湾的威胁较小。双方的冲突主要表现为对沿海诸岛屿的争夺或郑军对大陆据点的主动攻击，尤其是 1673

年郑经趁"三藩之乱"而率郑军西征。可以说面对逐渐统一全国的强大清军，郑氏集团面临着极大的生存压力。

郑氏集团奠基厦门后，随着实力的增强，在清军的军事压迫下，粮饷成为生存的核心问题。郑成功的许多军事行动都是为了筹集粮饷。1651年5月，郑成功督师海澄磁灶，对诸将称："欲图进取，先从漳泉起手，此番杀他一阵，则漳虏慑服，集兵裕饷。恢复有基矣"。[①]同年11月在伏击清将杨名皋前，郑成功集诸将议曰："名皋未知我手段，必然轻敌，我须略地取粮，诱其来战。"[②]但即使如此，还是无法解决根本问题，至12月，郑成功见士卒繁多，地方窄狭，以器械未备、粮饷不足为忧，于是请参军共议，冯澄世建议说，"方今粮饷充足，铅铜广多，莫如日本，故日本每垂涎中国。前者翁太夫人国王既认为女，则其意厚。与之通好，彼必从。藩主何不修书，竟以甥礼自待，国王必大喜，且借彼地彼粮以济吾用。然后下贩吕宋、暹罗、交趾等国，源源不绝，则粮饷足而进取易矣"。郑成功采纳了他的建议，命其兄郑泰、洪旭督造舰船。并以甥礼遣使通好日本，日本果然相助铅铜，于是令官员以此铸造铜熕（一种大炮）、永历钱、盔甲和器械等物。另外，还任命黄恺为征饷官，督征泉州、漳化、福州、兴化四府沿海地方，以资军饷。[③]由此可见，征饷地方和对外贸易成为郑氏集团的主要财政收入。

接下来本书将从粮、饷两项支出出发探讨郑氏集团所面临的财政压力。杨彦杰《郑成功兵额与军粮问题》[④]一文曾对郑氏集团的军粮问题做了深入的研究。他认为，郑氏集团解决军粮问题的途径主要有四条：其一，掠地取粮。前文也曾提及，郑成功军事行动重要目的就是征粮，而且经常派出兵力执行征粮任务。据《从征实录》所载，1651—1661年间，郑成功曾36次派出兵力征粮，平均每年

---

① ［明］杨英. 从征实录. 见：周宪文等编. 台湾文献丛刊第32种. 台北：台湾银行经济研究室，1957—1972.

② 同上.

③ ［清］江日升. 台湾外纪. 见：周宪文等编. 台湾文献丛刊第60种. 台北：台湾银行经济研究室，1957—1972.

④ 郑成功兵额与军粮问题. 学术月刊，1982(8)：9—10.

3.3 次。[①]其二，分县征派。郑氏集团在不同时期，曾占领过粤东、闽南和浙东的多个州县。饷税征派"大县不下十万，中县不下五万"[②]。1656 年，杨英查察张一彬征收揭阳的正贡，共计饷银 10 万两，饷米 10 万石。[③]其三，屯田。地点主要是在郑氏集团长期控制的沿海据点。1656 年清都察院左副都御史魏裔奏称："郑成功父子田产，在海上者田有数万顷，价值数十万金。"[④]其四，从国内外购买。1660 年，清中书舍人杨鹏举奏称："臣闻上年海贼未犯镇江之先，贼计奸狡，密令奸细假扮商人，各处籴米，贮于江口等处，以及金山寺中。海船一到，即便运去。"[⑤]此外，郑氏集团还从台湾和东南亚等地购买了大量的粮食。由此可见，郑氏集团的对外贸易组织还具有采购、运送军粮的作用。虽然郑氏集团采用了多种手段筹集军粮，但军粮的供应仍然不稳定，粮食短缺依然是郑氏集团面临的主要问题。直到郑氏集团据台之后，在台湾实行的屯田才使军粮短缺问题得到缓解。

郑氏集团饷银的获得则主要是通过从事对外贸易、掠地和征派。已有的有关郑氏集团对外贸易额的三项研究都存在一定的问题。首先韩振华和杭行的研究忽略了郑氏集团贸易路线的复杂性。当时郑氏集团对外贸易主要有三种方式：中国—日本、中国—东南亚、中国—东南亚—日本—中国（三角贸易）。他们的研究假设为东南亚的船先到中国停靠之后再前往日本，从而将停在日本的东南亚船认为是所有的从中国出发的船只，完全忽视了郑氏集团只经营中国—东南亚贸易的船只，这显然低估了郑氏集团的对外贸易。而且其贸易额的计算没有包括东南亚回到中国的货值。对三角贸易到达日本的船和中国直接到达日本的船没加区分，实际上两者的大小差数倍。[⑥]杨彦杰看到了上

---

①　整理自：［明］杨英. 从征实录. 见：周宪文等编. 台湾文献丛刊第 32 种. 台北：台湾银行经济研究室，1957—1972.

②　转引自：郑成功兵额与军粮问题. 学术月刊，1982(8)：9.

③　［明］杨英. 从征实录. 见：周宪文等编. 台湾文献丛刊第 32 种. 台北：台湾银行经济研究室，1957—1972.

④　转引自：郑成功兵额与军粮问题. 学术月刊，1982(8)：10.

⑤　同上.

⑥　杨彦杰. 一六五零至一六六二年郑成功海外贸易的贸易额和利润额估算. 福建论坛，1982(2)：80—88.

述问题，试图将进口贸易额包括进来，但其问题在于将东南亚回中国和日本的船只的货值假定为 8 万到 10 万两，实际这是中国运往东南亚的货值，主要是生丝；而东南亚回程去中国和日本的船主要装的是胡椒、香料、白银等产品，产品不同每船的货值必然变化。而且在计算日本的贸易额时将从日本运回的铜、铅、倭刀等大部分自用的产品算在内，似乎也不妥。

本书在上述研究的基础上作如下估计：其一，中国—日本、中国—东南亚、中国—东南亚—日本—中国三种贸易的船数分别为：50、7、13。其二，各船的货值为：中国—日本，输出为 2 万两，输入为 0；中国—东南亚，输出为 9 万两，据 1637—1644 年巴达维亚平均每年出口中国的胡椒约为 1000 吨，而 1644 年有 8 艘船到巴达维亚，因此每艘中国帆船载 125 吨香料。据 1655 年荷兰东印度公司台湾商馆的报告载，胡椒 14 里尔每担的价格很受欢迎[1]，而考虑到华商至少还要得 20% 的利润，那么每船胡椒的价值在中国和日本应该为 2.5 万两，[2]再加上其他香料等东南亚产品，每船的货值应该不少于 3 万两。因此中国—东南亚的输入为每船 3 万两。同日本输入的中国东南亚船货值也为 3 万两。其三，各方式的往返利润率为 140%、100% 和 100%[3]。其四，利润的算法，由于利润率计的是往返的总利润率，因此利润 = 贸易额 * 利润率 /(1+ 利润率)。由表 4.4 可知，郑氏集团控制的对外贸易大约可以获得 178 万两的利润。其中郑氏集团可以通过王商直接获得 45%[4]，约 80 万两，而其他的官商和私商则分享剩下的 55%，约 98 万。

---

① Cheng Shaogang, *De VOC en Formosa 1624-1662: Een vergeten geschiedenis*, Leiden: Leiden, 1995. 中译本见：程绍刚译注 . 台北：联经出版事业公司，2000：417.

② 1 里尔 =73 分 = 0.73 两；1 担 = 60 千克；Tonio Andrade, *How Taiwan Became Chinese: Dutch, Spanish, and Han Colonization in the Seventeenth Century*, NY: Columbia University Press，2008.12. 中译本见：郑维中译 . 台北：远流出版公司，2007：484—485.

③ 日本和中国的利润率应该相同，去日本应该是为了换取白银、铜、铅、兵器等军用物资。

④ Hang Xing. *Between Trade and Legitimacy, Maritime and Continent: The Zheng Organization in Seventeenth-Century East Asia*. Berkeley: Univ. of California, 2010: 106.

表4.4 学者对郑氏集团（郑成功时期）对外贸易利润的估算

项目		贸易额（万两）		利润率		总利润（万两）
		日本	东南亚	日本	东南亚	
韩振华		123	120	200%；	100%	142
杨彦杰	输出	160	144	150%	100%	251
	输入	56	64	80%	60%	
杭行		126	113	140%	100%	137
本书	日本	50*2=100		140%		58
	东南亚	7*（9+3）=84		100%		42
	三角	13*（9+3）=156		100%		78
	总计	340		——		178

资料来源：韩振华. 郑成功时代的对外贸易和对外贸易商. 厦门大学学报（哲学社会科学版），1962(1)：73–104；杨彦杰. 一六五零至一六六二年郑成功海外贸易的贸易额和利润额估算. 福建论坛，1982(2)：80–88；Hang Xing. *Between Trade and Legitimacy, Maritime and Continent: The Zheng Organization in Seventeenth-Century East Asia*. Berkeley: Univ. of California, 2010. 101–108.

　　掠地和征派仅有零散的数据，而且两者有时并不能完全分清。1653—1654年清郑谈判期间，1653年8月，征晋南地方饷20万两，10月征龙岩饷20万两，11月征惠安、龙游等地方饷30万两；1654年，计征漳州属邑饷银108万两，计征泉州属邑饷银75万两。两年共计征饷银253万两，平均每年126.5万两。除此之外，还要加上粮食的收入。1654年，郑成功在粤东招兵，士兵每月给米4斗，纹银5钱。[①] 以纹银5钱计饷，则每兵每年6两。以10万兵计则需60万两，又养兵总费用200万两，则可知粮食的收入大约为140万两。如果掠地征

――――――――――

① 兵部残题本. 见：台湾"中央研究院"历史语言研究所. 明清史料（已编）. 北京：中华书局，1987：419.

派的数额是常态的话，那么每年郑氏集团的财政收入可达445万两，而郑氏集团直接可以调动的白银则有207万两。如前文，在明末加征田赋之前，太仓的每年收入不过400万两。以养10万兵费银200万两算，郑氏集团掌握的白银收入刚好够用，而加上粮食收入则较为宽裕。以军费而论，郑氏集团掌握的贸易收益提供了军费的40%，而以整个对外贸易对郑氏集团的支持看，对外贸易收益占了郑氏集团总财政收入的40%。以白银收入论，对外贸易占了郑氏集团白银收入的58%，如果一旦掠地和征派饷银出现不顺利，这一比例还会更高。面对清朝的军事压力，郑氏集团的对外贸易成为其生存的重要支柱。

第三节　自然环境、政治理想与郑氏集团的生存压力

一、地理环境与郑氏集团政权的生存压力

布罗代尔在谈到地理环境的作用时说："地理能够帮助人们重新找到最缓慢的结构性的真实事物，并且帮助人们根据最长时段的流逝路线展望未来。我们可以像对历史一样，对地理提出一切要求。这样的地理学就特别有利于烘托一种几乎静止的历史，当然有一个条件，即历史要遵循它的教导，并接受它的分类和范畴。"[①]福建的西面是由北向南的武夷山脉，北接浙江仙霞岭，南连广东九连山。高大的山系将福建与其他省份割裂开，形成了一个相对独立的地域，山地和丘陵约占全省面积的95%。[②]福建属于典型的亚热带海洋季风气候，而且西北的武夷山挡住了北方南下的冷空气，从而使福建热量丰富、降水充沛。但福建的土壤以红壤化作用为特征，并不适合种植粮食作物。而这样的气候、地形和土壤，为茶叶、甘蔗、水果等经济作物的生产

---

① ［法］费尔南·布罗代尔. 菲利普二世时代的地中海和地中海世界（第一卷）. 唐家龙，曾培耿等译. 北京：商务印书馆，1996：19—20.
② 陈佳源. 福建省经济地理. 北京：新华出版社，1991：12.

提供了条件。

在这样的地理环境之下，福建"其称沃野可田者，十之二三而已；除鱼虾之利稍称丰饶外，所出率不足以自给，食米方面，闽南多赖广东惠州、潮州输入，闽北多仰给于浙江温州，丝缕棉絮之产，则多仰资吴、浙"①。由表 4.5，从整个明代的变化看，福建的人口一直在大幅度减少，而且耕地也在减少，虽然人均耕地面积不断增加，但即使是最高的 1578 年，其人均耕地面积也仅为全国的平均水平的 62%。明中叶福建参将梨国耀说："闽中有可耕之人，无可耕之地。……尝观漳郡，力农者散处七闽，深山穷谷，无处无之。"②更重要的是，田地的分配严重不均，田地多为势豪与寺院兼并。明代福建人谢肇淛曾分析称："江南大贾，强半无田，盖利薄而赋役重也。江右荆楚之间，米贱田多，无人可耕，人亦不以田为贵。故其人虽无甚贫，亦无甚富，百物俱贱，无可化居转徙故也。闽中田赋亦轻。而米价稍为适中。故仕宦富室，相竞畜田，贪官势族，有畛隰遍于邻境者。至于连疆之产，罗而取之；无主之业，嘱而丐之；寺观香火之奉，强而夺之。黄云遍野，玉粒盈艘，十九皆大姓之物，故富者日富，而贫者日贫矣。"③从这个分析可以看出，福建的世家大族竞相置田产。另外，福建的寺院也占据了大量的田地，清代的福建人蔡清说："福建属郡人民，自永乐、宣德以后，多有田已尽、丁已绝而粮犹在者。天下僧田之多，福建为最，举福建又以泉州为最者，最多者数千亩，少者不下数百。"④

---

① 林丽月. 闽南士绅与嘉靖年间的海上走私贸易. 台湾师范大学历史学报，1980(8)：93.

② 谢杰.《虔台倭纂》. 转引自：庄国土. 海贸与移民互动：17—18 世纪闽南人移民海外原因分析——以闽南人移民台湾为例. 华侨华人历史研究，2001(1)：30.

③ 林丽月. 闽南士绅与嘉靖年间的海上走私贸易. 台湾师范大学历史学报，1980(8)：94.

④ ［清］蔡清.《虚斋集》卷四. 转引自：庄国土. 海贸与移民互动：17—18 世纪闽南人移民海外原因分析——以闽南人移民台湾为例. 华侨华人历史研究，2001(1)：30.

表4.5 明朝福建的人口与耕地

时间	洪武二十六年（1393）	弘治四年（1491）	万历六年（1578）
人口	3 916 806	2 106 060	1 788 793
田地（亩）	14 625 969	13 516 618	13 422 501
人均田地	3.73	6.42	7.72
全国平均	14.05	12.29	12.52

资料来源：梁方仲. 中国历代户口、田地、田赋统计. 上海：上海人民出版社，1980. 340-341.

这就是郑氏集团所赖以生存的地理环境，耕地的稀少给郑氏集团带来了现实的生存压力，10 余万官兵的粮食问题不是个小数目。1653—1654 年清郑和谈，郑氏集团趁机发展实力。至 1655 年，闽南粤东已无法满足郑氏集团的粮食需求，多次亲自北上浙东筹集粮饷。另外除了粮食，贫瘠的土地和稀少的耕地也迫使郑氏集团选择不只以田赋作为财政的支柱。面对地理环境带来的生存压力，闽人自古就做出了贩海求生计的选择。明代人徐孚远说："东南滨海之地，以贩海为生，其来已久，而闽为甚。闽之福、兴、泉、漳，襟山带海，田不足耕，非市舶无以助衣食。其民恬波涛而轻生死，亦其习使然，而漳为甚。"[1]福建的地理环境并非只给了郑氏集团生存的压力，这样的地理环境也使进军福建的清军面临同样的大军粮饷问题。福建多山，粮食不易运输，而沿海曲折的海岸线和无数的海岛也为郑氏集团提供了生存空间和海外贸易的基地。

二、政治理想与郑氏集团政权的生存压力

郑成功的军事行动不仅仅是针对清军的军事压力，除了前文所说的征粮饷外，还要实践其政治理想，即"反清复明"。许多学者对郑成功"反清复明"本质和程度有所怀疑。比如杨友庭、陈碧笙等都

[1] 许孚远. 敬和堂集. 转引自：黄顺力. 明代福建海商力量的崛起及其对海洋观的影响. 厦门大学学报（哲学社会科学版），1999(4)：117.

认为，郑成功并非一直坚持反清复明。因为郑成功曾经与清朝进行了多次谈判，并且郑成功有妥协的倾向。[①]吴正龙也称，郑成功并非全然忠于明朝，因而不应该过于高估其爱国情操。[②]而美国学者 Ralph Croizier 则认为，郑成功的抗清英雄形象是后代历史学家的塑造。[③]本书并不关注郑成功的"反清复明"是否出于挚诚，而是关注许多实际发生的"反清复明"行动的效果。

1649 年，郑成功改奉永历为正朔。1651 年，郑成功奉旨勤王，致使厦门被清军攻占。90 万两黄金、珠宝数百镒、米粟数十万斛，及将士之财帛、百姓之钱谷不可胜数，郑芝龙一生的积蓄化为乌有。1654 年与清军谈判失败后，改中左所为思明州。一些"反清复明"的军事行动使郑氏集团蒙受了损失，而郑氏集团则仍然要不断地对清军作战以显示其"反清复明"的政治理想。但政治理想的不断显示，也并非只会带来军事压力。正如白蒂所说，1651 年郑成功援助永历，"扩大了他个人的声望与影响，进一步加强了他的地位。郑成功逐渐为所有反抗清朝统治、忠于明朝的力量所瞩目，成为他们反清复明事业的旗帜，尤其影响了那些被倒戈变节者所挫败而不得不暂时屈从清统治的人。在郑成功身上，他们看到了复兴明朝的希望"。[④]"反清复明"的号召力除使他集合了所有的非清朝力量，还赋予他与清同等的地位，他是明朝的代言人，而不是某个武装团伙的头目。与地理环境类似，"反清复明"的政治理想一方面需要郑氏集团不断地用军事行动去维护，从而增加郑氏集团的生存压力，另一方面它又在一定意义上增强了郑氏集团的力量。但这两者又都毫无疑问增加了郑氏集团的财政压力。

---

① 杨友庭. 明郑四世兴衰史. 南昌：江西人民出版社，1991：99—100；陈碧笙. 郑成功抗清的发展过程及其动摇妥协倾向. 厦门大学学报（哲学社会科学版），1989(1)：68—73.
② 吴正龙. 郑成功与清政府间的谈判. 台北：文津出版社，2000：182.
③ Ralph Croizier. *Koxinga and Chinese nationalism: History, Myth, and the Hero.* Cambridge: Harvard University Press, 1977: 1–5；29–46.
④ ［意］白蒂. 郑成功：远东国际舞台上的风云人物. 庄国土等译. 南宁：广西人民出版社，1997：57.

本章从全球经济发展、地区经济政治变迁和郑氏集团自身的地理环境和政治理想三个不同的角度对郑氏集团的官商关系形成的原因进行了探讨。首先，郑氏集团是在地理环境压力和全球经济建立所带来的市场扩大的引力共同作用下产生的商人集团，商人是其最本质的特征，因而积极参与对外贸易并支持商人以获得贸易利润是理所当然的，而且武装贸易已经成为全球经济的主要贸易方式，因而郑氏集团对以军事支持商人并不陌生。其次，明朝北边的威胁与东南地区一直存在着互动。明初朱元璋确立了明朝的基本国防战略，即重点防御北边、南方则以少量兵力配合海禁和朝贡制度。明中期之后，在北寇南倭的共同压力下，东南地区的海禁政策有了松动。到了明末，北边的危机更加严重，导致"天下兵聚辽东"，此时崛起于东南海上的郑氏集团才有机会获得明朝赋予的公权力。1628 年，郑芝龙接受明政府的招抚，郑氏集团因而获得了真实而强大的公权力支持，最终使支持商人成为理所当然的现实。而明朝灭亡后，与清朝的战争使郑氏集团面临前所未有的生存压力。因而郑氏集团选择更加积极地支持商人以获得贸易收入和粮食、军用物资。再次，明朝灭亡后，郑氏集团仍然奉南明为正朔，进行抗清复明的军事活动，因而为了显示这种政治理想，郑氏集团需要不断对清作战，从而在一定程度上加剧了郑氏集团的生存压力。另外，与明清政府的大陆核心地区有足够的耕地以征税来支撑政府运作和军事行动不同，郑氏集团活动的闽南地区没有足够的耕地提供税收甚至是食物，因而郑氏集团自己经营商业以直接获得收入或通过征税间接获得收入，为了维持和扩大这些收入，郑氏集团对商人提供了保护和支持。

结　论

　　始于 15 世纪的大航海开辟了新航线，发现了新大陆，并将已有
的区域性贸易圈重新整合，从而形成了真正意义上的全球经济。全球
市场的形成和扩大带来了全球性的商业革命，当今的经济全球化正是
肇始于此。17 世纪正是全球商业革命的黄金时期，而 1625—1683 年
活跃于东亚和东南亚的郑氏集团是这场商业革命的重要参与者。郑氏
集团在竞争激烈的远东水域一直掌握着贸易的主导权，正如一位传教
士所说："著名的国姓爷是海上君主和统治者。"① 在与当时的"海上
马车夫"荷兰的较量中，无论是军事方面还是贸易方面，郑氏集团都
明显占据了上风。郑氏集团在早期经济全球化中的优势地位与其独特
的官商关系密切相关。郑氏集团建立了一整套包括税收、组织和金融
在内的制度来支持商人；面对不断变化的外部环境，灵活使用不同的
贸易策略以保护和争取商业利益；其强大的水师为这一切的实施提供
了有力的保障，并在一定程度上直接参与商业利益的争取和保护。

　　这种独特的官商关系与明清相比非常不同，反而与当时的西方国
家更为相似。明清以来商人的社会地位显著提高，士商之间的界限变
得模糊，政府对商人的税收也并不比农民高，私人对外贸易也被纳入
政府的管理范围。官商关系也逐渐由"抑商"转向利用商人。另外，
政府建立了一系列制度对经济进行管理并维护市场的正常运行，包括

---

① ［意］白蒂. 郑成功：远东国际舞台上的风云人物. 庄国土等译. 南宁：广西人民
出版社，1997：70—71.

牙行制度、粮食储备制度和制定相关法律条例等等。因而与传统认为明清抑商的观点相比，明清官商关系更接近于政府对商人既不抑制也不支持。而 16—18 世纪西欧的官商关系则表现为政府对商人的强力支持。虽然 18 世纪以亚当·斯密为代表的一批理论家认为国家应该建立一种无为的官商关系，而在实际中，西欧尤其是英国，在 18 世纪之后也确实逐渐废除了原来一系列重商的政策。但与其说西欧采用了斯密等人的理论，不如说是西欧国家由于经济地位的提升而改变了经济策略，而其政府对商人的强力支持却从未改变，况且这种策略的改变本身就是重商官商关系的体现。

中国的传统文化确实塑造了郑氏集团官商关系的某些方面，比如其领土扩张的策略是一体化，即新领土和原统治区的经济地位是平等的。但郑氏集团官商关系与西欧的相似性要远大于和明清的相似性，与明清的差异也远大于和西欧的差异。这表明武装贸易并不是西欧所特有的贸易形式，在儒家文化为主导的东方，同样存在勇于拓殖海洋、贸易立身的政权，因而文化并不是官商关系存在与否的决定性因素。郑氏集团之所以选择如此独特的官商关系，从全球的视角看，郑氏集团是全球经济建立所带来的利润增加效应下产生的商人集团，商人是其最本质的特征，因而积极参与对外贸易并支持商人以获得贸易利润是理所当然的；从地区的视角看，明末清初的政局变动在明亡之前为郑氏集团利用公权力支持商人提供了可能，而在明亡之后使郑氏集团面临巨大的生存压力。再加上闽南的地理环境和郑氏集团自身反清复明的政治理想所带来的生存压力，郑氏集团为了缓解军事和财政压力，选择了对商人提供保护和支持。因此除了地理环境和政治、军事竞争带来的生存压力之外，外部收益的引力也是公权力支持商人的重要基础。

当今的经济全球化，虽然没有了当年暴力的武装贸易，也没有了当年的帝国王朝，但全球化的本质并没有改变，国家间的竞争依然激烈，对市场和资源的争夺依然是主要表现形式。而历史的经验告诉我们，国家要在经济全球化中获得有利的位置，政府支持和保护商人参与国际市场的竞争尤为重要。一方面，政府要建立强大的海上力量直接保护商人合法的海外收益，制定灵活的贸易和外交政策为商人开拓产品市场；另一方面，政府要鼓励创新，对战略性的产业给予政策支持，以获取商品的生产能力，从而从根本上掌握对外贸易的主导权。

限于史料、篇幅和个人能力，本书只是对郑氏集团官商关系及其相关方面进行了初步的研究，仍然有很多问题值得更加深入的研究。比如郑氏集团与荷兰长达近 60 年的军事和商业竞争。双方运用了各种贸易策略包括劫掠、战争、禁令、协议，竞争东亚和东南亚的贸易主导权，是早期经济全球化中的精彩篇章。比如，如何理解明清和西欧官商关系的产生，除了外部政治和军事威胁所带来的生存压力，外部收益的引力发挥了什么样的作用？再比如，西欧的重商主义如何由商业重商主义过渡到产业重商主义，等等。还有一些问题要对其进行更深入的研究，需要进一步挖掘史料，比如郑氏集团的贸易组织、贸易管理、资金的运作、财政收支与军费开支，明朝的财政收支与军费开支，等等。本文希望可以抛砖引玉，与对上述问题感兴趣的学者一起探讨，共同拓展我们对郑氏集团、官商关系、明清财政与对外贸易以及早期经济全球化和东西方"大分流"的理解。

参考文献

基本史料

[1][荷]胡月涵. 十七世纪五十年代郑成功与荷兰东印度公司之间来往的函件.
见：厦门大学台湾研究所历史研究室. 郑成功研究国际学术会议论文集. 南
昌：江西人民出版社，1989：292—317.

[2]陈子龙、徐孚远、宋征璧. 明经世文编. 北京：中华书局，1962.

[3]胡宗宪. 筹海图编. 见：《中国兵书集成》编委会. 中国兵书集成（15—16
册）. 北京：解放军出版社，1990.

[4]茅元仪. 武备志（卷二一四）. 台北：华世出版社，1984,

[5]谈迁. 国榷（卷59, 嘉靖二十七年六月）. 张宗祥校点. 北京. 中华书局，
1958.

[6]张燮. 东西洋考. 北京：中华书局，1981.

[7]谷应泰. 明史纪事本末. 北京：中华书局，1977.

[8]张廷玉等. 明史. 北京：中华书局，1974.

[9][日]村上直次郎原译. 巴达维亚城日记（共三册）. 郭辉，程大学译. 台北：
台湾文献委员会，1970, 1980.

[10][英]马士. 东印度公司对华贸易编年史（卷一）. 中国海关史研究中心组
译. 广州：中山大学出版社，1991.

[11]脱脱等. 宋史（一六七卷）. 北京：中华书局，1977.

[12] Chang, H. J. *The English Factory in Taiwan 1670–1685*. Taipei: National
Taiwan University, 1995.

[13]陈秉才译注. 韩非子. 北京：中华书局，2007.

［14］陈支平主编．台湾文献汇刊．厦门：厦门大学出版社，2004.

［15］程绍刚译注．*De VOC en Formosa 1624-1662 : Een vergeten geschiedenis*，台北：联经出版事业公司，2000.

［16］方真真，方淑如译注．台湾西班牙贸易史料 1664—1684．台北：稻禾出版社，2006.

［17］福建师大历史系郑成功史料编辑组．郑成功史料选编．福州：福建教育出版社，1982.

［18］高亨．商君书注译（全四册）．北京：中华书局，1974.

［19］江树生译注．荷兰台湾长官致巴达维亚总督书信集（1）1622—1626．台北：南天书局，2007.

［20］江树生译注．热兰遮城日志（共三册）．1999，2002，2004.

［21］金毓黻编．明清内阁大库史料（第一辑）（明代卷）．沈阳：东北图书馆，1949.

［22］李山译注．管子．北京：中华书局，2009.

［23］明太祖实录（卷一百五十四）．上海：上海古籍出版社，1983：2401—2402.

［24］厦门大学台湾研究所，中国第一历史档案馆合编．康熙统一台湾档案史料选辑．福州：福建人民出版社，1983.

［25］厦门大学台湾研究所，中国第一历史档案馆合编．郑成功档案史料选辑．福州：福建人民出版社，1985.

［26］厦门大学台湾研究所，中国第一历史档案馆合编．郑成功满文档案史料选译．福州：福建人民出版社，1987.

［27］厦门大学郑成功历史调查研究组．郑成功收复台湾史料选编．福州：福建人民出版社，1982.

［28］台湾史料集成编辑委员会编．台湾史料集成之明清台湾档案汇编（第一辑）（共8册）．台北：远流出版社，2004.

［29］台湾"中央研究院"历史语言研究所．明清史料（巳编）．北京：中华书局，1987.

［30］台湾"中央研究院"历史语言研究所．明清史料（乙编）．北京：商务印书馆，1936.

［31］谢国桢．明代社会经济史料选编（中）．福州：福建人民出版社，1981.

［32］章诗同．荀子简注．上海：上海人民出版社，1974.

［33］郑樑生．明代倭寇史料（第1—5辑）．台北：文史哲出版社，1987—2005.

[34] 周宪文等编. 台湾文献丛刊. 台北: 台湾银行经济研究室, 1957—1972.

中文文献

[35] [澳] 安东尼·瑞德. 东南亚的贸易时代: 1450—1680 年 (第二卷 扩张与危机). 孙来臣等译. 北京: 商务印书馆, 2010.

[36] [德] 安德烈·贡德·弗兰克、[英] 巴里·吉尔斯主编. 世界体系: 500 年还是 5000 年? 郝名玮译. 北京: 社会科学文献出版社, 2004.

[37] [德] 安德烈·贡德·弗兰克. 白银资本: 重视经济全球化中的东方. 刘北成译. 北京: 中央编译出版社, 2000.

[38] [德] 弗里德里希·李斯特. 政治经济学的国民体系. 陈万煦译. 北京: 商务印书馆, 1961.

[39] [德] 马克斯·韦伯. 新教伦理与资本主义精神. 阎克文译. 上海: 上海人民出版社, 2010.

[40] [德] 马克斯·韦伯. 印度的宗教: 印度教和佛教的社会学. 康乐, 简惠美译. 桂林: 广西师范大学出版社, 2005.

[41] [德] 马克斯·韦伯. 中国的宗教: 儒教与道教. 康乐, 简惠美译. 桂林: 广西师范大学出版社, 2010.

[42] [法] 阿兰·佩雷菲特. 停滞的帝国: 两个世界的撞击. 王国卿等译. 北京: 生活·读书·新知三联书店, 1998.

[43] [法] 费尔南·布罗代尔. 15 至 18 世纪的物质文明、经济和资本主义 (第二卷). 顾良译. 北京: 生活·读书·新知三联书店, 1993.

[44] [法] 费尔南·布罗代尔. 15 至 18 世纪的物质文明、经济和资本主义 (第三卷). 施康强, 顾良译. 北京: 生活·读书·新知三联书店, 2002.

[45] [法] 费尔南·布罗代尔. 菲利普二世时代的地中海和地中海世界 (第一卷). 唐家龙, 曾培耿等译. 北京: 商务印书馆, 1996.

[46] [法] 玛丽 — 西比尔·德·维也纳. 十七世纪中国与东南亚的海上贸易. 见: 中外关系史学会. 中外关系史译丛 (第 3 辑). 上海: 上海译文出版社, 1986: 216—227.

[47] [荷] 包乐史. 荷兰东印度时期中国对巴达维亚的贸易. 南洋问题资料译丛, 1984(4): 67—80.

[48] [荷] 包乐史. 中国梦魇: 一次撤退、两次战败. 见: 刘序枫编. 中国海洋发

展史论文集（第九辑）. 台北："中央研究院"人文社会科学研究中心，2005.

[49]［荷］包乐史. 中荷交往史（1601—1999）. 庄国土，程绍刚译. 路口店出版
社，1989.

[50]［荷］傅瑞斯. 令人瞠目的不同世界——西欧与中国近代早期的国家与经济.
南开经济研究，2007(2)：73—92.

[51]［荷］皮尔·弗里斯. 从北京回望曼彻斯特：英国、工业革命和中国. 苗婧译.
杭州：浙江大学出版社，2009. 109.

[52]［加］卜正民、［加］格力高利·布鲁. 中国与历史资本主义：汉学知识的系
谱学. 北京：新星出版社，2005.

[53]［加］卜正民. 明代的国家与社会（陈时龙译）. 合肥：黄山书社，2009.

[54]［加］卜正民. 纵乐的困惑：明代的商业与文化. 方骏等译. 北京：生活·读
书·新知三联书店，2004.

[55]［美］W.W. 罗斯托. 这一切是怎么开始的：现代经济的起源. 黄其祥，纪坚
博译. 北京：商务印书馆，1997.

[56]［美］J.M. 布劳特. 殖民者的世界模式：地理传播主义和欧洲中心主义史观.
谭荣根译. 北京：社会科学文献出版社，2002.

[57]［美］阿谢德. 中国在世界历史之中. 任菁等译. 石家庄：河北教育出版社，
1993.

[58]［美］安乐博. 中国海盗的黄金时代：1520—1810. 东南学术，2002(1)：
34—41.

[59]［美］安乐博. 南洋风云：活跃在海上的海盗、英雄和商人. 见：李庆新. 海
洋史研究（第一辑）. 北京：社会科学文献出版社，2010. 153—170.

[60]［美］保罗·肯尼迪. 大国的兴衰：1500 年到 2000 年的经济变化和军事冲
突. 北京：世界知识出版社，1988(影印版).

[61]［美］查尔斯·蒂利. 强制、资本和欧洲国家（990—1992 年）. 魏洪钟译.
上海：上海人民出版社，2007.

[62]［美］陈锦江. 清末现代企业与官商关系. 王笛，张箭译. 北京：中国社会科
学出版社，2010.

[63]［美］戴维·兰德斯. 国富国穷. 门洪华等译. 北京：新华出版社，2001

[64]［美］道格拉斯·诺斯，［美］罗伯斯·托马斯. 西方世界的兴起. 厉以平，蔡
磊译. 北京：华夏出版社，1999.

[65]［美］黄仁宇. 十六世纪明代中国之财政与税收. 阿风等译. 北京：生活·读
书·新知三联书店，2001.

［66］［美］杰克·戈德斯通. 为什么是欧洲？世界史视角下的西方崛起 (1500—1850). 关永强译. 杭州：浙江大学出版社，2010.

［67］［美］拉铁摩尔. 中国的亚洲内陆边疆. 唐晓峰译. 南京：江苏人民出版社，2005.

［68］［美］麦克尼尔. 竞逐富强——西方军事的现代化历程. 倪大昕，杨润殷译. 上海：学林出版社，1996.

［69］欧阳泰译注."福尔摩沙"如何变成台湾府？郑维中译. 台北：远流出版社，2007.

［70］［美］彭慕兰，［美］史蒂夫·托皮克. 贸易打造的世界. 黄中宪译. 西安：陕西师范大学出版社，2008.

［71］［美］彭慕兰. 大分流：欧洲、中国及现代世界经济的发展. 史建云译. 南京：江苏人民出版社，2003.

［72］［美］塞缪尔·亨廷顿. 文明的冲突与世界秩序的重建. 周琪等译. 北京：新华出版社，1998.

［73］［美］苏珊·罗纳德. 海盗女王：伊丽莎白一世和大英帝国的崛起. 张万伟，张文亭译. 北京：中信出版社，2009.

［74］［美］王国斌. 转变的中国：历史变迁与欧洲经验的局限. 李伯重，连玲玲译. 南京：江苏人民出版社，1998.

［75］［美］许田波. 战争与国家形成：春秋战国与近代早期欧洲之比较. 徐进译. 上海：上海人民出版社，2009.

［76］［美］伊曼纽尔·沃勒斯坦. 现代世界体系（Ⅰ—Ⅲ卷）. 路爱国等译. 北京：高等教育出版社，1998.

［77］［美］詹姆斯·汤普逊. 中世纪经济社会史（上册）. 耿淡如译. 北京：商务印书馆，1984.

［78］［日］Nachod, Oskar. 十七世纪荷兰与日本在台湾商业交涉史. 见：台湾银行经济研究室编. 台湾经济史五集. 台北：台湾银行，1957：71—100.

［79］［日］滨下武志. 近代中国的国际契机——朝贡贸易体系与近代亚洲经济圈. 朱荫贵，欧阳菲译. 北京：中国社会科学出版社，1999.

［80］［日］大庭脩. 江户时代日中秘话. 徐世虹译. 北京：中华书局，1997.

［81］［日］松浦章. 清代帆船东亚航运和中国海商海盗研究. 上海：上海辞书出版社，2009.

［82］［日］田中健夫. 倭寇——海上历史. 杨翰球译. 武汉：武汉大学出版社，1987.

［83］［日］岩生成一．荷郑时代台湾与波斯间之糖茶贸易．见：台湾银行经济研究
　室编．台湾经济史二集．台北：台湾银行，1957：53—60．

［84］［日］永积洋子．从荷兰史料看十七世纪的台湾贸易．见：汤熙勇主编．中国
　海洋发展史论文集（第七辑）．台湾："中央研究院"人文社会科学研究，1998．

［85］［日］中村孝志．十七世纪台湾鹿皮之出产及其对日贸易．见：台湾银行经济
　研究室编．台湾经济史八集．台北：台湾银行，1959：24—42．

［86］［瑞典］拉尔斯·马格努松．重商主义经济学．王根蓓等译．上海：上海财经
　大学出版社，2001．

［87］［西］帕莱福．鞑靼征服中国史、鞑靼中国史、鞑靼战纪．何高济译．北京：
　中华书局，2008．

［88］［意］阿里吉．亚当·斯密在北京：21世纪的谱系．路爱国等译．北京：社会
　科学文献出版社，2009．

［89］［意］白蒂．郑成功：远东国际舞台上的风云人物．庄国土等译．南宁：广西
　人民出版社，1997．

［90］［英］M.M.波斯坦，［英］E.E.里奇，［英］爱德华·米勒．剑桥欧洲经济史
　（第三卷）．周荣国，张金秀译．北京：经济科学出版社，2002．

［91］［英］阿诺德·约瑟夫·汤因比．历史研究（上册）．曹未风等译．上海：上海
　人民出版社，1986．

［92］［英］安格斯·麦迪森．世界经济千年史．伍晓鹰等译．北京：北京大学出版
　社，2003．

［93］［英］博克舍．十六世纪中国南部行纪．何高济译．北京：中华书局，1990．

［94］［英］崔瑞德，［美］牟复礼．剑桥中国明代史：1368—1644年（下卷）．杨
　品泉等译．北京：中国社会科学出版社，2006．

［95］［英］崔瑞德、［美］牟复礼．剑桥中国明代史：1368—1644年（上卷）．杨
　品泉等译．北京：中国社会科学出版社，1992．

［96］［英］卡德．中国人在荷属东印度的经济地位（续）．南洋资料译丛，1963(4)：
　83—148．

［97］［英］卡德．中国人在荷属东印度的经济地位．南洋资料译丛，1963(3)：1—
　62．

［98］［英］斯塔夫里阿诺斯．全球通史——1500年以后的世界．吴象婴、梁赤民
　译．上海：上海社会科学院出版社，1999．

［99］［英］亚当·斯密．国民财富的性质和原因的研究（下卷）．郭大力，王亚南
　译．北京：商务印书馆，1983．

［100］［英］约翰·霍布森.西方文明的东方起源.孙建党译.济南：山东画报出版社，2009．

［101］［英］张夏准.富国陷阱：发达国家为何踢开梯子.肖炼等译.北京：社会科学文献出版社，2007．

［102］曹永和.荷据时期台湾开发史略.见：曹永和.台湾早期历史研究.台北：联经出版公司，1979．

［103］曹永和.台湾早期历史研究.台北：联经出版公司，1979．

［104］曾兆祥.中国封建社会的轻商思想和抑商政策.北京：中国商业出版社，1983．

［105］常大群.宋代商人的社会地位.社会科学辑刊，2001(3)：112—117．

［106］晁中辰.隆庆开放与华南经济.见：中外关系史学会编.中外关系史论丛（第五辑）.北京：书目文献出版社，1995：39—49．

［107］晁中辰.论明代的私人海外贸易.东岳论丛，1991(3)：88—93．

［108］陈碧笙.郑成功的三次战略大转移.见：厦门大学台湾研究所历史研究室.郑成功研究国际学术会议论文集.南昌：江西人民出版社，1989．

［109］陈碧笙.郑成功抗清的发展过程及其动摇妥协倾向.厦门大学学报（哲学社会科学版），1989(1)：68—73．

［110］陈碧笙.郑芝龙的一生.见：福建省郑成功研究学术讨论会学术组.郑成功研究论丛.福州：福建教育出版社，1984：148—164．

［111］陈慈玉.从清代前期的淮安关功能论官商的关系.见：台湾"中央研究院"近代史研究所编.近代中国初期历史研讨会论文集.台北：台湾"中央研究院"近代史研究所，1989：685—708．

［112］陈东有.试论明代后期对外贸易的禁通之争.南昌大学学报，1997(2)：101—106．

［113］陈东有.试论郑氏集团在中国海洋社会经济发展史上的地位.江西师范大学学报（哲学社会科学版），1997，30(4)：50—53．

［114］陈国栋，罗彤华.经济脉动.北京：中国大百科全书出版社，2005．

［115］陈国栋.东亚海域一千年：历史上的海洋中国与对外贸易.济南：山东画报出版社，2006．

［116］陈荆和.清初华舶之长崎贸易及日南航运.南洋学报，1957(第1辑)：1—57．

［117］陈娟英.试论17世纪郑氏海上贸易对闽台社会经济的影响.南方文物，2005(3)：106—110．

［118］陈柯云. 从朝鲜李朝文献看郑氏集团的海外贸易. 安徽师大学报（哲学社会科学版），1985(1)：92—100.

［119］陈孔立. 早期台湾人口与耕地的重新估算——兼论郑氏时代对台湾开发的贡献. 台湾研究集刊,1988(3)：65—70.

［120］陈尚胜. "怀夷"与"抑商"：明代海洋力量兴衰研究. 济南：山东人民出版社，1997.

［121］陈尚胜. 也论清前期的海外贸易——与黄启臣先生商榷. 中国经济史研究，1993(4)：96—107.

［122］陈台民. 中菲关系与菲律宾华侨（第一册）. 香港：朝阳出版社，1985.

［123］陈添寿. 重商主义的中挫：台湾荷郑时期经济政策与发展. 商学学报，2006(14)：47—76.

［124］陈希育. 中国帆船与海外贸易. 厦门：厦门大学出版社，1991.

［125］陈曦文. 世界中世纪史研究. 北京：人民出版社，2006.

［126］陈曦文. 英国都铎时代伦敦商人的财富和权力. 世界历史，1993(4)：28—37.

［127］陈小冲. 十七世纪的御朱印船贸易与台湾. 台湾研究集刊，2004(2)：68—73.

［128］陈支平. 郑成功海商集团兴衰的历史反思. 见：杨国桢，长共海涛论延平——纪念郑成功驱荷复台340周年学术研讨会论文集. 上海：上海古籍出版社，2003：125—139.

［129］陈宗仁. 鸡笼山与淡水洋：东亚海域与台湾早期历史研究1400—1700. 台北：联经出版事业公司，2005.

［130］陈宗仁. 晚明"月港开禁"的叙事与实际：兼论通商舶、徵商税与福建军情之转变. 见：汤熙勇编. 中国海洋发展史论文集（第十辑）. 台北：台湾"中央研究院"人文社会科学研究中心，2008.

［131］陈宗仁. 一六六二年前后荷兰东印度公司有关东亚贸易策略的转变——兼论荷兰文献中Lamang的传闻. 台大历史学报，2005(35)：283—308.

［132］戴逸. 闭关政策的历史教训. 人民日报，1979年3月13日.

［133］邓孔昭. 1662—1683年清荷关系探讨. 台湾研究集刊，1983(2)：117—126.

［134］邓孔昭. 论清政府与台湾郑氏集团的谈判和"援朝鲜例"问题. 台湾研究集刊，1997(1)：66—74.

［135］邓孔昭. 明郑时期台湾海峡海上交通问题的探讨. 台湾研究集刊，2001(4)：10—16.

［136］邓孔昭. 郑成功收复台湾期间的粮食供应问题. 台湾研究集刊，2002(3)：29—33.

［137］邓孔昭. 郑氏时期台湾社会经济若干问题的探讨. 清史研究, 1995(4): 10—19.

［138］邓孔昭. 郑氏文武官田租税考. 台湾研究集刊, 1986(1): 60—64.

［139］邓亦兵. 清代前期抑商问题新探. 首都师范大学学报（社会科学版）, 2004(4): 1—8.

［140］丁孝智. 中国封建社会抑商政策考辨. 社会科学战线, 1997(1): 194—201.

［141］东嘉生. 台湾经济史概说. 台北: 帕米尔出版社, 1985.

［142］樊树志. 古代中国: 传统与变革（复旦史学集刊第 1 辑）. 上海: 复旦大学出版社, 2005.

［143］范金民. 贩番贩到死方休——明代后期（1567—1644 年）的通番案. 东吴历史学报, 2008(18): 75—112.

［144］范中义, 仝晰纲. 明代倭寇史略（戚继光研究丛书）. 北京: 中华书局, 2004.

［145］方友义. 郑成功研究. 厦门: 厦门大学出版社, 1994.

［146］方真真. 明末清初台湾与马尼拉的帆船贸易（1664—1684）. 台北: 稻稴出版社, 2006.

［147］方真真. 十七世纪中后期中国东南沿海与台湾麻布外销分析——以西班牙史料为讨论中心. 文史台湾学报. 2010(2): 145—198.

［148］冯立军. 清初迁海与郑氏势力控制下的厦门海外贸易. 南洋问题研究, 2000(4): 85—94.

［149］冯云琴, 樊建忠. 晚清官商关系透视——以李鸿章、唐廷枢与开平煤矿为例. 河北学刊, 2009 (2): 102—106.

［150］福建省郑成功研究学术讨论会学术组. 郑成功研究论丛. 福州: 福建教育出版社, 1984.

［151］傅筑夫. 中国经济史论丛（续集）. 北京: 人民出版社, 1988.

［152］高建立. 明清之际士商关系问题研究. 江汉论坛, 2007(2): 59.

［153］耿升. 法国汉学界有关郑和下西洋的研究. 中国文化研究, 2006(夏): 162—173.

［153］顾诚. 南明史. 北京: 中国青年出版社, 1997.

［154］关永强. 从欧洲中心史观看美国中国史研究的变迁. 史学理论研究, 2009(1): 74—85.

［155］郭洪纪. 儒家重本抑末思想的发展及其负面影响. 青海社会科学, 1993(4): 86—91.

［156］郭艳茹. 明代海外贸易管制中的寻租、暴力冲突与国家权力流失：一个产权经济学的视角. 世界经济，2008(2)：84—94.

［157］韩大成. 明代社会经济初探. 北京：人民出版社，1986：303.

［158］韩振华. 郑成功时代的对外贸易和对外贸易商. 厦门大学学报（哲学社会科学版），1962(1)：73—104.

［159］韩振华. 再论郑成功与海外贸易的关系. 中国社会经济史研究，1982(3)：34—46.

［160］郝侠君等. 中西 500 年比较. 北京：中国工人出版社，1996.

［161］胡发贵. 儒家义利观与贱商心态. 学海，1993(2)：31—36.

［162］胡思庸. 清朝的闭关政策和蒙昧主义. 吉林大学学报，1979(2)：55—69.

［163］黄启臣. 中国在贸易全球化中的主导地位——16 世纪中叶至 19 世纪初叶. 福建师范大学学报（哲学社会科学版），2004(1)：1—5.

［164］黄顺力. "重陆轻海"与"通洋裕国"之海洋观刍议. 深圳大学学报（人文社会科学版），2011，28(1)：126—131.

［165］黄顺力. 明代福建海商力量的崛起及其对海洋观的影响. 厦门大学学报（哲学社会科学版），1999(4)：116—123.

［166］黄玉斋. 明郑与南明. 台北：海峡学术出版社，2004.

［167］黄玉斋. 明郑抗清的财政与军需来源. 台湾文献. 1958. 2（9）：18—42.

［168］黄玉斋. 郑成功时代与日本德川幕府. 见：郑成功研究学术讨论会学术组编. 台湾郑成功研究论文选. 福州：福建人民出版社，1982：263—270.

［169］黄志中. 颜思齐郑芝龙入台年代考. 福建师范大学学报（哲学社会科学版），1983(1)：139—144.

［170］黄志中. 试论郑的经济思想及其实践. 见：郑成功研究学术讨论会学术组编. 郑成功研究论文选（续集）. 福州：福建人民出版社，1984. 178—189.

［171］季云飞. 郑成功收复台湾谋略运用演变之探析. 台湾研究，2002(1)：68—74.

［172］简军波. 中华朝贡体系：观念结构与功能. 国际政治研究，2009(1)：132—143.

［173］江仁杰. 解构郑成功：英雄、神话与形象的历史. 台北：三民书局，2006.

［174］姜朋. 官商关系：中国商业法制的一个前置话题. 北京：法律出版社，2008.

［175］金耀基. 儒家伦理与经济发展——韦伯学说的重探.：中国社会与文化. 香港：牛津大学出版社，1992.

［176］赖建诚. 边镇粮饷：明代中后期的边防经费与国家财政危机，1531—1602.

杭州：浙江大学出版社，2010.

［177］赖永祥. 台湾郑氏与英国的通商关系史. 台湾文献，1965，16(2)：1—50.

［178］李春光. 清康熙时与台湾郑氏之和战及其历史启示. 辽宁大学学报 (哲学社
会科学版)，2005，33(3)：89—92.

［179］李德霞. 17 世纪上半叶东亚海域的商业竞争. 昆明：云南美术出版社，2009.

［180］李德霞. 17 世纪上半叶荷兰东印度公司在台湾经营的三角贸易. 福建论坛
(人文社会科学版)，2006(5)：86—90.

［181］李恩涵. 东南亚华人史. 台北：五南图书，2003.

［182］李伏明. 义利之辩、重农轻商与明清江南商品经济的发展——兼评中国资本
主义萌芽问题. 学术月刊，1993(4)：48—54.

［183］李金明. 明代后期的海外贸易与海外移民. 中国社会经济史研究，
2002(4)：19—25.

［184］李金明. 明代海外贸易史. 北京：中国社会科学出版社，1990.

［185］李金明. 明代后期部分开放海禁对我国社会经济发展的影响. 见：中外关系
史学会编. 中外关系史论丛（第三辑）. 北京：世界知识出版社，1987：170—
181.

［186］李金明. 十六世纪后期至十七世纪初期中国与马尼拉的海上贸易. 南洋问题
研究，1989(1)：70—79.

［187］李蕾. 十七世纪中前期台湾地区对外贸易网络的展开——以荷兰大员商馆经
营的贸易为中心. 中国社会经济史研究，2003(1)：57—64.

［188］李妙根. 清政府对郑氏集团招抚政策述论. 军事历史研究，2001(2)：88—98.

［189］李庆新. 明代海外贸易制度研究. 北京：社会科学文献出版社，2007.

［190］李庆新. 郑和下西洋与朝贡体系. 见：王天有等编. 郑和远航与世界文
明——纪念郑和下西洋 600 周年论文集. 北京：北京大学出版社，2005：
228—252.

［191］李言恭，郝杰. 日本考. 北京：中华书局，1983.

［192］李燕茹，胡兆量. 中国历史战场地域分布及其对区域发展的影响. 人文地
理，2001(6)：61—63.

［193］李毓中. 明郑与西班牙帝国：郑氏家族与菲律宾关系初探. 汉学研究，
1998，16 (2)：29—59.

［194］李云泉. 朝贡制度史论：中国古代对外关系体制研究. 北京：新华出版社，
2004.

［195］李长傅. 中国殖民史（复印版）. 上海：上海书店出版社，1984.

［196］梁柏力．被误解的中国：看明清时代和今天．北京：中信出版社，2010．

［197］梁方仲．明代国际贸易与银的输出入．见：于宗先等编．中国经济发展史论文选集（下册）．台北：联经出版事业公司，1980：1496—1514．

［198］梁方仲．中国历代户口、田地、田赋统计．上海：上海人民出版社，1980：

［199］廖大珂．早期葡萄牙人在福建的通商与冲突．东南学术，2000(4)：71—78．

［200］廖大珂．朱纨事件与东亚海上贸易体系的形成．文史哲，2009(2)：87—100．

［201］林丽月．闽南士绅与嘉靖年间的海上走私贸易．台湾师范大学历史学报，1980(8)：91—110．

［202］林丽月．试论明清之际商业思想的几个问题．见："中央研究院"．近代中国初期历史研讨会论文集（上册）．台北："中央研究院"近代史研究所，1989．713—736．

［203］林仁川．明清时期台湾的稻米生产．中国农史，2002，Vol.21(3)：3—8．

［204］林仁川．评荷兰在台湾海峡的商战策略．中国社会经济史研究，2004(4)：65—72．

［205］林仁川．清初台湾郑氏政权与英国东印度公司的贸易．中国社会经济史研究，1998(1)：8—15．

［206］林仁川．明代闽南的海上贸易与地方乡绅的海洋意识．闽西职业技术学院学报，2011(1)：93．

［207］林仁川．明后期海禁的开放与商品经济的发展．安徽史学，1992(3)：14—18．

［208］林仁川．明末清初私人海上贸易．上海：华东师范大学出版社，1987．

［209］林仁川．清初台湾郑氏政权与英国东印度公司的贸易．中国社会经济史研究，1998(4)：8—15．

［210］刘成．论明代的海禁政策．海交史研究，1987(2)．

［211］刘凤云．清康熙朝的禁海、开海与禁止南洋贸易．见：故宫博物馆，国家清史编纂委员会．故宫博物院八十华诞暨国际清史学术研讨会论文集．北京：紫禁城出版社，2006．

［212］刘鉴唐，张力．中英关系系年要录（第一卷）．成都：四川省社会科学院出版社，1989．

［213］刘希伟．清代科举考试中的"商籍"考论———一种制度史的视野．清史研究，2010(3)：83—89．

［214］刘献廷，王士禛，钮琇．广阳杂记选．见：周宪文等编．台湾文献史料丛刊第219种．台北：台湾银行经济研究室，1957—1972．

[215] 龙登高. 郑和之后：中西比较视野下的海洋贸易与制度选择. 见：方行编. 中国社会经济史论丛（吴承明教授九十华诞纪念文集）. 北京：中国社会科学出版社，2006：328—337.

[216] 罗琨，张永山. 中国军事通史第十五卷：明代军事史. 北京：军事科学出版社，2005.

[217] 骆昭东. 从全球经济发展的视角看明清对外贸易政策的成败（博士学位论文）. 天津：南开大学，2010.

[218] 吕荣芳，叶文程. 郑成功在厦门的军政建设. 见：郑成功研究学术讨论会学术组. 郑成功研究论文选（续集）. 福州：福建人民出版社，1984：148—160.

[219] 梅俊杰. 自由贸易的神话. 上海：上海三联书店，2008.

[220] 南栖. 台湾郑氏五商之研究. 见：郑成功研究学术讨论会学术组. 台湾郑成功研究论文选. 福州：福建人民出版社，1982：194—208.

[221] 倪乐雄. 从海权和社会转型的角度看郑氏水师——兼对中国古代资本主义萌芽问题的再思考. 华东理工大学学报（社会科学版），1999(1)：80—87.

[222] 聂德宁. 明末清初的民间海外贸易结构. 南洋问题研究，1991(1)：8—17.

[223] 聂德宁. 明清之际郑氏集团海上贸易的组织与管理. 南洋问题研究，1992(1)：98—105.

[224] 聂德宁. 郑成功与郑氏集团的海外贸易. 南洋问题研究，1993(2)：20—27.

[225] 启良. 古代中西方抑商问题的比较研究. 世界历史，1988(3)：12—22.

[226] 钱江. 1570—1760 年中国和吕宋贸易的发展及贸易额的估算. 中国社会经济史研究，1986(3)：69—78

[227] 钱江. 十六—十八世纪国际间白银流动及其输入中国之考察. 南洋问题，1988(2)：81—91.

[228] 钱江. 十七至十八世纪中国与荷兰的瓷器贸易. 南洋问题研究，1989(1)：80—91.

[229] 秦国经. 从清宫秘档看清廷招抚郑氏集团的历史真相. 清史研究，2001(1)：95—99.

[230] 邱澎生. 十八世纪滇铜市场中的官商关系与利益观念. "中央研究院"历史语言研究所集刊，2001(72 本 1 分）：49—119；

[231] 邱澎生. 由苏州经商冲突事件看清代前期的官商关系. 台湾大学文史哲学报，1995(43)：37—92；

[232] 全汉升，李龙华. 明中叶后太仓岁入银两的研究. 见：全汉升. 中国近代经济史论丛. 北京：中华书局，2011.

［233］全汉升．中国经济史论丛（第一册）．香港：新亚研究所出版社，1972．

［234］任鸿章．明末清初郑氏集团与日本的贸易．日本研究，1988(4)：42—50．

［235］厦门大学历史系编．郑成功研究论文集．上海：上海人民出版社，1965．

［236］史志宏．明及清前期保守主义的海外贸易政策．中国经济史研究，2004(2)：33—41．

［237］史志宏．明及清前期保守主义的海外贸易政策形成的原因及历史后果．中国经济史研究，2004(4)：34—42．

［238］孙光圻．明永乐时期的"海外开放"．见：中外关系史学会编．中外关系史论丛（第三辑）．北京：世界知识出版社，1987：50—70．

［239］孙丽萍．论明清时期官商一体化的作用和影响．史林，2002(1)：8—13．

［240］孙强．晚明商人借贷的利息率与商业性借贷的发展．史学集刊，2007(2)：20—26．

［241］唐文基．16至18世纪中国商业革命和资本主义萌芽．中国史研究，2005(3)：143—156．

［242］唐文基．16—18世纪中国的商业革命．北京：社会科学文献出版社，2008．

［243］田培栋．明朝前期海外贸易政策研究．首都师范大学学报（社会科学版），1983(4)：48—53．

［244］田汝康．中国帆船贸易和对外关系史论集．杭州：浙江人民出版社，1987．

［245］万明．明代白银货币化的初步考察．中国经济史研究，2003(2)：39—51．

［246］万明主编．晚明社会变迁问题与研究．北京：商务印书馆，2005．

［247］王恩重．17世纪郑氏海商集团地位论．学术月刊，2005(8)：103—107．

［248］王赓武．中国与海外华人．台北：台湾"商务印书馆"，1994．

［249］王敬新．试析中国封建社会的抑商政策．人文杂志，1986(2)：19—25．

［250］王守稼．明代海外贸易政策研究——兼评海禁与弛禁之争．史林，1986(3)：40—50．

［251］王孝通．中国商业史．上海：上海书店出版，1984．

［251］王兴亚．明代抑商政策对中国经济发展的影响．郑州大学学报（哲学社会科学版），2002(1)：125—131．

［251］王燕玲．"抑商"思想与明清官僚经商．云南社会科学，2005(3)：112—116．

［252］王燕玲．儒家传统文化与中国的官商关系——以明清为透视点．云南民族大学学报（哲学社会科学版），2004(5)：113—117．

［253］王钰．论地理环境对闽南海洋经济形态形成之影响——以漳州五县为研究对象．漳州师范学院学报（哲学社会科学版），2008(3)：122—125．

［254］韦庆远．明清史续析．广州：广东人民出版社，2006．

［255］吴承明．中国的现代化：市场与社会．北京：生活·读书·新知三联书店，2001．

［256］吴凤斌．郑成功父子时代与东南亚华侨．南洋问题研究，1983(1)：47—61．

［257］吴凤斌．郑芝龙、郑成功父子侨居日本考略．见：中外关系史学会编．中外关系史（第二辑）．北京：世界知识出版社，1986．

［258］吴密察．以台湾史书东亚地图．见：邱文彦等编，台湾海洋文化与历史．台北：胡氏图书出版社，2003．

［259］吴廷璆．日本史．天津：南开大学出版社，1994．

［260］吴于廑．十五十六世纪东西方历史初学集．武汉：武汉大学出版社，2005．

［261］吴于廑．十五十六世纪东西方历史初学集续编．武汉：武汉大学出版社，2005．

［262］吴正龙．郑成功与清政府间的谈判．台北：文津出版社，2000．

［263］夏蓓蓓．郑芝龙：十七世纪的闽海巨商．学术月刊，2002(4)：58—63．

［264］夏继果．都铎王朝时期英国海军的创建与发展．齐鲁学刊，2001(6)：96—99．

［265］夏继果．伊丽莎白一世时期英国外交政策研究．北京：商务印书馆，1999．

［266］夏秀瑞，孙玉琴．中国对外贸易史（第1册）．北京：对外贸易出版社，2001．

［267］肖立军．明代边兵与外卫兵制初探．天津师大学报，1998(2)：37—45．

［268］肖立军．明代省镇营兵制与地方秩序．天津：天津古籍出版社，2010．

［269］萧启庆．北亚游牧民族南侵各种原因的检讨．见：陈国栋，罗彤华．经济脉动．北京：中国大百科全书出版社，2005．

［270］徐翠红．明末清初郑氏三代与日本贸易．见：福建省炎黄文化研究会、漳州市政协编，论闽南文化：第三届闽南文化学术研讨会论文集（上）．厦门：鹭江出版社，2008：1033—1044．

［271］徐恭生．试论郑氏与日本的贸易关系．福建师大学报（哲学社会科学版），1983(2)：96—102．

［272］徐泓．明代社会风气的变迁——以江、浙地区为例．见："中央研究院"第二届国际汉学会议论文集编辑委员会．第二届国际汉学会议论文集·明清与近代史组．台北："中央研究院"，1989：137—159．

［273］徐健竹．郑芝龙、颜思齐、李旦的关系及其开发台湾考．见：中国社会科学院历史研究所明史研究室．明史研究论丛（第三辑），1985：286—301．

［274］徐明德．明清时期的闭关锁国政策及其历史教训．见：中外关系史学会编．

中外关系史论丛（第三辑）．北京：世界知识出版社，1987：144—169．

［275］徐晓望．论隆武帝与郑氏家族的权力之争．福建师范大学学报（哲学社会科学版），2002(1)：109—114．

［276］徐晓望．论晚明对台湾、澎湖的管理及设置郡县的计划．中国边疆史地研究，2004，14(3)：108—115．

［277］徐晓望．论17世纪荷兰殖民者与福建商人关于台湾海峡控制权的争夺．福建论坛，2003(2)：32—38．

［278］许宝强，渠敬东选编．反市场的资本主义．北京：中央编译出版社，2001．

［279］许敏．明代商人户籍问题初探．中国经济史研究，1998(3)：116—127．

［280］许敏．试论清代前期铺商户籍问题——兼论清代"商籍"．中国史研究，2000(3)：140—154．

［281］许檀，经君健．清代前期商税问题新探．中国经济史研究，1990(2)：87—100．

［282］薛国中．中国早期近代化的成败：对15—17世纪中国历史的再认识．武汉大学学报（哲学社会科学版），1994(2)：57—64．

［283］阎守诚．重农抑商试析．历史研究，1988(4)：136—146．

［284］杨碧川．台湾历史年表．台北：自立晚报社，1988．

［285］杨国桢．十六世纪东南中国与东亚贸易网络．江海学刊，2002(4)：13—22．

［286］杨国桢．瀛海方程：中国海洋发展理论和历史文化．北京：海洋出版社，2008．

［287］杨联陞．传统中国政府对城市商人的控制．见：于宗先等．中国经济发展史论文选集（下册）．台北：联经出版事业公司，1980：1027—1052．

［288］杨善群．中国封建社会官商关系探论．学术月刊，1999(12)：78—84．

［289］杨绪贤．郑芝龙与荷兰之关系．见：郑成功研究学术讨论会学术组编．台湾郑成功研究论文选．福州：福建人民出版社，1982：293—313．

［290］杨彦杰．一六五零至一六六二年郑成功海外贸易的贸易额和利润额估算．福建论坛，1982(2)：80—88．

［291］杨彦杰．郑成功兵额与军粮问题．学术月刊，1982(8)：7—12．

［292］杨友庭．明郑四世兴衰史．南昌：江西人民出版社，1991．

［293］姚瀛艇．宋代文化史．开封：河南大学出版社，1992．

［294］姚震宇，何新易．清末企业官商关系实例考证及启示．商业时代，2007(33)：25—26；

［295］叶高树．三藩之乱期间郑经在东南沿海的军事活动．台湾师范大学历史学

报，1999(27)：55—77．

［296］于少海．明代重农抑商政策的演变．东华理工学院学报（社会科学版），2004(1)：40—43．

［297］余建华，季慧群．伊丽莎白时代英国对外贸易发展之动因．上海社会科学院学术季刊，1991(4)：67—74．

［298］余英时．余英时文集第三卷：儒家伦理与商人精神．桂林：广西师范大学出版社，2004．

［299］岳成池．郑成功军事制度初探．军事历史研究，1992(2)：150—158．

［300］张彬村．明清两朝的海外贸易政策：闭关自守？见：吴剑雄编．中国海洋发展史论文集（第四辑）．台北：台湾"中央研究院"中山人文社会科学研究所，1991：45—59．

［301］张彬村．十六世纪舟山群岛的走私贸易．见：台湾中山人文社会科学研究所编．中国海洋发展史论文集（第一辑）．台北：台湾"中央研究院"三民主义研究所，1984．71—95．

［302］张彬村．十六至十八世纪华人在东亚水域的贸易优势．见：张炎宪编．中国海洋发展史论文集（第三辑）．台北：台湾"中央研究院"三民主义研究所，1988：345—368．

［303］张光灿．论清朝前期的闭关政策．宁夏大学学报（社会科学版），1985(2)：20—25．

［304］张海英．明中叶以后"士商渗透"的制度环境——以政府的政策变化为视角．中国经济史研究，2005(4)：136—139．

［305］张劲松．从《长崎荷兰商馆日记》看江户锁国初期日郑、日荷贸易．外国问题研究，1994(1)：17—22．

［306］张丽．经济全球化的历史视角：第一次经济全球化与中国．待版书稿．

［307］张明富．抑商与通商：明太祖朱元璋的商业政策．东北师大学报（哲学社会科学版），2001(1)：27—32．

［308］张乃和．15—17世纪中英海外贸易政策比较研究．吉林大学社会科学学报，2001(4)：94—99．

［309］张守军．中国古代的赋税与劳役．北京：商务印书馆，1998．

［310］张菼．关于台湾郑氏的"牌饷"．见：郑成功研究学术讨论会学术组．台湾郑成功研究论文选．福州：福建人民出版社，1982：209—227．

［311］张菼．郑成功的五商．台湾文献．1985．36(2)：15—33．

［312］张天泽．中葡早期通商关系．南洋资料译丛，1989(2)：59—74．

海商帝国 郑氏集团的官商关系及其起源（1625—1683）

[313]张天泽.中葡早期通商史.香港:香港中华书局,1988.

[314]张铁牛,高晓星.中国古代海军史.北京:八一出版社,1993.

[315]张维华.明史欧洲四国传注释.上海:上海古籍出版社,1982.

[316]张先清.17世纪欧洲天主教文献中的郑成功家族故事.学术月刊,2008,40(3):131—142.

[317]张旭鹏.文化、权力与世界历史——兼评埃里克·沃尔夫《欧洲与没有历史的人民》.史学理论研究,2007(4):61—72.

[318]张增信.明季东南海寇与巢外风气,1567—1644.见:张炎宪编.中国海洋发展史论文集(第三辑).台北:台湾"中央研究院"三民主义研究所,1988.

[319]赵可尧.重农抑商辩.复旦学报(社会科学版),1983(3):103—108.

[320]赵秀荣.16—17世纪英国商人与政权.世界历史,2001(2):65—72.

[321]赵雅丹.郑成功水师与荷兰海军装备、作战方式差异之探析——以台江之战为例.军事历史研究,2010(2):75—80.

[322]郑成功研究学术讨论会学术组编.台湾郑成功研究论文选.福州:福建人民出版社,1982.

[323]郑成功研究学术讨论会学术组编.郑成功研究论文选续集.福州:福建人民出版社,1982.

[324]郑克晟.郑成功海上贸易及其内部组织之特点.中国社会经济史研究,1991(1):49—55.

[325]郑瑞明.台湾明郑与东南亚之贸易关系初探——发展东南亚贸易之动机、实务及外商之前来.台湾师范大学历史学报,1986(14):57—108.

[326]郑以灵.郑成功农本商战思想探析.史学集刊,2000,A331(4):14—16.

[327]郑以灵.浅论郑芝龙的海上商业活动.史学集刊,1996(1):29—33.

[328]郑永常.来自海洋的挑战:明代海贸政策演变研究.台北:稻鄉出版社,2004.

[329]郑永常.郑成功海洋性格研究.成大历史学报,2008(34):61—92.

[330]中华人民共和国财政部《中国农民负担史》编辑委员会.中国农民负担史(第一卷).北京:中国财政经济出版社,1991.

[331]台湾"中央研究院"三民主义研究所,中国海洋发展史编辑委员会.中国海洋发展史论文集(第二辑).台北:台湾"中央研究院",1986.

[332]周晓琳.重本抑末写批判商贾——中国古代文学商人形象研究之一.四川师范学院学报(哲学社会科学版),1993(2):15—19.

[333]朱德兰.清初迁界令时明郑商船之研究.史联杂志,1985(7):17—41.

172

［334］朱德兰. 中国海洋发展史论文集（第八辑）. 台北：台湾"中央研究院"中山人文社会科学研究所，2002.

［335］朱荫贵. 从 1885 年盛宣怀入主招商局看晚清新式工商企业中的官商关系. 史林，2008(3)：34—44.

［336］庄国土. 论中国海洋史上的两次发展机遇与丧失的原因. 南洋问题研究，2006(1)：1—9.

［337］庄国土. 海贸与移民互动：17—18 世纪闽南人移民海外原因分析——以闽南人移民台湾为例. 华侨华人历史研究，2001(1)：28—41.

［338］庄国土. 论 15—19 世纪初海外华商经贸网络的发展. 厦门大学学报（哲学社会科学版），2000(2)：58—67.

外文文献

［340］Abu-Lughod, Janet L. *Before European Hegemony: The World System A.D. 1250–1350.* Oxford University Press, 1991.

［341］Andrade, T. Political Spectacle and Colonial Rule: The Landdag on Dutch Taiwan, 1629–1648. *Itinerario*, 1997, Vol. 21(3): 71–82.

［342］Berger,Louis. *The overseas Chinese in seventeenth-century Nagasaki (Japan).* ［dissertation］. Cambridge: Harvard University, 2003.

［343］Blair, E. H. *The Philippine Islands, 1493–1898(Volume 1: 1493–1529).* Cleveland: Arthur Clark Co., 1903.

［344］Blussé, Léonard. and Veen, van E. eds. *Rivalry and Conflict, European traders and Asian trading networks in the sixteenth and seventeenth centuries.* Leiden: CNWS Publishers, 2005.

［345］Blussé, Léonard. Minnan-jen or Cosmopolitan? The rise of Cheng Chih-lung alias Nicolas Iquan. In: E.B.Vermeer eds. *Development and Decline of Fukien Province in the 17th and 18th Centuries.* New York: Brill, 1990. 253–254.

［346］Blussé, Léonard. *No Boats to China: The Dutch East India Company and the Changing Pattern of the China Sea Trade, 1635–1690.* Modern Asian Studies, 1996, Vol.30(1): 51–76

［347］Blussé, Léonard. *Strange Company: Chinese Settlers, Mestizo Women and the Dutch in Voc Batavia.* Dordrecht and Riverton/Riverton-U.S.A: Foris Publications,

1986.

[348] Brewer, John. *The Sinews of Power: War, Money and the English State, 1688—1783*. New York: Routledge, 1989.

[349] Chaudhuri, K.N. *Trade and Civilisation in the Indian Ocean: An Economic History from the Rise of Islam to 1750*. New York: Cambridge University Press, 1985.

[350] CHENG, K'O-CH'ENG. Cheng Ch'eng-kung's Maritime Expansion and Early Ch'ing Coastal Prohibition.In:E.B.Vermeer.*Development and Decline of Fukien Province in the 17th and 18th Centuries*. New York: Brill, 1990.

[351] Coleman, D.C. *The Economy of England, 1450−1750*. USA: Oxford University Press, 1977.

[352] Croizier, Ralph. *Koxinga and Chinese nationalism: History, Myth, and the Hero*. Cambridge: Harvard University Press, 1977.

[353] Deng, Kent G. A Critical Survey of Recent Research in Chinese Economic History. *The Economic History Review*, 2000, Vol. 53(1): 1−28.

[354] Dyke, Paul Van. How and Why the Dutch East India Company became Competitive in Intra-asian Trade in 1630s. *Itinerario*, 1997, Vol. 21(3): 41−55.

[355] E.B.Vermeer. *Development and Decline of Fukien Province in the 17th and 18t h Centuries*. New York: Brill, 1990.

[356] Flynn, Dennis O. and Giráldez, Arturo. Born Again: Globalization's Sixteenth Century Origins (Asian/Global verus European Dynamics). *Pacific Economic Review*, 2008. Vol. 13(3): 359−387.

[357] Glamann, Kristof. *Dutch-Asiatic Trade, 1620−1740*. Copenhagen: Danish Science Press, 1958.

[358] Goldingham, C.S. The Navy under Henry Ⅶ. *The English Historical Review*, 1918, Vol. 33(132): 472−488.

[359] Grassby, Richard. *The Business Community of Seventeenth-century England*. Cambridge: Cambridge University Press, 1995.

[360] Gungwu, Wang. Merchants without empire: the Hokkien sojourning communities. In: James D. Tracy eds. *The Rise of Merchant Empires: Long Distance Trade in the Early Modern World 1350−1750*. Cambridge: Cambridge University Press,1990. 400−422.

[361] Hacock, David. *Citizens of the World: London Merchants and the Integration*

of the British Atlantic Community, 1735—1785. Cambridge: Cambridge University Press, 1995.

［362］Hang Xing. *Between Trade and Legitimacy, Maritime and Continent: The Zheng Organization in Seventeenth-Century East Asia.* ［dissertation］. Berkeley: Univ. of California, 2010.

［363］Harrison, L.E.and Huntington, S.P. *Culture Matters: How Values Shape Human Progress.* New York: Basic Books, 2000.

［364］Hobsbawm, Eric J. *Industry and Empire: An Economic History of Britain Since 1750.* London: Weidenfeld and Nicolson, 1968.

［365］Hoskins, William G. *The Age of Plunder: King Henry's England, 1500—1547.* London, New York: Longman Publishing Group, 1976.

［366］Innes, Robert LeRoy. *The door ajar Japan's foreign trade in the seventeen century.* ［dissertation］. Ann Arbor: Univ. of Michigan, 1980.

［367］International Monetary Fund. *World Economic Outlook (May 1997).* Washington, D.C: IMF Publication Services, 1997.

［368］Iwao Seiichi. Li Tan. Chief of the Chinese Residents at Hirado, Japan in the Last Days of the Ming Dynasty. *In Memoirs of the Research Department of the Toyo Bunko 17.* 1958. 27—83.

［369］Jorg, C.J.A. *Porcelain and the Dutch China Trade.* The Hague: Martinus Nijhoff, 1982.

［370］Kahn, Herman.*World Economic Development: 1979 and Beyond.* London: Croom Helm, 1979.

［371］Kelsey, Harry. *Sir Francis Drake: The Queen's Private.* New Haven: Yale University Press, 1998.

［372］LANG, R.G. Social Origins and Social Aspirations of Jacobean London Merchants. *The Economic History Review*, 1974. Vol. 27(1): 28—47.

［373］Manley, Lawrence. *London in the Age of Shakespeare: An Anthology.* London: Pennsylvania State University Press, 1986.

［374］Massarella, D. Chinese, Tartars and "Thea" or a Tale of Two Companies: The English East India Company and Taiwan in the Late Seventeenth Century. *Journal of the Royal Asiatic Society*, Third Series, 1993, Vol. 3(3): 393—426.

［375］O'brien, Patrick. Mercantilism and Economic Growth: The Paradigm Case of the United Kingdom 1453—1815. Session 106 for XIV International Economic

参考文献

History Congress, Helsinki, 21-25 August 2006.

[376] O' brien, Patrick. The Nature and Historical Evolution of an Exceptional Fiscal State and its Possible Significance for the Precocious Commercialization and Industrialization of the British Economy from Cromwell to Nelson. *Economic History Review*, 2011, Vol. 64(2): 408-446.

[377] O' brien, Patrick. The Political Economy of British Taxation, 1660—1815. *The Economic History Review*, 1988, Vol. 41(1): 2.

[378] Oldys and Birch. *The Works of Sir Walter Ralegh*. Oxford: The University Press, 1829.

[379] Porter, Roy. *English Society in the Eighteenth Century*. Penguin Books, 1982.

[380] Rabb, Theodore K. *Enterprise and Empire: Merchant and Gentry Investment in the Expansion of England, 1575-1630*. Cambridge: Harvard University Press, 1968.

[381] Ramsey, Peter R. *The Price Revolution in Sixteenth-century England*. London: Methuen & CO LTD, 1971.

[382] Scott, William Robert. *The Constitution and Finance English, Scottish and Irish Joint-stock Companies to 1720 (Volume Ⅰ): The General Development of the Joint-Stock System to 1720*. Cambridge : Cambridge at the University Press, 1912.

[383] Shepherd, J. R. *Statecraft and Political Economy on the Taiwan Frontier, 1600-1800*. Stanford: Stanford University Press, 1993.

[384] Storrs, Christopher. *The Fiscal-Military State in Eighteenth Century Europe*. Farnham: Ashgate, 2009.

[385] Ts'ao, Y.H., Taiwan as an Entrepôt in East Asia in the Seventeenth Century. *Itinerario*, 1997, 21(3): 94-114.

[386] Vermeer, Eduard. Up the Mountains and Out to the Sea, The Expansion of the fukienese in the Late Ming Period. In: Murray Rubinstein eds. *Taiwan: A New History*. New York: M. E. Sharpe Inc., 1999: 45-83.

[387] Volker, T. *Porcelain and the Dutch East India Company*. Leiden: E.J.Brill, 1954.

[388] Vries, Peer. Governing Growth: A Comparative Analysis of the Role of the State in the Rise of the West. *Journal of World History*, 2002, Vol. 13(1): 67-138

[389] Wen-Hsiung, H. From Aboriginal Island to Chinese Frontier: The Development of Taiwan before 1683. In: Ronald G. Knapp eds. *China's Island Frontier: Studies in the Historical Geography of Taiwan*. Honolulu: University Press of Hawaii, 1980: 3-30.

[390] William S. Atwell. International Bullion Flows and the Chinese Economy Circa: 1530-1650. *Past & Present*, 1982, 95: 68-90.

[391] Wills, John E. Maritime Asia, 1500—1800: The Interactive Emergence of European Domination. *The American Historical Review*, 1993, Vol. 98(1): 83-105.

[392] Wills, John E. Maritime China from Wang Chih to Shih Lang: Themes in Peripheral History. in Jonathan D. Spence and John E. Wills eds. *From Ming to Qing: Conquest, Regional Continuity in 17th-century China*. New Haven: Yale University Press, 1979. 203-238.

[393] Wills, John E. *Pepper, Guns, and Parleys: The Dutch East India Company and China, 1662-1681*. Cambridge: Harvard University Press, 1974.

[394] Wills, John E. The Seventeenth-Century Transformation: Taiwan under the Dutch and the Cheng Regime. In: Murray Rubinstein eds. *Taiwan: A New History*. New York: M. E. Sharpe Inc., 1999: 84-106.

[395] Wong, R. Bin. The Role of the Chinese State in Long-Distance Commerce. Working Papers of the Global Economic History Network (GEHN), 05/04, 2004.

[396] Wong, Young-tsu. Security and Warfare on the China Coast. *Monumenta Serica*, 1983, Vol. XXXV (35): 111-196.

[397] Wood, Alfred C. *A History of the Levant Company*. New York: Routledge, 1964.

参考文献

后　记

　　历经五载，书稿终于完成。曾经多少个不眠之夜徜徉于明代的北方与东南，窥探郑荷之间商业较量的秘密，追寻大航海的足迹。有时会因觅得真相而激动不已，有时会因山穷水复而沮丧万分。但一篇文章，一段心路历程，那些事、那些人已成为我生命的重要组成部分。

　　我自 2006 年进入南开攻读硕士学位时即师从张丽教授研习经济史。导师严谨的治学精神，精益求精的工作作风，深深地感染和激励着我。尤其导师治学，出发点不仅仅在于学术本身存在的争议与不足，而是将学术研究与全球化背景下民族的复兴与国家的崛起紧密联系起来。也正是基于此，导师强调经济史研究的全球视角。家国情怀和全球视野，导师的治学之风将我引向了正确的学术道路。

　　本书从选题到资料搜集和整个写作过程都得到了导师的悉心指导。还记得选题之初，张老师身在国外，但仍然经常指导本书的选题和写作视角，尤其导师博学多闻、视野开阔，精熟于世界经济史研究的前沿，时常为我们介绍最新的国外研究，并从国外购回大量相关的书籍和资料，这使本书的写作有了更坚实的理论基础。而在书稿写作过程中，每当陷入泥沼，不辨方向时，导师耐心细致的分析和点拨，每次都使我有柳暗花明之感。导师为本书付出的心血令我感奋不已，但又有时常有几分不安，本人愚钝，恐不能完全领会导师教诲之精义，而有负导师之期望。读博期间，本人有幸在导师的推荐和教育部的资助之下，跟随世界著名经济史学者彭慕兰教授学习一年。学习期间，与彭慕兰教授的交流犹如醍醐灌顶，教授对学问的通达和治学的严谨、认真也令我感佩。彭慕兰教授还多次向我介绍与本研究相关的最新文献，并将我推荐给相关领域的学者。值书稿写就之际，将我心中的感激和敬意一并捧奉给两位恩师。

在此我还要特别感谢关永强师兄，自从硕士进入南开，便时常得师兄指点，于生活学术受益匪浅，虽是同侪亦是良师。此外，还要感谢埃默里大学的欧阳泰（Tonio Andrade）老师，他一直关心本书的写作，并向我推荐了许多国内不常见的相关研究和资料；感谢加州大学伯克利分校的杭行博士（现已在布兰迪斯大学任教），将其博士论文发给我参考，加深了我对郑氏集团军事商业组织以及郑氏集团军—商—儒结合的特点的理解；感谢广东社科院广东海洋史研究中心主任李庆新研究员对本书稿出版的推荐；感谢厦门大学台湾研究院的刘国深院长和邓孔昭副院长以及南洋研究院资料室老师在我到厦大查资料期间给予的方便和支持；感谢台湾"中央研究院"海洋史研究专题中心执行长朱德兰研究员在百忙之中赐文，为本研究提供了关键性数据和资料；此外我还要感谢清华大学陈争平教授、刘北成教授，社科院经济所魏明孔研究员，人民大学夏明方教授，首都师范大学何平教授，北京航空航天大学张文木研究员对本书初稿提的众多建设性意见。

最后感谢我的爱人付红艳在生活中对我无微不至的关怀和照顾，为我全身心投入论文写作解决了所有的后顾之忧。感谢含辛茹苦养育和培养我的父母，感谢同学和朋友对我的帮助！

整个书稿的写作过程一直伴随着生活的多重纷扰，五年多来，虽一直执着学术的进程、知识的积累和理论的思考，但仍时常抱憾于未能专注于涉猎群书、深入研究，因此，本书定有许多不妥之处，祈请各位专家批评指正，对你们付出的劳动，请接受我崇高的敬意！

刘　强

附录 郑氏集团及相关历史编年

郑氏集团	世界
明（包括南明）、清	
1368 年朱元璋建立明朝	
1371 年朱元璋颁布海禁令	
1405 年郑和下南洋	
1442 年设立太仓库	
	1485 年英国亨利七世即位
	1492 年哥伦布发现美洲
	1494 年教皇通过《托尔德西里亚斯条约》对西班牙与葡萄牙在势力范围的划分。
	1498 年达·伽马绕好望角抵印度
	1510 年葡萄牙人占果阿
	1511 年葡萄牙人占领马六甲
1517 年葡人至广州，要求互市	
1521 年葡萄牙的朝贡请求被拒绝后，开始骚扰广东沿海	1519—1521 年麦哲伦船队完成了环球航行
1523 年日本朝贡使者"宁波之乱"，嘉靖帝	
1524—1533 年嘉靖先后 4 此下诏申严禁海	1529 年葡西签订《萨拉戈萨条约》，确定了葡萄牙对香料群岛的主权

续表

1547年朱纨提督闽浙，积极推行海禁政策，并整顿军队加强海防	1545—1548年西班牙在墨西哥和秘鲁发现银矿
1550年朱纨自杀；鞑靼首领俺答领军包围北京，史称"庚戌之变"	1555年英国成立莫斯科公司，获得从事俄罗斯贸易的特许状
1552年倭寇大举入侵东南沿海，史称"壬子之变"	1565年，西班牙在菲律宾群岛建立据点
	1566年尼德兰爆发人民起义
1557年葡萄牙在澳门获得了居住权	1571年西班牙占吕宋，建立以马尼拉为中心的殖民地；派使者前往福建，希望与中国缔约通商，但遭到拒绝
隆庆年间（1567—1572）开放月港允许私人对外贸易	1575年西班牙人在马尼击败当时的林凤集团
	1577年，伊丽莎白和其他的一些政府官员投资德雷克的环球航行

1592 年爆发"朝鲜之役"	1579 年英国成立了东地公司，获得从事波罗的海贸易的特许状
	1580 年西班牙与葡萄牙合并
	1581 年尼德兰人宣布成立尼德兰联省共和国
	1588 年英击败西班牙无敌舰队
1603 年郑芝龙出生于福建南安	1592 年，成立利凡特公司，并授予特许证书经营地中海的贸易
	1600 年英国东印度公司成立；荷兰在日本建立贸易基地；荷兰在万丹建立商馆
1603 年荷兰人率舰至澎湖，要求互市	1601 年法国在万丹建立贸易基地
	1602 年荷兰东印度公司成立；英国在万丹建立商馆
	1603 年马尼拉大屠杀
1616 年努尔哈赤建立后金	1613 年英国在日本建立贸易基地
1618 年后金占辽阳；1618 年万历加征"辽饷"	1617 年荷兰建巴达维亚城
1619 年明与后金"萨尔浒之战"，明军大败	1618 年，三十年战争（宗教战争）
1621 年郑芝龙到澳门投奔母舅黄程	

1624 年被李旦派到荷兰台湾商馆做翻译；郑成功出生	1622 年荷兰开始了对万丹长达 10 年的贸易封锁	1623 年葡萄牙人被逐出日本；
1625 年郑芝龙继承了李旦和颜思齐的事业成为独立的海商集团	1624 年荷兰占据台湾	
1626 年郑芝龙接受招抚之后又率众叛逃	1626 年皇太极（清太宗）即位；西班牙人占领台湾基隆	
1628 年郑芝龙受抚，被授予游击	1628 年西班牙人占领台湾淡水	
1630 年郑芝龙剿灭李魁奇集团		1630 年日本驱逐天主教士至吕宋
1631 年，郑芝龙剿灭了山寇钟斌；1631 年钟斌集团反乱	1631 年李自成反乱	
丁山寇钟凌秀	1632 年后金灭北元	
1633 年荷兰人攻击闽南厦门等地，被郑芝龙击败	1633 年	1633 年日本颁布锁国令
1635 年，郑芝龙剿灭了刘香集团		

续表

1639年，荷人攻闽、浙，被郑芝龙击败 1640年，郑芝龙被提升为福建总兵		1639年西班牙人屠杀吕宋华人 1640年葡萄牙脱离西班牙而独立 1641年日本将对外贸易的港口限定在长崎，并只许中国和荷兰商人进行贸易；英占马六甲 1642年清教徒革命（资产阶级革命）
	1642年荷兰人将西班牙人赶出台湾	
1645年，郑成功受南明隆武帝赐国姓 1646年，郑芝龙降清 1647年郑成功据鼓浪屿	1643年顺治帝即位 1644年李自成陷北京，明朝灭亡 1645年清军陷扬州、南京，南明弘光政权灭；南明唐王在福州自立，鲁王在绍兴"监国" 1646年唐王在汀州被俘；永历帝在肇庆继位 1647年清军占领广东全境	1648年签署《威斯特法利亚条约》结束三十年战争，承认荷兰、瑞士独立
1649年郑成功奉永历正朔 1650年郑成功令得厦门	1650年郑成功据厦门、金门	
并将其作为反清据地 1651年郑成功杀鲁王，郑致使厦门被清军攻占；郑成功占漳浦 1652郑成功占海澄，郑成功围漳州	1651年，位于西南的南明永历政权在张献忠部下的大西军加入后实力大增，并恢复了云南、贵州、广西三省全部，湖南、四川两省大部，并将势力延伸到湖北、广东和江西 1652年台湾汉人郭怀一反抗荷人失败，荷人屠杀汉人	1651年英国公布《航海条例》 1652年第一次英荷战争

1653 郑成功至舟山；清郑议和谈判 1654 郑成功占潮州；晋奉成功为"延平王" 1655 年改厦门为思明州；1655 年要求荷兰人执行禁航马尼拉禁令 1656 年郑成功发布禁航台湾的"贸易禁令" 1657 年台湾荷兰长官揆一派何廷斌与郑成功和谈 1658 年郑成功"北伐" 1659 年郑成功占领瓜州、镇江，并围困南京，后失败 1660 年郑成功在厦门打败清将达素，稳定了北伐失败后的局面；荷人赴厦门与郑氏修好；郑成功派船至台湾通商 1661 年郑成功进攻澎湖、台湾，并设府县 1662 年郑成功宣谕吕宋人贡，并议和；郑成功死，清郑议和；郑经继位	1660 年荷船增援台湾 1661 年清朝施行迁海政策；清顺治帝死，康熙继位 1662 年南明永历帝死	1661 年英国人夺荷属孟买 1662 年荷兰退出台湾

1663 年郑经扣留户官郑泰、郑泰自尽；荷、清联军攻金、厦，郑经退守铜山；郑经恢复与马尼拉的正常贸易	1663 年荷兰建议清荷联合灭郑	
1664 年郑经放弃金、厦；荷人攻澎湖	1664 年荷兰人重新占领鸡笼	
1665 年施琅、周全斌攻台湾		1665 年第二次英荷战争
1666 年江胜重占思明；1666 年郑经派遣使者到鸡笼与荷兰人议和，但双方并未达成一致 1667 年清廷议和	1668 年荷兰人离鸡笼	1667 年法国路易十四侵入荷兰 1668 年英、荷、瑞典同盟抗法，法退出比利时 议和。西班牙承认葡萄牙独立。阿亨
1670 年郑经与英国人签订通商条款	1673 年三藩之乱	1672 年法国人侵荷兰
1676 年郑经占粤东；英人至金门、厦门设商馆 1680 年郑经兵败退失大陆据点退守台湾	1680 年责塔招降郑经	

续表

1681 年郑经死；次子郑克爽杀长子"监国"郑克臧后继位		
1683 年施琅攻澎湖，刘国轩大败，退回台湾；郑克塽向清朝投降		
1684 年台湾划属福建省，置台湾府；清废除海禁，设粤、闽、浙、江四海关	1682 年俄国彼得大帝即位	

图书在版编目（CIP）数据

海商帝国：郑氏集团的官商关系及其起源（1625—
1683）／刘强著. —杭州：浙江大学出版社，2015.10
ISBN 978-7-308-15099-6

Ⅰ.①海… Ⅱ.①刘… Ⅲ.①对外贸易－贸易史－中
国－1625～1683 Ⅳ.①F752.948

中国版本图书馆CIP数据核字（2015）第209489号

海商帝国：郑氏集团的官商关系及其起源（1625—1683）
刘　强　著

责任编辑	杨苏晓
文字编辑	周元君
责任校对	周元君
装帧设计	罗　洪
出版发行	浙江大学出版社
	（杭州天目山路148号　邮政编码310007）
	（网址：http://www.zjupress.com）
制　　作	北京大观世纪文化传媒有限公司
印　　刷	北京天宇万达印刷有限公司
开　　本	635mm×965mm　1/16
印　　张	13
字　　数	193千
版 印 次	2015年10月第1版　2015年10月第1次印刷
书　　号	ISBN 978-7-308-15099-6
定　　价	43.00元